Harald Görlich

Lebensrhythmus und Achtsamkeit

Wissen & Leben
Schattauer

herausgegeben von Wulf Bertram

Zum Herausgeber von »Wissen & Leben«:

Wulf Bertram, Dipl.-Psych. Dr. med, geb. in Soest/Westfalen, Studium der Psychologie, Medizin und Soziologie in Hamburg. Zunächst Klinischer Psychologe im Universitätskrankenhaus Hamburg Eppendorf, nach Staatsexamen und Promotion in Medizin Assistenzarzt in einem Sozialpsychiatrischen Dienst in der Provinz Arezzo/Toskana, danach psychiatrische Ausbildung in Kaufbeuren/Allgäu. 1995 wechselte er als Lektor für medizinische Lehrbücher ins Verlagswesen und wurde 1988 wissenschaftlicher Leiter des Schattauer Verlags in Stuttgart, 1992 dessen verlegerischer Geschäftsführer. Im gleichen Jahr gründete er zusammen mit Thure von Uexküll und medizinischen Fachkollegen die Akademie für Integrierte Medizin, deren Vorstand er seitdem angehört. Aus seiner Überzeugung heraus, dass Lernen ein Minimum an Spaß machen müsse und solides Wissen auch unterhaltsam vermittelt werden kann, konzipierte er 2009 die Taschenbuchreihe »Wissen & Leben«. Bertram hat eine Ausbildung in Gesprächs- und Verhaltenstherapie sowie in Psychodynamischer Psychotherapie und arbeitet neben seiner Verlagstätigkeit als Psychotherapeut in eigener Praxis.

Für sein Lebenswerk, seine »wissenschaftlich fundierte Verlagstätigkeit im Sinne des Stiftungsgedankens«, wurde Bertram 2018 der renommierte Wissenschaftspreis der Margrit-Egnér-Stiftung verliehen, deren Ziel es ist, zu einer humaneren Welt beizutragen, in welcher der Mensch in seiner Ganzheitlichkeit im Mittelpunkt steht.

Harald Görlich

Lebensrhythmus und Achtsamkeit

Mit sich und anderen gut umgehen – Fundamente einer gesunden Lebenspraxis

Schattauer

Professor Dr. Harald Görlich
E-Mail: Harald.Goerlich@web.de
www.harald-goerlich.com

Bibliografische Information der Deutschen Nationalbibliothek
Die Deutsche Nationalbibliothek verzeichnet diese Publikation in der Deutschen Nationalbibliografie; detaillierte bibliografische Daten sind im Internet über http://dnb.d-nb.de abrufbar.

Besonderer Hinweis
Die Medizin unterliegt einem fortwährenden Entwicklungsprozess, sodass alle Angaben, insbesondere zu diagnostischen und therapeutischen Verfahren, immer nur dem Wissensstand zum Zeitpunkt der Drucklegung des Buches entsprechen können. Hinsichtlich der angegebenen Empfehlungen zur Therapie und der Auswahl sowie Dosierung von Medikamenten wurde die größtmögliche Sorgfalt beachtet. Gleichwohl werden die Benutzer aufgefordert, die Beipackzettel und Fachinformationen der Hersteller zur Kontrolle heranzuziehen und im Zweifelsfall einen Spezialisten zu konsultieren. Fragliche Unstimmigkeiten sollten bitte im allgemeinen Interesse dem Verlag mitgeteilt werden. Der Benutzer selbst bleibt verantwortlich für jede diagnostische oder therapeutische Applikation, Medikation und Dosierung.
In diesem Buch sind eingetragene Warenzeichen (geschützte Warennamen) nicht besonders kenntlich gemacht. Es kann also aus dem Fehlen eines entsprechenden Hinweises nicht geschlossen werden, dass es sich um einen freien Warennamen handelt.

Schattauer
www.schattauer.de

Printed in Germany
Cover: Bettina Herrmann, Stuttgart
unter Verwendung einer Abbildung von © iStock Photo/bestdesigns
Gesetzt von Kösel Media GmbH, Krugzell
Gedruckt und gebunden von Friedrich Pustet GmbH & Co. KG, Regensburg
Lektorat: Markus Pohlmann, IQ Verlagsbüro, Heidelberg
Projektmanagement: Dr. Nadja Urbani
ISBN 978-3-608-40003-8

Auch als E-Book erhältlich

Prof. Dr. habil. Günther Groth,
ehemals Universität Mannheim,
mit Dank und Wertschätzung gewidmet

Vorwort: Was der Nobelpreis für Medizin des Jahres 2017 mit Novalis zu tun hat

Georg Friedrich Philipp Freiherr von Hardenberg (1772–1801), besser bekannt unter dem Namen Novalis, war einer der bedeutendsten Schriftsteller der Frühromantik. Er verstarb allzu früh an der damals grassierenden Schwindsucht (Tuberkulose). Einerseits wird gemutmaßt, er habe sich bei der Pflege Friedrich Schillers angesteckt, andererseits gibt es eine moderne Hypothese, wonach man bei ihm im Nachhinein die Krankheit Mukoviszidose diagnostiziert haben will. Wie dem auch immer sei: Novalis, überaus gebildet, stellte einen hohen Anspruch an die Dichtkunst und suchte nach einer Verbindung von Wissenschaft und Poesie. Vielleicht fragen Sie sich an dieser Stelle bereits, was dies alles denn nun mit dem Medizin-Nobelpreis zu tun hat. Ein Dichter, vor mehr als zweihundert Jahren verstorben – vom Nobelpreis ahnte die damalige Menschheit nicht im Entferntesten etwas. (Exakt hundert Jahre nach Novalis' Tod wurde dieser erstmals verliehen; seit 1901 wird die Auszeichnung, die der schwedische Erfinder und Industrielle Alfred Nobel gestiftet hat, vergeben.) Wo bitte soll denn ein Zusammenhang von Novalis mit dem Nobelpreis für Medizin des Jahres 2017 bestehen?

Am 4. Oktober 2017 wusste alle Welt: Die drei US-Amerikaner Jeffrey Hall (* 1945), Michael Rosbash (* 1944) und Michael Young (* 1949) sind die diesjährigen Preisträger des »Nobelpreises für Physiologie oder Medizin«. Und in jeder Tages- oder Wochenzeitung waren Schlagzeilen zu lesen wie:

- »Fast alle Lebewesen besitzen innere Zeitmesser«
- »So tickt die innere Uhr«

- »Impulse für die künftige Chronobiologie-Forschung«
- »Steuerung von Schlaf, Hormonen, Körpertemperatur«
- »Völlig aus dem Takt«

Das schwedische Nobelpreis-Komitee ehrte die Verdienste der drei Wissenschaftler, die zur Funktion und Kontrolle der »inneren Uhr« maßgebliche Forschungsarbeiten geleistet hatten. Diese hatten die molekularen Mechanismen zur Steuerung des Schlaf-Wach-Rhythmus aufgeklärt und so die Grundlagen für ein Verständnis des biologischen Rhythmus' von Pflanzen, Tieren und Menschen geschaffen. Die Ehrung dürfte den betreffenden Fachgebieten Chronobiologie und Chronomedizin (gr.: *»chronos«* bedeutet *»Zeit«*) neue Schubkraft verleihen – so erhofft sich nun beispielsweise die Deutsche Gesellschaft für Schlafforschung und Schlafmedizin, dass ihrer Forschungsrichtung in der Medizin wieder mehr Aufmerksamkeit zuteilwird.

Allgemein ist von einem engen Zusammenhang des Lebens auf der Erde mit der Rotation unseres Planeten auszugehen. Was Hall, Rosbash und Young diesbezüglich an neuen Erkenntnissen lieferten, hat entschiedene Auswirkungen auf unsere Gesundheit. Wir befinden uns somit mitten in dem fundamentalen Fragenkomplex: Was kann der Einzelne im Sinne einer Gesundheitsprophylaxe tun, und über welche Möglichkeiten verfügen die Medizin und die Ärzte, um Krankheiten vorzubeugen bzw. diese zu heilen oder doch zumindest einzugrenzen? Auch wenn es zunächst womöglich esoterisch angehaucht klingen mag: Biorhythmus und Rhythmen des Lebens spielen dabei tatsächlich eine ganz und gar zentrale Rolle!

Das Nobelpreis-Komitee des Karolinska-Instituts teilte am Montag, 2. Oktober 2017, zu den Arbeiten der drei zu ehrenden Forscher mit: »Ihre Entdeckungen erklären, wie

Pflanzen, Tiere und Menschen ihren Biorhythmus adaptieren, damit er an die Umwälzungen der Erde angepasst ist.« Die Nobelpreisträger hatten aber gar nicht die »inneren Uhren« des Menschen erforscht, sondern die der Taufliege Drosophila melanogaster: In den1980er- und 1990er-Jahren war es ihnen nach und nach gelungen, die molekularen Prozesse, die die »Fliegenuhr« steuern, zu entschlüsseln. Ihr Interesse galt vor allem dem sogenannten *zirkadianen* Rhythmus der Fliege. Ein zirkadianer Rhythmus ist ein innerer oder »endogener« Rhythmus, der sich über eine Periodenlänge von etwa 24 Stunden erstreckt. Lateinisch *»circa«* meint dabei *ungefähr*, und *»dies«* bezieht sich auf einen Tag, daraus ergibt sich die Wortschöpfung *»zirkadian«*. Die Forscher entdeckten unter anderem ein Protein, das sich in den Zellen der Taufliege während der Nacht ansammelt und im Tagesablauf wieder aus den Zellen verschwindet. Diese Prozesse – so ihr überaus wichtiger Hinweis (!) – hängen mit der Erdrotation zusammen, und diese dauert eben 24 Stunden. Ganz zweifelsohne sei damit ein Rhythmus gegeben, auf den sich offenbar alle Erdbewohner eingestellt haben.

Schauen wir wieder auf uns Menschen: Jeder kennt den Tag-Nacht-Rhythmus und die Konsequenzen, wenn wir diesem »entgegenleben«. Wir müssen schlicht zur Kenntnis nehmen, wie sich bei uns wie bei allen anderen höheren Lebewesen eine »innere Uhr« an diesen 24-stündigen Wechsel von Tag und Nacht anpasst, der durch die Drehung der Erdkugel um sich selbst bedingt ist. Jede Tages- und Nachtzeit bringt dann spezielle Anforderungen und Wirkungen mit sich. So wird unser Stoffwechsel tageszeitlich angepasst, Körpertemperatur, Blutdruck und Hormonspiegel sind eindeutig betroffen. So ist es zum Beispiel nicht unerheblich, wann genau am Tag man ein bestimmtes Medikament einnimmt. Dieses kann bei morgendlicher Einnahme hochwirksam sein, am Nachmittag oder Abend jedoch mehr oder weniger ohne Wirkung. Auch weiß jeder[1] von uns über Schlafstörungen Bescheid, die sich einstellen können, wenn Nacht- oder Schichtarbeit angesagt ist. Auch dass unser Wohlbefinden massiv gestört werden kann, wenn wir bei Langstreckenflügen mehrere Zeitzonen überwinden und – obwohl sonst alles in bester Ordnung ist – wir an einem »Jetlag« leiden, dürfte vielen von Ihnen bekannt sein. Die Umgebung und unser innerer Rhythmus passen einfach nicht mehr zusammen.

Hintergrund all dieser Beispiele ist das Durcheinandergeraten eines Rhythmus. Wir leben gewissermaßen gegen einen Lebensrhythmus, und unser Körper und unsere Psyche werden dadurch in Mitleidenschaft gezogen. Später, in Kapitel 4, widmen wir der Chronobiologie mehr Aufmerksamkeit, an dieser Stelle soll jetzt aber endlich Novalis wieder ins Spiel kommen.

Der Dichter stellte, wie bereits erwähnt, einen hohen Anspruch an sein Wirken. Worum es Novalis unter anderem ging, machte er mit folgender Äußerung deutlich (Novalis 2001, S. 380): »Die Poesie ist die große Kunst der Konstruktion der transzendentalen Gesundheit. Der Poet ist also der transzendentale Arzt.« Novalis bezweckte mit seiner Dichtkunst also einen Beitrag zur Gesundheit, auch wenn es sich dabei nicht um eine konkrete Arznei mit den zu seiner Zeit bekannten Substanzen handelte. Jenseits

1 In diesem Buch wird auf eine sprachliche Gleichstellung der Geschlechter verzichtet, also z. B. nicht immer die männliche und die weibliche Form angeführt. In der Regel sind jeweils alle Geschlechter gemeint, unabhängig davon, ob die männliche oder die weibliche Form benutzt wird.

eines Bereichs einer normalen Sinneserfahrung, gewissermaßen in einem »Überschreiten« oder »Übersteigen« der erfahrbaren und gegenständlichen Welt, nahm der Literat eine Wirkung der Poesie auf die Gesundheit an. Warum das so sein kann, erklärte Novalis mithilfe einer Rhythmuskonstruktion:

> *»Jahreszeiten, Tageszeiten, Leben und Schicksale sind alle, merkwürdig genug, durchaus rhythmisch, metrisch, taktmäßig. In allen Handwerken, und Künsten, allen Maschinen, den organischen Körpern, unsren täglichen Verrichtungen, überall: Rhythmus, Metrum, Taktschlag, Melodie. Alles, was wir mit einer gewissen Fertigkeit tun, machen wir unvermerkt rhythmisch. Rhythmus findet sich überall, schleicht sich überall ein. Aller Mechanism ist metrisch, rhythmisch. Hier muß noch mehr drin liegen. – Sollt' es bloß Einfluß der Trägheit sein?«*
>
> [Aus Novalis (1846): Schriften. Berlin (G. Reimer), S. 254 f.]

Diese Einschätzung, die sowohl für die Dichtkunst als auch für die naturwissenschaftliche Forschung bedeutsam ist, gipfelt in der Aussage: »Ohne Rhythmus keine Welt«. Für Novalis ist Rhythmus die Grundlage der Künste und Wissenschaften. Dieser wird somit zu einem zugleich naturwissenschaftlichen und ästhetischen Forschungsgegenstand. Und Novalis' Perspektive zieht sich durch das 19. und 20. Jahrhundert bis hinein in die Gegenwart: Die Künste, Geisteswissenschaften und ebenso – modern gesprochen – die »Life Sciences«, sie alle haben mit Rhythmuswahrnehmungen zu tun und setzen sich mit diesen auseinander. Rhythmus ist gewissermaßen der Natur, der Physiologie und dem ganzen Kosmos inhärent und wirkt als Voraussetzung für die Steuerung von vielerlei Abläufen. Denken Sie nur an die Bewegungen der Gestirne, an die Tag- und Nachtzeiten, an den Wechsel der Jahreszeiten, den Atem- oder Herzrhythmus und manch anderes mehr!

Womit wir wieder bei der gegenwärtigen naturwissenschaftlichen Forschung und dem Medizin-Nobelpreis angelangt sind. Vor drei Jahrzehnten ermöglichten Jeffrey Hall, Michael Rosbash und Michael Young mit ihren Entdeckungen zur zirkadianen Rhythmik den Startschuss für die Chronobiologie. Den Nobelpreisträgern gelang die Identifizierung der molekularen Komponenten der im Tierreich universell verbreiteten »inneren Uhr«, die demnach auch wir Menschen besitzen. Heute weiß man, dass Störungen des zirkadianen Rhythmus' mit Schlafstörungen in Verbindung stehen können, aber auch mit der Entwicklung von Depressionen, bipolaren Störungen, Gedächtniseinbußen sowie einigen neurologischen Erkrankungen. Aus Tierexperimenten und epidemiologischen Studien (gesundheitsbezogenen statistischen Erhebungen an großen Gruppen oder Bevölkerungen) ist zudem ein Risiko für Stoffwechselstörungen, die mit Fettleibigkeit, Bluthochdruck, erhöhten Blutfettwerten und Störungen des Zuckerstoffwechsels einhergehen, für sogenannte metabolische Erkrankungen, offenbar geworden. Der zirkadiane Rhythmus wirkt auf wichtige regulative Hormone wie Kortisol und Insulin. Kommt es zu einer Störung des Rhythmus, gerät der Stoffwechsel in Schwierigkeiten: Die Insulinsensibilität und die rhythmischen Schwankungen (Oszillationen) des Blutzuckerspiegels werden nicht mehr im notwendigen Maß gesteuert.

Novalis hat vor langer Zeit Vermutungen angestellt und begründet, doch war die naturwissenschaftliche Forschung noch lange nicht so weit, um seine Überzeugungen mit harten Fakten zu bestätigen. Mag manches philosophisch überzogen oder mangels ausreichender Faktenlage aus heutiger Sicht nicht mehr tragfähig zu sein, so kann doch festgehalten werden: Bedenkt man die damalige Welt des Dichters und stellt eine Verbindung zur Gegenwart her, so erscheinen seine Vorstellungen erstaunlich. Es lassen sich durchaus Berührungspunkte zwischen Novalis' Arbeiten und den modernen Naturwissenschaften feststellen.

Vielerlei rhythmische Prozesse steuern unser Leben. Etliche davon greifen ineinander und tragen zu einem funktionierenden Ganzen bei. Werden Rhythmen gestört, insbesondere biologische, biochemische und soziale, gerät etwas durcheinander und unser Leben im Extremfall massiv in Gefahr. Eine Beschäftigung mit Lebensrhythmen lohnt also allemal! Es geht dabei immer auch um unsere Gesundheit. Wird zugleich Achtsamkeit ins Spiel gebracht, dann vor allem deshalb, weil es zwischen Lebensrhythmen und Achtsamkeit einen Zusammenhang gibt. Wir können viel für unsere eigene gesunde Lebenspraxis tun, wenn wir diese beiden Phänomene näher in den Blick nehmen und ihnen im Alltag mehr Beachtung schenken. Und das ganz ohne Medikamente und frei von deren Risiken und Nebenwirkungen!

Inhalt

1 Das Fundament unseres Menschenlebens

1.1 Wenn das Herz vor Freude hüpft oder aber vor Kummer zerbricht – Vom wichtigsten Rhythmus unseres Lebens

»– es ist merkwürdig, wie die Musik Erinnerungen herbeizaubert. – Dasselbe gilt von Gerüchen. Wenn ich deine Briefe rieche, glaube ich immer in deinem Zimmer in Nohant zu sein und das Herz hüpft mir vor Freude bei dem Gedanken, daß ich Dich das Pult von eingelegter Arbeit öffnen sehe, das so gut riecht und so ernste Erinnerungen der vergangenen Zeiten hervorruft.«

[Aus George Sand (1855): Geschichte meines Lebens.
Neue Ausgabe. 24. Bd., Erster Theil.
Leipzig (Otto Wigand), S. 168.]

Diese Sätze hat der Vater der französischen Schriftstellerin Amantine Lucile Aurore Dupin de Francueil während seiner Ausbildung zum Offizier an seine Mutter in einem Brief vom 09. 11. 1798 notiert. Seine Tochter Amantine, häufig besser bekannt unter dem Pseudonym George Sand (1804–1876), hielt diesen Brief an ihre Großmutter in ihrer »Geschichte meines Lebens« fest. Die Zeilen machen das wunderbare Gefühl der Freude und des Glücks deutlich, das den Herzschlag erheblich erhöht und vernehmlich spüren lässt. Dies geschieht jedoch ohne jede Gefahr, es ist kein Herzstolpern und Herzrasen, kein Grund zur Besorgnis, sondern im Gegenteil eine damit einhergehende ungemein überschwängliche Freude.

Die erfährt jeder Mensch in seinem Leben spätestens in dem Augenblick, wenn er sich erstmals Hals über Kopf verliebt und der geliebte Mensch auf das ungemeine Begehren positiv reagiert. In der Themenvielfalt der Liebe finden wir daher zahlreiche Beispiele, die dieses Phänomen beschreiben. Unzählige Menschen haben sich in Gedichten intensiv mit den Gefühlen von Liebe und Verliebtheit auseinandergesetzt, und viele weitere werden dies in Zukunft tun, wobei das Symbol der Liebe – das Herz – oftmals eine herausragende Rolle spielt. Besonders schön bringt dies das Gedicht »Ich liebe!« von Rainer Maria Rilke (1875–1926) zum Ausdruck:

Ich liebe!
Nun mag die Welt in ihren Festen beben,
entfesselt wüten mag das Element; –
denn eine neue Ära tritt ins Leben,
die keinen Haß und keinen Streit mehr kennt!
Durch meine Seele ziehts mit Zauberweben
o! wie's im Herzen glückverheißend brennt!
Die Pulse fliegen mir, die Lippen beben,
ich fühls, das ist es, was sich Liebe nennt!
Und möge alles rings in nichts versinken,
ich lebe und der Liebe Sterne winken!

[Aus Rainer Maria Rilke (2015): Glück. Berlin (Insel), S. 23.]

Manchem Zeitgenossen mag das zu »schwülstig« erscheinen. Bedenken Sie aber die Zeit und ihre andere Sprache sowie eine für Rilke gewiss dahinterstehende reale Erfahrung. Dann erschließt sich an einem solchen Liebesgedicht das, was es an Energie und Freude, ja an Glück zum Ausdruck bringt. Das ist in der Gegenwart nicht viel anders, die heutige Liebeslyrik weiß ebenso von Herz und Schmerz zu erzählen. Und wer es trivialer mag, wird ohne Probleme fündig werden: Die Texte der modernen Rock-, Pop- und Schlagermusik triefen geradezu von Liebe, Herz und Schmerz. Sei es das »Herzbeben« einer Helene Fischer oder der Welthit einer Céline Dion, »My heart will go on« – oft genug ist das Herz im Spiel.

Der Volksmund weiß das alles schon lange: »Wem das Herz hüpft, dem ist kein Weg zu weit.« Solche Redensarten nehmen unmittelbar Bezug auf eine körperliche Symptomatik, dem Herzschlag eben, der solange nicht bemerkt wird, wie alles im normalen Bereich liegt. Da verrichtet ein Organ seine Arbeit. Bei einem gesunden Menschen schlägt es rund siebzig Mal pro Minute, im Durchschnitt also hunderttausend Mal an einem Tag. Dahinter stecken Takt und Rhythmus. Und wenn diese durcheinandergeraten sollten, dann reagieren wir äußerst aufmerksam. Möglicherweise zum Guten und ohne Besorgnis, im Gegenteil, man will es spüren, dieses Hüpfen des Herzens. Gefühle sind mit biologischen Vorgängen verbunden, die dieses Hüpfen bestimmen. Freude und Euphorie, ja Glücksgefühle durchfluten uns in solchen Fällen. Aber auch das Gegenteil muss Erwähnung finden. Es gibt Umstände, unter denen der Herzschlag aus dem Takt gerät und der betroffene Mensch von Herzrhythmusstörungen geplagt wird: Herzschmerz in kritischem Sinne und Ängste dominieren dann das Empfinden und das Denken. Manche von uns werden derartige missliche Erfahrungen gemacht haben. Häufig nicht ungefährlich ist sogar der Umstand, wenn das Herz vor Kummer zerbricht. Damit geht eine einschneidende Minderung der Lebensqualität einher, ein Leiden, das die Tage verdunkeln kann und bei dem das »gebrochene Herz« schmerzt.

»Es bricht mir das Herz, wenn ich höre, dass Du manchmal traurig bist. Was soll ich Dir da sagen? Es gibt so viele Sorten Traurigkeit, wie es Lebensstunden gibt. Und wahrscheinlich noch ein paar mehr. Da ist es egal, ob Du weißt, woher diese oder jene Traurigkeit kommt. Das gehört zu unserem Leben.«

[Aus Robert Seethaler (2012): Der Trafikant. Zürich/ Berlin (Copyright © Kein und Aber AG), S. 171.]

In diesen Zeilen, die Franz Huchels Mutter an ihren in Wien lebenden Sohn schreibt, wird das Herz als das Organ eines überragenden Gefühlserlebens ins Spiel gebracht. Der österreichische Schriftsteller Robert Seethaler wählt eine Überzeugung des Volksmundes, mit der er die Sorge einer Mutter um ihr Kind, auch wenn dieses längstens erwachsen ist, zum Ausdruck bringt: Ein Herz kann zerbrechen. Auch wenn das nur als eine Beschreibung im übertragenen Sinne gelten mag, so scheint das Herz im Besonderen als zentrales Organ für das Erleben und Ausdrücken von Kummer, Leid und Schmerz schon immer eine überragende Rolle zu spielen.

Wie der Volksmund weiß, dienen alle möglichen Organe als Ort oder Ziel unguter Wirkungen im menschlichen Leben. Körperliche Phänomene stehen mit Vorgängen auf einer psychischen, emotionalen und geistigen Ebene in Wechselwirkung, sind mit ihnen gekoppelt. So heißt es zum Beispiel »Das geht mir an die Nieren« oder »Das schlägt mir auf den Magen« oder »Das raubt mir den Atem« oder »Mir ist eine Laus über die Leber gelaufen« oder »Das Problem bereitet mir Kopfzerbrechen«. Im Prinzip steht hinter solchen Beschreibungen und Sprüchen ein häufig nicht genauer hinterfragtes Wissen um eine Psychosomatik. Wer weiß schon im medizinischen oder psychologischen Sinne

Bescheid über Psychosomatik und Konversionsneurosen? – Fachleute, ja natürlich, diejenigen, die auf dem medizinischen Spezialgebiet der Psychosomatik forschen und arbeiten, aber auch Experten im Umfeld von Neurobiologie und Psychoneuroimmunologie. Sieht man von diesen mal ab, so ist in der Bevölkerung ein gutes Gespür für diese Phänomene vorhanden, die dann eben umgangssprachliche Be- und Umschreibungen wählt, um für alle verständlich und nachvollziehbar das auszudrücken, was dem Menschen seelische Probleme bereiten kann.

Interessant ist, dass dem Herz, und nur dem Herz, sowohl positive als auch negative Reaktionen zugeschrieben werden. Es kann hüpfen vor Freude oder bluten vor Schmerz, es kann platzen vor Glück oder zerbrechen vor Kummer. Diese Polarität findet sich für kein anderes Organ. Auch darin erweist sich eine Besonderheit: Wir haben es mit extremen Zuschreibungen zu tun. Tut die eine dem Menschen ungemein gut und lässt ihn geradezu euphorisch werden, schmerzt, ängstigt und verunsichert ihn die andere.

Geht es nicht um seelische Phänomene, die zu Herzschmerzen führen, sondern sind organische Erkrankungen die Ursache, dann bedarf es rascher Hilfe, da ansonsten Lebensgefahr bestehen kann. Schlägt das Herz aus purer Freude schneller, beschleunigt sich der Herzschlag, weil dem Menschen Gutes widerfährt, so ist das eine Erscheinung, die wir gerne in Kauf nehmen. Dieser ganz andere Rhythmus ist willkommen, wir haben ein überaus gutes Gefühl. Wer jedoch schon einmal von Herzrasen geplagt wurde, ohne dass es eines besonderen Anlasses bedurfte, wird bestätigen können, welche Angst sich einstellt und wie verzweifelt man Hilfe sucht. Eine Rhythmusstörung, die das Herz rascher schlagen lässt, wird nun als lebensbedrohend empfunden. Ohne ärztliche und medizinische Versorgung ist die Gefahr schwerwiegender Folgen offensichtlich gegeben. Dieses komplexe und sehr sensible Organ ist offenbar mit einem Rhythmus ausgestattet, der auf den Lebensrhythmus reagiert und Bezug nimmt.

Selbstverständlich gibt es Herzerkrankungen, die nicht mit der Lebensführung zusammenhängen. So können Grippeviren das Herz angreifen und schädigen, oder eine koronare Herzerkrankung kann sich einstellen, obwohl jemand nie geraucht, nie Übergewicht entwickelt und nie Alkohol getrunken hat. Doch sei an dieser Stelle bereits auf in Kapitel 7.1 näher beschriebene Panikattacken verwiesen, deren Ursache (unter anderem) eine Lebensweise sein kann, die mit einem Aktivitätsmuster einhergeht, das das rechte Maß verloren hat und sich in einem »immer schneller, immer besser und immer mehr« schließlich erschöpft. Einen solchen Lebensrhythmus hält das Herz einige Zeit aus, früher oder später aber wird der Herzrhythmus unter ungünstigen Bedingungen durcheinandergebracht werden. Ein Zurückkehren zu einer gesunden Herztätigkeit ist dann nicht mit ein paar Pillen und einem dreitägigen Wellnesswochenende möglich, sondern es bedarf einer Umstellung der Lebensführung. Der Lebensrhythmus als Ganzes muss also in den Blick genommen werden, damit sich wieder ein gesunder Herzrhythmus einstellen kann. Einmal anders formuliert: Es ist hilfreich, die Sprache seines Körpers zu verstehen. Dann ist die Chance zur Einleitung notwendiger Korrekturen gegeben. Und bevor es überhaupt erst zu Korrekturen kommen muss: Wer auf die Signale seines Körpers achtet und diese deuten kann, tut wahrscheinlich bereits eine ganze Menge für seine Gesundheit. Und noch ein wenig anders formuliert: Achtsam zu sein, Lebensrhythmen anzuerkennen und sein Verhalten nach ihnen auszurichten, dient der Prävention und der Gesundheitsprophylaxe!

Auf etwas Weiteres verweisen die Zeilen von Franz Huchels Mutter. Sie schreibt von »vielen Sorten Traurigkeit«. Und entscheidend: Traurigkeit gehört für diese Frau zum Leben. Was hat das mit Lebensrhythmus und Achtsamkeit zu tun? – Ich meine, sehr viel. Auch wenn manche das nicht wahrhaben oder sich mit derartigen Gedanken lieber nicht beschäftigen wollen, so ist zu sehen und anzuerkennen, dass ein Leben weniger schöne Umstände, ja Unglück beinhalten kann. Diese haben ihren Platz in jedem Leben, und ein immer glückliches, von keinerlei Unbill gezeichnetes Leben dürfte sich als grandiose Illusion entpuppen. Es ist die Polarität des Lebens, auf die später noch viel genauer einzugehen ist, die Huchels Mutter mit ihren Zeilen andeutet. »Mach dir nichts vor«, möchte man Franz in ihrem Sinne zurufen, »es ist normal, wenn mal was schiefläuft und aus dem Gleichgewicht gerät, das ist Teil des Lebens!«

Wir wünschen es uns natürlich anders. Vielleicht mag es das unbeschwerte Leben in dem einen oder anderen Fall tatsächlich geben, in dem Traurigkeit nie eine Rolle spielt. In den allermeisten Fällen dürfte es nicht so sein. Das Leben zeigt sich mit für den Menschen guten und weniger guten, ja schlechten Seiten. Diese Polarität ist auszuhalten und anzuerkennen, so sehr sich der Einzelne dagegen sperren möchte. Wem dies gelingt, der kann voraussichtlich die guten Momente, ja das Einfache und Selbstverständliche zu schätzen wissen. Das Sein in ganz normalen Umständen erfährt dann Wertschätzung und Respekt, womit wir beim Stichwort »Achtsamkeit« angelangt sind. Der berühmte US-amerikanische Psychiater Irvin D. Yalom (*1931) hat diesen Hintergrund einmal mit den Worten einer Patientin ausgedrückt, der er in ihrer Krankenzeit maßgeblich helfen konnte:

> *»Egal, ob ich noch lange oder nur noch kurz lebe: Ich lebe jetzt, in diesem Augenblick [...] Was ich wissen will, ist, dass es nicht nötig ist, sich von Gedanken über Leiden oder den Tod abzuwenden, aber auch nicht, solchen Gedanken zu viel Zeit und Raum zu geben. Was ich will, ist, mit dem Wissen vertraut sein, dass das Leben zeitlich begrenzt ist. Und dann, im Licht (oder im Schatten) dieses Wissens zu wissen, wie man lebt. Wie man jetzt lebt! [...] Ich lebe jetzt, und darauf kommt es an.«*
>
> [Irvin D. Yalom (2015): Denn alles ist vergänglich. München (© btb Verlag, in der Verlagsgruppe Random House GmbH, Übersetzung: Liselotte Pflüger), S. 183 f.]

1.2 Wie Takt, Rhythmus und Achtsamkeit mit Schwingungen und Resonanz zusammenhängen

Paul Potts? – Wahrscheinlich sagt Ihnen der Name etwas. Ja, es ist der zuvor gänzlich unbekannte Opernsänger (* 1970), der sich mit seinen Auftritten in einer britischen Casting-Show im Juni 2007 in die Charts katapultiert hat: Aus Giacomo Puccinis (1858–1924) Oper »Turandot« singt er die Arie »Nessun dorma«. Geradezu von einem Augenblick zum anderen ändert sich alles. In der Jury, die diesen etwas korpulenten Mann überaus kritisch und zugleich fast belustigt und mit einer Spur Herablassung beäugt, und im Publikum, das sich vielleicht die Frage gestellt hat, was dieser Mensch in einer Talentshow wohl verloren hat, vollzieht sich bereits nach den ersten gesungenen Tönen eine geradezu phänomenale Veränderung. Beim »vincerò«, dem Höhepunkt gegen Ende der Arie, hält es das Publikum nicht mehr auf den Sitzen. Noch vor Beendigung des Liedes klatscht es frenetisch Beifall, ein sagenhafter Jubel bricht sich Bahn, manche Zuschauerinnen wischen sich Tränen aus den Augen. Und selbst die oft genug überaus hart und überheblich auftretenden Juroren sind gerührt und berührt, es wird herzlich gelacht, um Fassung gerungen – Paul Potts hat seine Sternstunde und mit der Musik und dem Singen der Arie die Menschen glücklich gemacht! Musik wird an späterer Stelle in diesem Buch (Kapitel 8.3) noch eine wichtige Rolle spielen. Schließlich gehört sie seit Urzeiten zum Menschsein, sie wirkt auf Leib und Seele und kann unser Verhalten ganz erheblich bestimmen. Das vorgestellte Beispiel soll im Augenblick nur einen ersten Zugang und damit ein Verständnis der Begriffe eröffnen, die in diesem Buch die Hauptrollen einnehmen.

Paul Potts Auftritt hat alle Zuschauer mitgerissen. Bevor schon vor dem Schluss der Arie der frenetische Beifall geradezu aufbrandet, hat er beim Publikum eine Resonanz erreicht, die ein konzentriertes und aufmerksames Zuhören, das Kopf und Herz, mithin Verstand und Gefühl, anspricht. Auf Resonanz zu stoßen – das wünschen wir uns doch häufig, wenn es um unsere Anliegen an andere Menschen geht. Erreichen wir unser Gegenüber, dann berührt uns das, wir sind zufrieden, gar glücklich, und alles scheint zu gelingen. Dabei gibt es einen Zusammenhang zwischen Resonanz und Schwingungen, was an diesem Musikbeispiel besonders schön gezeigt werden kann. Im Physikunterricht haben wir gelernt, dass Materie und Licht Wellencharakter besitzen, aus rhythmischen Schwingungen bestehen und – auch wenn wir sie nicht hören – Klänge darstellen können. Manche sprechen hier von kosmischer

Musik, die gekennzeichnet ist durch eine geordnete, getaktete Schwingung, was wiederum den Rhythmus ausmacht. Die von Potts gesungene Arie hat nun noch nicht einmal etwas mit kosmischer Musik, sondern mit echter Musik, wie wir sie kennen und hören, zu tun. Übrigens hat schon der antike griechische Philosoph Platon (428/427–348/347 v. Chr.) unterschieden zwischen kosmischer Musik – den Klängen der Natur – und der »musica instrumentalis«, das heißt der Musik, die durch Menschen erzeugt wird. Musik wirkt auf uns, sie beeinflusst Gehirn- und Körperfunktionen. Wie geschieht das?

In der Musik muss zunächst der Takt verstanden werden (lat. *tactus* = »Berührung«, »Stoß«). Der Takt ist eine Gruppierung von bestimmten Notenwerten mit gleicher Zählzeit. Er gibt der Musik eine grundlegende zeitliche Struktur, die Musik wird durch die einzelnen Takte gegliedert. Durch wechselnde Notenwerte der Musik, die mit diesen Zählzeiten des Taktes zusammenfallen oder aber von ihnen abweichen, entsteht der Rhythmus des Musikstückes. Der Rhythmus ist es, der uns anspricht. Im physikalischen Sinne sind es wieder Wellen, die unsere Sinnesorgane registrieren und in unserem Gehirn zu Tönen werden, die ganz unterschiedlich wirken können. Musikrhythmen können ausgleichend und harmonisierend, durchaus auch beruhigend wirken. Aber auch mitreißend, aufputschend und aggressiv machend. Die Rhythmen wirken auf unser Gefühlserleben. Sie beeinflussen unsere Stimmung. Der durch eine ganz bestimmte Taktfolge bestehende Rhythmus der Arie »Nessun dorma« hat im Zusammenspiel mit der Stimme und dem von ihr erzeugten Gesang von Paul Potts intensiv das Gefühlserleben der Menschen angesprochen, ja, wenn auch nicht in einem physischen Sinne, berührt. Der ganze Saal wurde in

Schwingung versetzt, die Resonanz war dem Sänger sicher. Das Publikum konnte den Applaus und den Jubel noch nicht einmal bis zum Schluss zurückhalten. Begeisterung und Rührung mussten sich Ausdruck verleihen, so tief waren die Zuschauer emotional angesprochen worden.

Dieses schöne Beispiel einer Annäherung an die Begriffe soll durch ein weiteres unterstützt werden, wobei es nun um eine durch und durch ernsthafte Dimension von Takt und Rhythmus geht. Viele von Ihnen haben bereits einmal die Funktionstüchtigkeit ihres Herzens überprüfen lassen. Eine der ersten Maßnahmen hierzu ist die Durchführung eines EKG. Das Elektrokardiogramm ist die Aufzeichnung der Summe der elektrischen Aktivitäten aller Herzmuskelfasern mittels eines Elektrokardiografen. Das Ergebnis ist eine Herzspannungskurve, anhand derer die Ärzte ablesen, ob eine Störung vorliegt. Sie erkennen Herzfrequenz, Herzrhythmus, den Lagetyp und die elektrische Aktivität von Herzvorhöfen und Herzkammern. Damit ist ein Rhythmus in unserem Menschenleben ins Spiel gebracht, der aufgrund seiner immensen Bedeutung bereits in Kapitel 1.1 angesprochen wurde.

Gerät das Herz aus dem Takt, dann ist damit in der Regel Atemnot, Schwindel, Bluthochdruck und ein rasender Puls verbunden. Was heißt das nun? – Unser Herz besitzt einen Taktgeber. Das ist der sogenannte Sinusknoten, der normalerweise für eine regelmäßige Aktivierung der Herzvorhöfe sorgt. Dieser Sinusknoten gerät im Krankheitsfall im wahrsten Sinne des Wortes aus dem Takt, was mit einer Veränderung der Herzmuskelzellen zusammenhängt. Es kommt dann zu einem lebensbedrohlichen Vorhofflimmern, der reguläre, gesunderhaltende Herzrhythmus wird nachdrücklich gestört. Die gestörte Taktgebung führt zu einer Herzrhythmusstörung, die als Arrhythmie bezeichnet wird und eine unregelmäßige Abfolge des Herzschlages mit sich bringt. Dieser unregelmäßige Rhythmus zeigt sich im EKG. Es kann ein zu schneller (tachykarder) oder ein zu langsamer (bradykarder) Rhythmus sein. Abgesehen von leichten oder gelegentlichen Rhythmusstörungen, die manchmal noch nicht einmal bemerkt werden, kann das Befinden des Menschen ganz erheblich in Mitleidenschaft gezogen werden und Todesangst entstehen, wenn heftige Brustschmerzen, Krampfanfälle und massiver Schwindel bis hin zu Bewusstlosigkeit mit Herzrhythmusstörungen einhergehen.

Geraten Takt und damit Rhythmus durcheinander, können diese als verzerrte Schwingungen verstanden werden, die zu einer negativen Resonanz führen. Ganz trivial ausgedrückt: Mein Körper (und damit mein Leben) wird durch eine Rhythmusstörung bedroht, mein Verstand und mein Gefühl reagieren unmittelbar darauf. Die Resonanz ist für Leib und Seele verheerend. Ohne medizinisches Eingreifen besteht Lebensgefahr.

Verallgemeinernd ist an dieser Stelle festzuhalten: Atome, Zellen, Organismen, Planeten, Sonnen – alle schwingen in ihrem eigenen Rhythmus. Diese Rhythmen sind aufeinander abgestimmt. Schon der berühmte Mathematiker, Astronom und Naturphilosoph Johannes Kepler (1571–1630) sprach in diesem Zusammenhang von »harmonice mundi«, von der Weltharmonik. Werden die Rhythmen gestört, entsteht Disharmonie. Manifestiert sich eine solche Rhythmusstörung in unserem Körper, sprechen wir von Krankheit (Bossinger & Eckle 2010).

Und damit zu einem entscheidenden Schritt: Mitunter beachten wir Menschen die uns guttuenden und unser Leben unterstützenden Rhythmen nicht. Vielleicht geht es immer wieder nur um eine fahrlässige Vernachlässigung.

Eventuell aber betreiben wir sogar Schindluderei – und wundern uns dann irgendwann, weil wir physisch und/ oder psychisch zusammenbrechen. Die Frage lautet: Was muten wir uns in unserem Leben zu, und greifen wir dabei lebenswichtige und gesundheitsförderliche Rhythmen an? Ins Positive gewendet kann gefragt werden: Wie führe ich ein gutes, ein gelingendes Leben? Diese Fragen erfordern mehrere und vielfältige Antworten. In unserem Zusammenhang ist vor allem davon ein Aspekt hervorzuheben: Wir sollten über Rhythmen Bescheid wissen, dann können wir uns schützen und präventiv etwas zu unserer Gesunderhaltung beitragen. Und ein maßgeblicher Schlüssel, der dazu verhilft, kann Achtsamkeit sein. Bevor wir uns dieser zuwenden, soll vertiefend das ins Spiel gebracht werden, was wir bislang eher noch etwas oberflächlich mit Resonanz und Schwingung bezeichnet haben.

Dazu muss zunächst auf Hartmut Rosa (*1965) hingewiesen werden, der als Soziologe und Politikwissenschaftler an den Universitäten Jena und Erfurt tätig ist und Bahnbrechendes zum Thema Resonanz ausgearbeitet hat. Da für ihn Resonanz unter anderem ein Einlassen auf das Hier und Jetzt bedeutet, ist der Bogen zur Achtsamkeit fast schon automatisch hergestellt. Denn genau dieses Hier und Jetzt spielt beim Praktizieren von Achtsamkeit eine durch und durch entscheidende Rolle. Aber gehen wir noch einmal einen Schritt zurück. Rosa fragt sehr grundsätzlich, worauf es im guten Leben wirklich ankommt. Er stellt diese Frage angesichts einer zunehmenden Entfremdung des Menschen.

Der Begriff »Entfremdung« findet sich in der Philosophie schon bei Jean-Jacques Rousseau (1712–1778), dann deutlich weiterentwickelt bei Georg Wilhelm Friedrich Hegel (1770–1831) und schließlich bei Karl Marx

(1818–1883), der ihn entschieden im Rahmen seiner Kapitalismuskritik verwendet. Später nutzte die existenzialistische Philosophie und nicht zuletzt die sogenannte Frankfurter Schule um Theodor Adorno (1903–1969), Herbert Marcuse (1898–1979) und Max Horkheimer (1895–1973) den Entfremdungsgedanken. Ohne eine neomarxistische Ideologie zu vertreten, erkennt Hartmut Rosa allerdings gegenwärtige Lebensverhältnisse, die eine Geborgenheit des Menschen und dessen Getragensein in der Welt be- und verhindern. Die globalisierte und digitalisierte Welt führen eher zu einem Gefühl des Ausgeliefertseins, die Beziehungen zu anderen Menschen leiden oder werden unmöglich gemacht bzw. berühren uns nicht mehr. Um immer noch ein wenig besser zu werden, um beim Optimierungsrennen mitzumachen (sei es beruflich oder privat), um die Gier nach Besitzobjekten zu stillen und Leistung über alles zu stellen, richtet sich der Mensch auf Konkurrenz und Wettbewerb aus und betreibt Raubbau an den Ressourcen. Damit sind nicht nur äußere, materielle Ressourcen gemeint. Der Mensch vernachlässigt oder verausgabt seine körperlichen und emotionalen Ressourcen in dieser sich immer weiter beschleunigenden Welt, die Effizienz und Effektivität predigt und ein »Immer-noch-Mehr« förmlich zum Gott erhebt. Sozialer Druck, Überwachung und Kontrolle, ein Diktat der Selbstoptimierung, ständige Verfügbarkeit führen in diesem Konzert der Misstöne zu Psycho- und Erschöpfungskrisen, und nicht umsonst ist das Burnout-Syndrom in aller Munde.

All das lässt sich auch als Entfremdungsprozess umschreiben. Der Mensch wird im übertragenen Sinne obdach- und heimatlos. Im Extremfall ist er auf der Suche nach dem Sinn seines Lebens, den er unter diesen Umständen jedoch nicht finden kann. Man mag diese kritischradikale Sicht auf das moderne Leben womöglich nicht oder nicht in jeder Hinsicht teilen. So ganz aus der Welt sind die kritischen Blicke aber keineswegs. »Psychische Störungen«, »Vereinsamung trotz eines Überflusses an Kontaktmöglichkeiten« (SMS, E-Mail, WhatsApp, Tinder, Facebook usw.), »zunehmende Anonymisierung der Gesellschaft«, »Panik- und Angstattacken«, »Bindungsunfähigkeit«, »Selbstausbeutung bis zum Äußersten« (im Japanischen gibt es sogar ein Wort für den plötzlichen Tod durch Überarbeitung: »Karoshi«), »Flucht in esoterische Welten«, »Gefühle der Macht- und Einflusslosigkeit«, »Reizüberflutung bei einer gleichzeitigen Kultur des gesenkten Blickes« (wer weiß, wie viele Menschen schon beim Verlassen des Hauses auf ihr Smartphone starren; oder zählen Sie einmal in Bus und Bahn diejenigen, die auf diese umfassend vereinnahmenden Geräte schauen!) – das sind den Einzelnen und die Gesellschaft berührende Themen, bei denen man beim bloßen Lesen dieser Aufzählung erschrecken kann. So ist unsere Welt geworden, die allermeisten von uns machen mit in dieser Aufstellung. Statt die damit einhergehende Entfremdung zu vermeiden, leisten wir, weil es an kritischer Distanz fehlt oder man vielleicht gar nicht anders kann (?), als im Strom mitzuschwimmen, dieser Entwicklung Vorschub und wundern uns in den wenigen Momenten der Muße, weshalb sich die ersehnte Zufriedenheit oder gar das erhoffte Glück nicht einzustellen vermögen. Für diejenigen, die die zum Ausdruck gebrachte Kritik am neoliberalen System für richtig oder zumindest für bedenkenswert erachten und zudem über ihr eigenes Wertesystem nachdenken und dieses möglicherweise neu justieren wollen, bietet Hartmut Rosas Resonanzbegriff Lösungen an.

Resonanz (lat. *resonare* für »widerhallen«) ist insbesondere in Physik und Technik als das verstärkte Mitschwingen eines schwingfähigen Systems von grundsätzlicher Bedeutung. Als Laie versteht man dieses Phänomen gut am Beispiel einer Stimmgabel. Eine Stimmgabel bringt eine andere zum Schwingen, diese wirkt wiederum anregend auf erstere zurück. Im übertragenen Sinne kann beobachtet werden: Es wird etwas gegeben, und wer gibt, bekommt auch etwas zurück. Rosa verwendet nun den Begriff Resonanz als physikalische Metapher. Er beschreibt damit, wie der Mensch mit der Welt in Beziehung steht oder sich mit ihr in Beziehung setzt. Zwischen Menschen, aber auch zwischen Mensch und Umwelt (Natur, Kunst, Musik usw.) und innerhalb des Menschen (Psyche und Körper, Geist und Leib) kann es zu Resonanzen kommen. Der Mensch und seine Umwelt berühren sich, sie beeinflussen sich wechselseitig. Wenn dies in einem positiven Sinne gelingt, wird der gebende Mensch vom empfangenden angeregt und umgekehrt. Nach »außen« bedeutet das, miteinander im Ein- oder Gleichklang zu sein; nach »innen« ergibt sich ein Grundgefühl, mit sich selbst im Einklang zu stehen. Damit einher gehen Emotionen (positive im Sinne von z.B. Freude, Euphorie und Lust; negative wie z.B. Trauer und Wut). Der Mensch wird und ist berührt. Und: Er begehrt diese Resonanzbezüge zu seiner Umwelt, zu anderen und zu sich selbst. Es geht dabei um ein menschliches Grundbedürfnis, das befriedigt werden möchte. Bleibt diese Befriedigung aus, weil man z.B. zurückgewiesen, verachtet, gemobbt, ausgegrenzt wird, leidet der Mensch und wird letztlich krank. Wird das Resonanzbedürfnis aber befriedigt, weil man sich z.B. sympathisch gegenübersteht, weil man gelobt wird, weil man anerkannt wird, dann erlebt sich der Mensch als selbstwirksam (Frey 2016, S. 201 ff.), was er mit einem Lächeln oder gar Lachen oder zumindest mit stiller Freude ausdrückt. Diese positive Resonanz führt zu einem Mitschwingen, das längst vor jeder Soziologie der Volksmund beschrieben hat: »Die beiden haben dieselbe Wellenlänge«, »Verliebte baden im Lächeln des anderen«, »Die beiden ticken gleich« oder »Der ganze Saal vibriert; es knistert zwischen Sängerin und Publikum«.

Vorausgesetzt wir erkennen Resonanz als menschliches Grundbedürfnis an, dann können wir daran arbeiten, mit uns selbst, mit anderen oder mit der Umwelt in ein Mitschwingen zu geraten. Mit Druck und Kleinmachen, Hektik und Beschleunigung, Antipathie und Missachtung, Macht und Manipulation, Abschottung und Selbstblockierung ist das nicht zu machen. Es muss anders gehen: unter anderem mit Wertschätzung, Angenommensein, Akzeptanz, Lob, Anerkennung, Zugehörigkeit, Trösten, Unterstützen, Selbstwertschätzung und Selbstannahme. Resonanz kann furchtbar leicht misslingen, doch gibt es zahlreiche Resonanzräume, die Chancen zu einer Befriedigung des Grundbedürfnisses bieten: Partnerschaft, Familie, Freundschaft, Arbeit, Schule, Sport, Natur, Kunst und anderes mehr. So einfach und so rasch diese Resonanzräume aufgezählt sind, so schwierig scheint es in der konkreten Lebenspraxis immer wieder zu sein, diese in dem beschriebenen günstigen Sinne zu nutzen. Resonanz bedarf vor allem auch der notwendigen Zeit. Unser Umgang mit der Zeit verunmöglicht oft genug Resonanz. Erinnerungs-Apps, das ständige Schielen auf eingehende Mails, abzuarbeitende To-do-Listen, die immer wieder zu unterbrechende Arbeit (durch Telefonate, dringende Gespräche, rasches Beantwortung von E-Mails), »durchgetaktete« Arbeitstage, bei denen bereits etwas durcheinandergerät, wenn das eigene Kind mehr Hausaufgabenhilfe benötigt als »geplant« – alles das sind Beispiele dafür, wie Resonanz blockiert und verhindert wird. Wenn wir gar gedanklich immer schon bei der nächsten Aufgabe, beim nächsten anstehenden Problem sind oder einen sorgenvollen Blick auf das richten, was wir möglicherweise verpassen könnten, falls wir einen an und für sich unnötigen Termin nicht wahrnehmen, dann leben wir arrhythmisch. Von Resonanz und Mitschwingen müssen wir gar nicht erst reden. Resonanz heißt eben auch ein Sich-Einlassen auf das Hier und Jetzt. Dieser Moment ist von Bedeutung. Nur jetzt lebe ich wirklich. Einzig gerade jetzt, in diesem Augenblick, atme ich, kann eine Arbeit verrichten und ganz bei mir sein. Ob das alles auch in einer Stunde so ist? Hoffen wir es. Aber sicher sein kann niemand, dass er oder sie in einer Stunde noch lebt. Damit sind wir (endlich) beim Thema »Achtsamkeit« angelangt.

Achtsamkeit – nun, man kann von einem Modethema sprechen. Mehr und mehr ins Bewusstsein rückend, spielt Achtsamkeit seit einigen Jahren eine deutliche Rolle im Rahmen von Vorträgen oder als Buchtitel. Irgendwie scheint dieser Begriff Menschen anzusprechen, was wohl etwas zu tun hat mit einer immer hektischer erscheinenden Welt, in der mehr und mehr ökonomistische Leitbilder Geltung besitzen, bei denen es um Effizienz und Effektivität, um Konkurrenz und Globalisierung, um Schnelligkeit und Wettbewerb, um zunehmende Anonymität und Vereinsamung geht. William Shakespeare (1564–1616) ließ seinen Hamlet schon vor Hunderten von Jahren angesichts der Zustände am dänischen Hof klagen: »Die Zeit ist aus den Fugen …« (1. Aufzug, 5. Szene). Unsere moderne Zeit scheint eben aus diesen Fugen zu geraten, insofern muss man sich nicht wundern, wenn nach »Gegenmitteln« gesucht wird. Das geschieht vor allem dann, wenn kritische

Begleiterscheinungen bemerkt werden oder man selbst in diesem Rennen um eine Behauptung seiner selbst krank wird. Man sollte allerdings wissen, dass sich die Menschheit seit Jahrtausenden mit diesem Thema beschäftigt. Zwar gab es damals wahrscheinlich den Begriff »Achtsamkeit« noch nicht, aber die Haltung von annehmendem Gewahrsein seiner selbst beschäftigt die Menschen schon sehr lange. In religiösen und spirituellen Traditionen findet sich Achtsamkeit, im Besonderen Buddha hat die Entwicklung dieses annehmenden Gewahrseins gelehrt, und bis heute spielt Achtsamkeit im Buddhismus eine wichtige Rolle (Kapitel 6.6). Dass sie mittlerweile auch eine deutliche Verbreitung in der Psychotherapie gefunden hat, sei mit einem Buchverweis erwähnt: Ulrike Anderssen-Reuster, Achtsamkeit in Psychotherapie und Psychosomatik. Haltung und Methode, 2. Auflage, Schattauer, Stuttgart 2011. Immerhin verweist diese Entwicklung auf eine gesundheitsförderliche und -stabilisierende Dimension, weshalb Achtsamkeit weit mehr sein kann als ein banales Konzept. Als solches behandelt, läuft sie ins Leere. Es ist eben kein banales Konzept, allerdings durchaus etwas Einfaches, das aber nicht leicht ist. Verwirrend? Versuchen wir die mögliche Irritation mit einer Erklärung aufzulösen: Achtsamkeit bedeutet präsent zu sein im gegenwärtigen Wahrnehmen und Empfinden. Das hört sich nun wirklich einfach an. Es gelingt jedoch gar nicht so einfach, insoweit ist es alles andere als banal. Wie lange können Sie Ihre innere Präsenz im Hier und Jetzt aufrechterhalten, und zwar ohne diese Gegenwärtigkeit zu bewerten? Letzteres ist von großer Bedeutung: Schließich bewerten wir Menschen dauernd. Wir bewerten andere, anderes und auch uns selbst (was bis hin zur Selbstabwertung führen kann). Nehmen Sie einmal eine Situation, die Sie gerade erleben, wahr und – bewerten sie nicht! Nahezu automatisch bewerten wir. Eine Wahrnehmung ohne gleichzeitige Bewertung scheint nahezu unmöglich. Ein Schritt, mit dem man sich davon aber wenigstens ein wenig lösen kann, ist die Bewusstheit darüber, *dass* ich gerade bewerte. Wenn ich dies bemerke, verliere ich mich eventuell nicht weiter in diesen Bewertungen, was oft genug mit Abwertungen und Selbstzweifeln einhergeht. Etwas stärker ausgedrückt: Manche von uns geraten immer wieder in Grübelschleifen (»Warum ist mir die Laufbahn verschlossen geblieben?«, »Weshalb kommt es immer wieder in der Familie zum Streit?«; »Wieso hat es der Kollege weiter gebracht als ich?«; »Wie hat mir das nur misslingen können?« etc.), die im schlechtesten Fall in eine Depression führen und in weniger ausgeprägten Fällen zumindest zu Selbstzweifeln und einem Verlust von Selbstvertrauen führen können. Eine erste Hilfestellung ist das Erkennen der Tatsache, dass ich gerade grübele. Ich bemerke das und beobachte mich selbst. Man blickt quasi von außen auf das eigene Denken und betrachtet die eigenen Gedanken. Und ich bewerte diese Gedanken nicht (»Oh Gott, jetzt plagt mich diese blöde Niederlage wieder!«; »Verflucht, wie bekomme ich bloß diese Gedanken aus dem Kopf?«; »Wenn ich noch länger darüber nachdenke, werde ich noch verrückt« etc.). Ein achtsamer Mensch ist sich zwar gewahr darüber, dass er grübelt. Aber er kann sich gewissermaßen innerlich von diesem Denken, das er wie ein neutraler Beobachter wahrnimmt, distanzieren. Das Distanzieren von diesen Inhalten, das Nicht-Bewerten ist der Schlüssel. Das scheint nur auf den ersten Blick einfach. Es wirklich zu praktizieren ist jedoch nicht leicht. Man muss es üben. Automatisch geht das nicht. Es gibt sehr unterstützende Kurse dafür, die keinesfalls die Welt kosten müssen. Ob Sie nun eine Volkshochschule besuchen oder in ein christliches Kloster gehen wollen, ob Sie bestimmte Formen von Yoga oder Meditationskurse probieren möchten: Es gibt auf alle Fälle ein Angebot, Achtsamkeit zu lernen. Wer diese Anleitung nicht wahrnehmen möchte oder zunächst auch nicht wahrnehmen kann, sollte sich im Alltag Inseln der Achtsamkeit vornehmen. Für wenige Minuten das, was gerade ist, sehr bewusst wahrnehmen und beobachten und – nicht zu bewerten (was, wie gesagt, schwierig ist). Auch wenn manches am Anfang lächerlich erscheinen mag: Probieren Sie doch einmal, die nächsten dreihundert Meter bewusst zu gehen. Nicht von der Bushaltestelle zur Haustür marschieren. Sondern das Hier und Jetzt wahrnehmen. Liegt etwas auf dem Gehweg? Wer ist außer mir noch unterwegs? Wie setze ich einen Fuß vor den anderen? Welche Geräusche höre ich gerade? Was geht mir durch den Kopf? – Das alles bitte ohne Bewertung. Dreihundert Meter können plötzlich ganz schön anstrengend sein. Achtsamkeit bringt Sie wieder in Kontakt mit sich selbst, und mit Achtsamkeit lernen Sie, sich innerlich zu distanzieren. Wenn Sie üben und immer wieder üben, können wunderbare Entwicklungen damit einhergehen: Sie werden freundlicher zu sich selbst, und Sie verhindern die Gefahr einer Selbstsabotage, das heißt ein Verhalten, mit dem Sie sich selbst im Wege stehen. Dazu später mehr.

2 Wenn ein Fundament fehlt, …

2.1 … dann lesen Sie solche Sätze oder Überschriften in den Medien

- »Wie finden wir einen Tagesrhythmus?« (An andere Eltern gerichtete Frage einer besorgten Mutter).[2]
- »Menschen, die an einem Burnout leiden, erhalten genau diese Diagnose: Sie haben den Rhythmus zwischen Schaffen und Ruhen verloren.« (Margot Käßmann in einem *Bild.de*-Artikel über Burnout in der Gesellschaft).[3]
- »Ansätze von individueller Klasse von Marco Asensio und Dani Ceballos waren in der ersten Hälfte zwar zu sehen, aber die spanische Mannschaft fand nie zu ihrem Rhythmus.« (Kommentar zweier Sportreporter zum Versagen der spanischen Mannschaft beim U21-Endspiel gegen Deutschland am 30. Juni 2017).[4]
- »›Wir haben wie ein Orchester gespielt, das nicht im Gleichklang spielt und den Rhythmus nicht findet‹, monierte der als Perfektionist bekannte Fußball-Lehrer.« (Der frühere Dortmunder Fußballtrainer Thomas Tuchel nach einem Spiel seines BVB gegen den

2 Verfügbar unter: http://www.eltern.de/foren/mein-baby-da-jetzt/879909-finden-wir-einen-tagesrhythmus.html (Zugriff: 13.08.2017).

3 Verfügbar unter: http://www.bild.de/politik/inland/margot-kaessmann/unsere-gesellschaft-wird-ein-burn-out-bekommen-52025746.bild.html (Zugriff: 13.08.2017).

4 Verfügbar unter: http://de.uefa.com/under21/news/newsid=2483460.html (Zugriff: 13.08.2017).

FC Porto in den *Kieler Nachrichten* vom 26. Februar 2016).[5]

- »Der Zappel-Tänzer ohne jedes Rhythmus-Gefühl liebt die Dame seines Herzens hingebungsvoll, allerdings ohne nötiges Feingefühl.« (Artikel über »ungelenkes Zappeln« beim Tanzen in der *Berliner Zeitung* vom 16. Juni 2017).[6]
- »Alkohol zerstört den natürlichen Schlafrhythmus.« (Überschrift eines Artikels des Infoportals *paradisi.de* zu negativen Auswirkungen des Alkoholkonsums auf das Schlafverhalten).[7]
- »Herzrhythmusstörungen kann man mit Fehlzündungen eines Motors vergleichen.« (Aussage eines Hamburger Kardiologen in einem Artikel in *Focus* online vom 28. April 2011 über »Falsche Reize«).[8]
- »Urlaub? Nur kein Stress! Eine Umfrage zeigt: Viele können sich in den Ferien nicht erholen.« (*Stuttgarter Zeitung* vom 23. August 2017, S. 18)
- »Immer am Limit. Arbeiten im Schichtsystem, zu viele Patienten, zu wenig Zeit: Pflegekräfte in Deutschland sind oft ausgebrannt.« (*FAZ* vom 10./11. Februar 2018, S. C1)

---

5 Verfügbar unter: http://www.kn-online.de/News/Sport-News/Aktuelle-Sport-News-Aus-der-Welt/Orchester-ohne-Rhythmus-Tuchel-sieht-Steigerungsbedarf (Zugriff: 13.08.2017).

6 Verfügbar unter: http://www.bz-berlin.de/artikel-archiv/ungelenkes-zappeln-oder-rhythmus-im-blut (Zugriff: 13.08.2017).

7 Verfügbar unter: http://www.paradisi.de/Health_und_Ernaehrung/Symptome/Schlafstoerungen/News/111727.php (Zugriff: 13.08.2017).

8 Verfügbar unter: http://www.focus.de/gesundheit/ratgeber/herz/symptome/rhythmus/warnsignal_aid_11523.html (Zugriff: 13.08.2017).

- »Özil braucht die Spielpraxis, müsste dringend seinen Rhythmus finden, das hat der Trainerstab mehrfach betont.« (*Die Welt* vom 8. Juni 2018, S. 19)

All diese Überschriften und Schlagzeilen haben einen Rhythmus zum Gegenstand. So dieser nicht mehr gegeben ist – nehmen Sie das drittletzte Beispiel – gerät nicht nur selbst der Urlaub durcheinander, sondern auch der vergeblich nach Erholung suchende Mensch. Wie in einer Tretmühle ohne Ausgang macht der Mensch in der anderen Umgebung gerade so weiter, dass Erholung und Entspannung zu Fremdwörtern werden. Des Menschen Lebendigkeit wird eingeschränkt. Das essenzielle Merkmal des Rhythmus ist eben das Lebendige. Es ergibt sich aus dem Ausgleich zwischen zwei Polen. Oder anders gesagt: Ein Rhythmus entsteht zwischen Polaritäten, einem Wechsel zwischen zum Beispiel hell und dunkel, leise und laut, langsam und schnell. Der Rhythmus gleicht die Pole aus und verhindert damit Einseitigkeiten. Wir sehen und erkennen diesen Rhythmus Jahr für Jahr im Entstehen und Vergehen, im Wechsel von Aufbau und Abbau in der Natur. Dieser Auf- und Abbau findet sich ebenso im menschlichen Organismus, wo – sehr allgemein gesprochen – die meisten Körperzellen nach einiger Zeit abgebaut und wieder neu gebildet werden. In diesem Körpergeschehen ist der Menstruationszyklus ebenso bekannt wie der Atem- und Herzrhythmus. Aber auch der Aufbau und Abbau von Glykogen in der Leber, der Blutdruck, die Körpertemperatur und selbst die Schmerzempfindlichkeit unterliegen tageszeitlichen Schwankungen, die unbedingt gesund sind und den erwähnten Ausgleich zwischen den Polen unterstützen. Diese inneren Vorgänge reagieren auch auf äußere Vorgänge und sind mit ihnen verbunden. Man kann daher beim Menschen von einer Polarität zwischen Innen- und Außenleben sprechen, und in Teilen ist der Mensch fähig, sich aus dieser Verbindung zu lösen oder zu emanzipieren. Denken Sie nur an den Tag-Nacht-Rhythmus im Zusammenhang mit dem Schlaf-Wach-Rhythmus. Während der Mensch auf seine inneren Rhythmen durchaus Einfluss zu nehmen vermag, kann dies in der Außenwelt nicht beobachtet werden. Die den Menschen umgebende Welt und der Kosmos sind Rhythmen unterworfen, deren Störung das Ende der Menschheit bzw. der Erde bedeuten würde. Der Mondzyklus, der wie der Menstruationsrhythmus auf eine Dauer von 28 Tagen angelegt ist (die Sonnenbahn wird je einmal auf- und absteigend gekreuzt), würde zerstörerischste Auswirkungen haben, wenn er durcheinandergeriete. Der Menstruationszyklus lässt sich hingegen mittels Hormongabe verändern. Für Frauen im gebärfähigen Alter ergibt sich über derartige Einflussnahmen eine größere Flexibilität und mehr Gestaltungsmöglichkeiten im Hinblick auf die individuellen Bedürfnisse. Das hört sich zunächst vielleicht gut an. Doch muss klar sein: Sollte es zu einem Rhythmusverlust kommen, wirkt sich das kritisch auf die Gesundheit aus. Rhythmik trägt schlicht zu unserer Gesundheit bei – wird sie vernachlässigt oder bewusst torpediert, dürften Erkrankungen begünstigt werden. Um selbst zur eigenen Gesundheit und Gesunderhaltung beizutragen, sollte man im täglichen Leben der Bedeutung des Rhythmus' Rechnung tragen. Damit sind wir wieder beim Thema Achtsamkeit angelangt, die im Sinne einer Selbstfürsorge und Prophylaxe deutlich werden lässt, wenn etwas aus dem Gleichgewicht geraten, einseitig und arrhythmisch werden sollte.

2.2 … dann zeigt das folgende Märchen für Erwachsene, was schiefläuft

Es war einmal ein fünfunddreißigjähriger, ehrgeiziger Mann. Gerade hatte er noch einen Blick auf die Leuchtziffern seiner Uhr geworfen. Erst kurz nach vier Uhr. Noch über eine Stunde liegen bleiben können. Darüber freute er sich, obwohl er seit Wochen, ja seit Monaten unter Schlafstörungen litt. Wie so oft war er erst nach Mitternacht ins Bett gekommen. Arbeit über Arbeit. Sicherlich: interessant und spannend. Und schließlich durfte er sich über sein Einkommen nicht beklagen. Der nächste Karriereschritt schien auch nicht mehr allzu weit entfernt. Hatte ihm nicht der »Vice President« der Bank erst vor einer Woche gönnerhaft auf die Schulter geklopft?! Vor so vielen andere Mitarbeitern. Wie ein Ritterschlag. Er wurde beneidet, zweifelsohne. Da konnte er schon stolz und voller Erwartung sein über die Dinge, die da kommen würden. Aber noch ein wenig schlafen, gerade heute, ja, das tat gut, fühlte er sich doch matt und irgendwie zerschlagen. Nur fing er wie so oft an zu grübeln, was ein rasches Einschlafen verhinderte. Als er dann aber doch wieder einschlief, nahm ihn der folgende Traum gefangen:

Er hatte verschlafen. Mein Gott, er musste doch unbedingt in Frankfurt das Flugzeug nach Moskau erreichen. Eine ungemein wichtige Geschäftsverhandlung für seine Bank. Es ging nicht nur um ein paar Millionen. Nein, es bahnte sich ein Geschäft an, das jede Dimension sprengen konnte. Und er war doch dafür mitverantwortlich. Die Chefetage setzte größte Hoffnung in sein Verhandlungsgeschick, wobei ihm die fast perfekte Beherrschung der russischen Sprache zugutekam. Viel zu hektisch sprang er aus dem Bett. Sein Kreislauf ließ ihn prompt im Stich. Er musste sich auf die Bettkante setzen, ihm wurde schwarz vor Augen und ihm schwindelte. Ein kurzes Verschnaufen, dann stand er auf, nicht ganz sicher auf den Beinen, doch die Zeit lief ihm davon. Keine zwanzig Minuten später lief er selbst. Es hatte nur für eine Katzenwäsche gereicht, Zähneputzen, Rasieren, alles ruckzuck. Wenigstens der Koffer mit allen Unterlagen und dem Tablet stand parat. Der Stuttgarter Hauptbahnhof lag gleich nebenan. Aber wegen der vielen Baumaßnahmen lagen die

Gleise weiter weg. Er mühte sich. Doch immer wieder standen ihm Menschen im Weg. Er wollte schneller vorankommen, aber wie von geheimer Hand wurde er gebremst. Der Zug, der Zug, ging es ihm durch den Kopf. Hoffentlich erreiche ich ihn noch. Dann kam er endlich, endlich am Gleis 9 an. Der ICE stand zur Abfahrt bereit, noch eine Minute. Er riss sich förmlich zusammen. Sah auf die bedrohlich groß erscheinende Bahnhofsuhr. Nur noch Sekunden bis 5.51 Uhr. Schnell, schnell, ich schaffe es noch. Er sah die Zugbegleiterin, die bereits die Pfeife zum Mund führte. Er rief, laut, sehr laut. Die Zugbegleiterin hielt inne. Er strengte sich so sehr an und kam doch nur ganz zäh und langsam voran. »Ja nun, auf jetzt«, hörte er die junge Frau rufen. Mit letzter Kraft schaffte er es. Gott sei Dank. Mit dem Abpfiff des Zuges setzte er seinen Fuß auf das Trittbrett. Die Zugbegleiterin schüttelte fast unmerklich den Kopf. Ihm war das egal. Gerettet, dachte er. Gerettet, jetzt kann nichts mehr passieren. Im Gang stehend hielt er inne. Sein Herz raste, er schwitzte und versuchte sich zu beruhigen. Dann ging er zum erstbesten freien Platz. Der Waggon war bereits weitgehend besetzt. Er bemerkte nicht die Drogenabhängigen. Wie die meisten anderen packte er sein Tablet aus, das Smartphone legte er daneben. Sein Nachbar telefonierte bereits. Schräg gegenüber saß eine sehr fein gekleidete Dame, die ebenfalls telefonierte. Und jetzt hörte er seinen Vordermann fluchen, weil ein Funkloch ein Gespräch zum wiederholten Male abbrach. Zwischenzeitlich hatte er sich eingeloggt, er rief seine Mails auf. Die vierte Nachricht mahnte ihn zur Eile, einer der Bosse erwartete seinen Anruf noch vor halb sieben. Er schnappte sich sein Smartphone. Die Nummer war gespeichert. Nur zweimal drücken. Nichts geschah, keine Verbindung. Ach so, Funkloch! Also warten. Wie lange sich doch eine halbe Minute hinziehen kann. Wieder probiert. Käse, er verkrampfte. Keine Verbindung. Weiter vorne quasselten aber zwei Herren gestikulierend in ihre Handys. Warum klappt das nicht bei mir? Er ballte die Fäuste. Noch ein Versuch. Ah. Endlich! Es klingelte. Ein Mann musste wohl auf die Toilette. Er sagte etwas zu ihm, das er aber nicht verstand, weil er sich zu sehr auf das Telefongespräch konzentrierte. Automatisch rückte er zur Seite, dabei stieß er versehentlich sein Tablet vom kleinen, ausgeklappten

Tisch. Die Stimme seines Chefs! Die Verbindung stand. Aber er musste sich doch um sein Tablet kümmern. Es lag mitten im Gang. Alle Menschen im Zug schienen zu telefonieren, zu scrollen oder Mails zu beantworten. Schräg hinter ihm sprach einer in ein Diktiergerät. Er wollte gerade seinem Chef einen Guten Morgen wünschen, da brach die Verbindung ab. Alles verschwamm ihm vor Augen. Die Menschen wurden zu Gestalten. Wie ferngesteuert arbeiteten sie, obwohl es erst kurz nach sechs am Morgen war. Er sah die Knöpfe in den Ohren, überall hingen Kabel, es klingelte vorne, hinten und in der Mitte des Waggons. Verschiedene Töne, verschiedene Melodien. Ein Durcheinander. Nichts abgestimmt, jeder für sich. Als sein Smartphone klingelte, zuckte er zusammen. Sein Chef meckerte. »Was ist? Haben Sie Ihr Handy abgestellt? Hören Sie mal Ihre Mailbox ab. Dann melden Sie sich. Alles klar?« Und schon hatte er aufgelegt. Ihm wurde übel. Dieser Verfügbarkeitsterror. Zu jeder Tages- und Nachtzeit. Er wurde wütend. Aber nur für ein paar Sekunden. Dann besann er sich auf die Mailbox. Immerhin: Er war wichtig. Sonst würde ihm sein Boss nicht am frühen Morgen etwas mitteilen. Was für ein Glück: Wenigstens nimmt mich mein Chef wahr! Doch die Nachricht ließ ihn erst recht in Schweiß ausbrechen. Er sollte noch vor seinem Abflug in Frankfurt Zahlen für einen notwendigen Geschäftsbericht liefern, selbstverständlich so aufbereitet, dass die notwendigen Kreditverhandlungen unterstützt werden würden. Wie soll ihm das denn jetzt gelingen? Aus Sicherheitsgründen konnte er außerhalb der Bank nicht auf alle notwendigen Dateien zugreifen. Wieder störte sein Sitznachbar, der zurückkam und Platz nehmen wollte. Er stand noch einmal auf. Die meisten Mitreisenden waren intensiv beschäftigt. Es ging vielleicht um wichtige Deals, vielleicht um einen neuen Kunden, vielleicht um einen Schachzug gegen einen Konkurrenten. Er atmete heftig. Dann wurde die Geschwindigkeit des Zuges heruntergebremst. Und er hielt schließlich auf freier Strecke. Es wurde ganz ruhig. Nur für ein paar Sekunden. Dann wurden die ersten Passagiere unruhig. Schließlich musste man in Mannheim umsteigen, um nach Frankfurt zu kommen. Viel Zeit durfte nicht verloren gehen. Vier Minuten. Was für eine irre Taktzeit für einen Anschlusszug und ein Umstei-

gen. Nach einer Minute meckerten die Ersten. Er schaute auf seine teure Armbanduhr. Der Sekundenzeiger schien immer rascher voranzugehen. Endlich: eine Durchsage! Aber um Gottes willen. Was heißt denn das? Wegen eines Personenschadens verzögert sich die Weiterfahrt um unbestimmte Zeit. Jetzt ist alles aus. Er wusste, der Anschlusszug in Mannheim würde nicht warten. Das Flugzeug würde nicht warten. Er würde einen üblen Eindruck hinterlassen. Ein Zuspätkommen war nicht mehr zu verhindern. Das ganze Geschäft konnte platzen. Er schnappte nach Luft. Sein Gesicht war schweißbedeckt. Die Menschen schimpften. Sie bemerkten nicht, wie er sich an die linke Brustseite griff. Sein weit geöffneter Mund wollte Luft einsaugen. Es gelang kaum. Die Schmerzen. Die Schmerzen. Er drückte fest auf seine Brust. Todesangst. Um Gottes willen! Er ging in die Knie. Warum hilft mir keiner? Hilfe, Hilfe ...
Unser Mann riss die Augen auf. Nass geschwitzt setzte er sich in seinem Bett auf. Tatsächlich lag seine linke Hand in Höhe des Herzens auf seiner Brust. Das Herz schlug, als hätte er einen Tausendmeterlauf im Dauerspurt absolviert. Nach und nach fand er sich zurecht. Ein Traum, nur ein Traum. Ganz langsam beruhigte er sich. Minuten später stand er auf. Langsam, ganz langsam. Es war kurz nach sechs am Morgen. Sein Handy klingelte zum ersten Mal an diesem Tag. Die Nummer im Display zeigte ihm: Sein Vorgesetzter wollte ihn sprechen.
Und wenn er nicht gestorben ist, dann nimmt er auch heute noch Anrufe um diese Zeit entgegen und denkt: »Welch ein Glück! Mein Chef braucht mich. Ich bin wichtig!«

Mit dieser Geschichte soll deutlich gemacht werden, was heute auf dem Spiel steht: Es geht um den Schutz des Menschen in Zeiten der Globalisierung und der Flexibilität. Bereits 1998 hat dazu der US-amerikanische Soziologe Richard Sennett (* 1943) ein viel beachtetes Buch vorgelegt (Sennett 1998). Seine grundsätzlichen Themen zur Vereinzelung des Menschen, zu seiner Orientierungslosigkeit und Ohnmacht und der Oberflächlichkeit und Instabilität der zwischenmenschlichen Beziehungen beschreibt er in »Der flexible Mensch. Die Kultur des neuen Kapitalismus« (Berlin-Verlag, Berlin 1998) mit entschiedener Kapitalismuskritik. Diese Kritik muss man nicht teilen und in einigen Punkten darf man getrost widersprechen. Jedoch: Sennett beschreibt Entwicklungen, die sich tatsächlich vollzogen haben und die sowohl dem Individuum als auch der Gesellschaft nicht gut bekommen. Wie weit verkommen ist das Arbeitsethos oder eine Ethik der Wirtschaft, wenn man nur einmal den sogenannten Dieselskandal betrachtet? Große, renommierte Unternehmen gehen förmlich über Leichen, um die Gier der Eigentümer oder des Managements nach Gewinnmaximierung zu befriedigen. Welche Mensch und Natur verletzenden Wertvorstellungen stecken dahinter? Wie sehr müssen Menschen angesichts unsicherer Arbeitsverhältnisse leiden? Welchen Druck müssen und können sie aushalten? Wie steht es um die sozialen Beziehungen, wenn jederzeit aus beruflichen Gründen der Wohnort gewechselt werden muss? Was hat das alles noch mit einem Rhythmus zu tun, wenn Hast, Hetze, Druck und Angst anfangen zu dominieren? Eine Dauerverfügbarkeit im Zusammenspiel mit einer Beschleunigung aller Lebensbereiche – ist das der Preis für unsere Konkurrenzfähigkeit im globalen Wettbewerb und damit für unseren Wohlstand, der – materielle Güter betreffend – sensationell gut ist? Nichts gegen Wohlstand. Aber heiligt der Zweck die dafür eingesetzten Mittel? Ein Innehalten und Nachdenken dürfte mehr als angezeigt sein angesichts der aus dem Ruder laufenden Entwicklungen. Diese kann man ignorieren oder leugnen, wobei aber Verstand und Vernunft wohl eher ausgeschaltet bleiben und das erwähnte Nachdenken, aus welchen Gründen auch immer, unterbleibt und selbst schlimmste Folgen für die Natur, deren

Teil wir Menschen sind, ignoriert werden. (Was immerhin ein US-Präsident »glänzend« beispielgebend vormacht im Hinblick auf den Klimaschutz, dessen Vernachlässigung offenkundig den Rhythmus der Natur zu unserer aller Last durcheinanderbringt. Aber was soll's? Wenn der mächtigste Mann der Welt behauptet, die Wolken am Himmel sind grün, dann irren sich eben alle anderen, die diese Farbe nicht zu erkennen vermögen.)

2.3 … dann offenbart die folgende Geschichte eines unzufriedenen Bauern, dass aller Fleiß nichts nutzt

Es war einmal ein Bauer. Der haderte mit dem Wetter. Jedes Jahr gab er sich unzufrieden. Nie passte es ihm. Einmal beklagte er sich über zu viel Kälte, ein andermal war es ihm viel zu warm. Über Regen und Schnee meckerte er genauso wie über heiße Sommertage. Immerzu sah er seine Ernte gefährdet durch dieses Wetter, das er seiner Meinung nach so sehr viel besser hätte machen können. Tatsächlich gab es auch manches Jahr, da platzten die Kirschen an den Zweigen, weil es zu lange zu nass gewesen war. Dafür aber gediehen andere Früchte umso besser. Dann wieder gab es lange, kalte Winter, und sein ganzes Holz musste er fürs Heizen verbrauchen. Aber im darauffolgenden Frühjahr und Sommer gab es auffallend wenig Schädlinge, das Getreide auf den Feldern wuchs geradezu herrlich heran. In wieder einem anderen Jahr suchten heftige Gewitter die Gegend heim und vernichteten manches der bereits in aller Pracht gediehenen Weizenfelder. Doch mit der Maisernte und den Zuckerrüben, denen diese Unwetter nicht geschadet hatten, ließ es sich trotzdem leben. Trotzdem: Wenn er nur dürfte, er würde es besser machen. Davon war unser Bauer überzeugt. Und dann sah er eines Tages seine Chance gekommen. Er begegnete nämlich Gott. Sofort stimmte er seine Klage an und meinte:

»Gott, du bist groß und mächtig und möchtest doch bestimmt das Beste für deine Geschöpfe. Aber was für ein Wetter schickst du uns Jahr für Jahr? Einmal ist es zu trocken, im nächsten Jahr fällt Regen über Regen. Das könnte doch besser gemacht werden, und wir Bauern könnten viel mehr ernten. Natürlich, du hast ungeheuer viel zu tun und musst dich um so viele Sorgen und Nöte kümmern. Doch achte, wenn du Zeit findest, besser auf das Wetter.«
Gott hörte sich alles in Ruhe an. Er nickte nachdenklich und fragte dann den Bauern: »Hast du einen Vorschlag?«
Auf eine solche Frage hatte der Bauer nur gewartet. Er musste nicht lange überlegen und antwortete: »Ich bitte dich, lass mich einmal ein ganzes Jahr lang das Wetter bestimmen.«
Gott schmunzelte verhalten. Er erfüllte jedoch dem Bauern seinen Wunsch. Dieser war ganz glücklich, konnte er doch nun zeigen, wie man es besser macht. Und er gab sich wirklich sehr viel Mühe. Überaus fleißig sorgte er für das richtige Wetter. Zur Saatzeit sorgte er für sanften Regen, dem er warme Sonnenstrahlen folgen ließ. Im Sommer bestellte er heiße Tage, doch wenn ihm die Sonnenstrahlen zu kräftig schienen und gar die Gefahr bestand, dass die Halme auf den Feldern vertrocknen könnten, schickte er Wolken, und das Klima wurde wieder milder. Die Menschen freuten sich. Der Bauer ordnete tatsächlich Sonne, Regen und Schnee in einem für sie ganz ausgezeichneten Verhältnis. Als die Zeit der Ernte kam, freute sich der Bauer über alle Maßen. Er konnte es kaum abwarten, als er sah, wie goldgelb die Ähren standen. Dann war es endlich so weit. Voller Stolz begab er sich auf das Feld. Er nahm die Ähren in die Hand. Doch was war das? Er stutzte schon bei der ersten Berührung. Dann prüfte er sie genauer. Die Ähren waren so leicht und – leer. Nicht in einer Hülle steckte auch nur ein Korn. Niedergeschlagen und enttäuscht nach all der vielen Arbeit schaute er entsetzt zum Himmel. Er wollte es nicht glauben. Es gab nichts zu ernten.
Entrüstet rief er nach seinem Gott. Als dieser sich ihm zeigte, meinte der Bauer: »Nun habe ich doch Sonne, Regen und Schnee richtig eingesetzt. Die Menschen waren sehr zufrieden, und alles auf den Feldern und an den Bäumen schien zu gedeihen. Doch schau her: Es gibt keine Früchte. Hier: Die Ähren sind taub und leer.«

Der Bauer hielt Gott anklagend etliche Halme hin, die in der Tat keine Früchte trugen. »Wie kann das sein?«, fragte er verbittert.
»Nun«, antwortete Gott, »ich habe wohl gesehen, wie viel Mühe du dir gegeben hast. Doch du hast etwas ganz Wichtiges vergessen.«
Der Bauer stutzte und machte ein grimmiges Gesicht, war er doch überzeugt, alles richtig gemacht zu haben. »Was? Was habe ich vergessen?«, fragte er drängend. Er wollte es nicht glauben.
»Du hast den Wind vergessen«, gab Gott zur Antwort.
Und augenblicklich fiel es dem Bauern wie Schuppen von den Augen. All die Mühe, all der Fleiß, all die Anstrengung! Vergeblich. Ohne Wind wird der Blütenstaub nicht weitergetragen. Dann kann sich kein Korn bilden. Wie konnte er das nur übersehen?

2.4 … dann übersehen wir eine uralte Weisheit: Alles hat seine Zeit

Die unmittelbare und sehr enge Beziehung von Rhythmus und Sinn werden wir noch offenkundiger machen. Wer diese Sinnhaftigkeit übersieht oder ignoriert, kann sein ganzes Leben verfehlen. Das soll nun nicht zu ausführlich bereits am Anfang dieses Buches Erwähnung finden, hier aber bereits als wichtiger Hinweis für ein gelingendes Leben angeführt werden. Wenigstens eine Sensibilisierung sollte uns für Rhythmen und Achtsamkeit gelingen, damit nicht später (vielleicht zu spät) erkannt wird, was aus dem Ruder gelaufen ist und Glück oder doch zumindest hochzufriedene Momente im Leben verhindert hat.

An dieser Stelle sei die Textzeile eines deutschen Schlagers angemerkt, den man natürlich als trivial belächeln und zurückweisen kann. Doch diese Zeile hat es in sich! Es geht im Ganzen um ein Verschieben von Taten und Wünschen auf spätere Zeiten. So etwas ist risikobehaftet, denn, wie es so gar nicht schön heißt: »Später ist es zu spät gewesen.« Unser Leben unterliegt Rhythmen, manchmal ist es Zeit zu handeln, dann wieder Zeit zum Ruhen. Es gibt eine Zeit zum Planen, die aber von einer Zeit zum Ausführen abgelöst werden muss. Im Prinzip zeigt sich in der Lebensführung die Polarität des Lebens, das Hin und Her, das Abwechseln und Ausgleichen, das eine alte Weisheit der Bibel viel besser, aber weitaus nachdenklicher machend zum Ausdruck bringt. Menschen benötigen Rhythmen, und bereits vor Jahrtausenden ist diese Wahrheit erkannt worden. Damals gab es vermutlich keine der gegenwärtigen vergleichbare Modewelle der Achtsamkeit, womöglich fehlte dieser Begriff überhaupt in der Sprache der Menschen. Was heutzutage als Bibeltext gelesen werden kann, war selbstverständlich religiös motiviert. Der Text aus dem Alten Testament bringt aber ein Verständnis unseres Lebens zum Ausdruck, das uns Menschen in guter Absicht mahnen soll, auf das zu achten, was dieses Leben ausmacht. Insofern sehe ich darin auch einen Achtsamkeitstext auf der Basis kluger Gedanken, deren Bedenken eine weitaus höhere Qualität des Lebens bieten als allzu läppische Achtsamkeitsempfehlungen der Gegenwart. Es geht im sogenannten Buch Kohelet (einer Sammlung von Weisheitssprüchen und Lebensratschlägen eines anonymen Predigers, die aber König Salomo zugeschrieben werden) um die entscheidende Frage, was der Mensch tun kann, damit sein Leben gelingt angesichts der Tatsache, dass seine Lebenszeit begrenzt ist (Kohelet 3, 1–8):[9]

---

9 Um evangelische und katholische Elemente zu berücksichtigen, wurde dieser Text aus der Lutherübersetzung 2017 und der Einheitsübersetzung 2017 zusammengesetzt.

Ein jegliches hat seine Zeit, und alles Vorhaben unter dem Himmel hat seine Stunde:
Geboren werden hat seine Zeit, sterben hat seine Zeit;
pflanzen hat seine Zeit, ausreißen, was gepflanzt ist, hat seine Zeit;
eine Zeit zum Niederreißen, und eine Zeit zum Bauen;
eine Zeit zum Weinen, und eine Zeit zum Lachen;
eine Zeit für die Klage, und eine Zeit für den Tanz;
eine Zeit zum Steinewerfen, und eine Zeit zum Steinesammeln,
eine Zeit zum Umarmen, und eine Zeit, die Umarmung zu lösen;
eine Zeit zum Suchen, und eine Zeit zum Verlieren;
eine Zeit zum Behalten, und eine Zeit zum Wegwerfen;
eine Zeit zum Zerreißen, und eine Zeit zum Zusammennähen;
eine Zeit zum Schweigen, und eine Zeit zum Reden;
eine Zeit zum Lieben, und eine Zeit zum Hassen;
eine Zeit für den Krieg, eine Zeit zum Frieden.

Obwohl es sich nicht für jedermann gut anhört: Dieser Bibeltext verweist auf die Begrenztheit allen Lebens. Unsere Tage sind gezählt, daran führt kein Weg vorbei. Deswegen muss niemand verzweifeln oder in Depression verfallen. Man kann sich aber angesichts dieser Tatsache etwas vornehmen und Wirklichkeit werden lassen, was zwar noch ein wenig abstrakt, jedoch schon deutliche Hinweise gebend formuliert ist: »Man kann dem Leben nicht mehr Tage, aber den Tagen mehr Leben geben.« Dieser Satz hat es wirklich in sich. Er stammt von der englischen Krankenpflegerin, Sozialarbeiterin und Ärztin Cicely Saunders (1918–2005), eine Begründerin der modernen Hospizbewegung und Palliativmedizin. Wird er bedacht und ernst genommen, kann jeder Mensch Entscheidungen treffen, die seine Lebenstage reicher machen. Dazu bedarf es nicht eines großen Vermögens oder einer herausragenden Stellung, womöglich noch mit Ruhm verbunden. Jeder von uns ist in der Lage, »Kleinigkeiten«, die ihm zuteilwerden oder die er anderen zuteilwerden lässt, im Sinne von Lebensqualität zu nutzen. Seit einigen Jahren gibt es in der Wochenzeitung »Die Zeit« gegen Ende jeder Ausgabe eine Rubrik mit dem Titel »Was mein Leben reicher macht«. Dort erzählen Leser kleine, oft genug alltägliche Geschichten, die ihnen glückliche Momente beschert haben. Diese Geschichten haben einen herausragenden Stellenwert, hinter den die oft genug von Journalisten mit enormen Engagement, Intellekt und Wissen abgefassten Reportagen über die großen politischen und wirtschaftlichen Ereignisse zurückfallen. Vielleicht ist manchmal ein Schuss zu viel Gefühligkeit dabei, doch die Resonanz, die diese paar Zeilen von Menschen aller Gesellschaftskreise Woche für Woche finden, spricht für sich. Aufmerksamen, sensiblen Lesern erschließt sich durch sie häufig genug, was wichtig und bedeutungsvoll für unser Leben sein kann.

Doch zurück zum »Zeit-Gedicht« aus dem Buch Kohelet: Es formuliert sehr eindeutig und ist keineswegs eine euphorische Abhandlung über die Zeit, sondern bringt sich gegenüberstehende Pole zum Ausdruck. Manche Menschen wollen womöglich von einem Gegensatz, der nichts Gutes verheißt, nichts wissen und schon gar nicht über ihn nachdenken. Allein der Ausspruch »Geboren werden hat seine Zeit, sterben hat seine Zeit« mag abschrecken, verweist er doch auf Existenzielles, das unser menschliches Dasein begrenzt und prägt, das wir aber am besten in Schach oder »unter der Decke« halten wollen: Angst. Wir müssen uns mit dem Phänomen Angst beschäftigen. Im

Augenblick soll ein Problem nur angerissen werden: Wenn wir gegen unseren Rhythmus leben und nicht mehr auf das Hier und Jetzt achtgeben, kann das in der Verdrängung der Angst begründet liegen, die jeden Menschen mehr oder weniger stark »auszeichnet«. Wir sollten uns bewusst machen, dass voraussichtlich allzu oft das Gegenteil der an und für sich guten Absicht erreicht werden dürfte: Enttäuschung, Verfehlen, Versagen und erst recht ein Zurückgeworfensein auf existenzielle Fragen. Es finden sich dazu Gedanken, die angeblich von dem berühmten argentinischen Schriftsteller Jorge Luis Borges (1899–1986) stammen sollen, was aber nicht stimmt. Die Herkunft ist aber nicht ausschlaggebend, wichtig ist der Inhalt: Ein Mensch in hohem Alter reflektiert über sein Leben und tut kund, was er in einem nächsten Leben, so er dieses hätte, anders machen würde. Seine Gedanken machen deutlich, was er wohl versäumt oder nicht besonders geschätzt hat in den vielen Jahrzehnten, die nun hinter ihm liegen. Er stellt einiges auf den Kopf und würde wohl einiges anders machen und anders handeln. Ob dieses Handeln nun immer unbedingt sinnvoll wäre, lasse ich einmal dahingestellt. Eine Realisierung dürfte durchaus Schwierigkeiten mit sich bringen. Vielleicht kann nur ein älterer Mensch, gesättigt mit Lebenserfahrung, solche Gedanken zum Ausdruck bringen, die mitunter rebellisch und hin und wieder radikal erscheinen. Sie dienen daher lediglich als Impulse für eigenes Nachdenken und ein Öffnen für Gedanken, die manche von uns kaum zulassen können, ohne dass sie gleich als richtig angenommen werden und für unmittelbar umsetzbar erklärt werden sollen. Also: Wenn dieser Mensch sein Leben noch einmal leben könnte, dann würde er:

- auf jeden Fall versuchen, mehr Fehler zu machen,
- ein wenig verrückter sein

- und vor allem nicht mehr so perfekt sein wollen,
- sich mehr der Entspannung hingeben,
- weniger auf die Ernährung achten
- und daher auch mehr Eis essen,
- mehr riskieren und weniger gesund leben wollen,
- die Natur weitaus mehr beachten,
- mehr an Orte gehen, wo er in seinem bisherigen Leben noch nicht war,
- und beim Reisen weniger auf Sicherheit achten,
- vieles nicht mehr so ernst nehmen,
- vor allem auf mehr gute Augenblicke achten,
- vom Frühjahr bis in den späten Herbst barfuß gehen,
- viel mehr Karussell fahren,
- mehr mit Kindern spielen,
- sehr genau auf das Jetzt achten, weil gerade dies nicht vergessen werden darf.

Das mag sich nun in Teilen pathetisch anhören. Gegen Schluss seiner Reflexionen wird es ziemlich traurig. Es ist ein Denken in eine Zukunft, die es für ihn nicht geben wird. Der Mensch malt sich zwar fantasiereich aus, was alles anders sein sollte und was er dazu beitragen möchte, er wird aber keine Gelegenheit zur Umsetzung haben. Denn er ist sich bewusst: Er wird bald sterben. Der eine liest die Zeilen als kitschige Abhandlung eines alten Menschen, die andere als gefühlig aufgeladenes Gedicht, das ganz nett erscheint, das aber nach einem milden Schmunzeln abgelegt werden kann. Wieder ein anderer erkennt den wahren Kern, zeigt sich beeindruckt und hängt diese kleine Abhandlung eingerahmt an die Wand, und ab und zu nimmt er sie dann zur Kenntnis, seufzt über die Wahrheit, die ihn durchaus berührt und – verhält sich angesichts des Trubels des Alltags wie so oft genau gegenteilig!

Versuchen wir an dieser Stelle einen weiteren Zugang zu dem gerade ins Spiel gebrachten Thema Achtsamkeit zu finden, das wir später noch sehr viel genauer in den Blick nehmen werden. Der alte Mensch mahnt sinngemäß: »Vergiss nicht das Jetzt!« Da dieses »Jetzt« und »Hier« zentrale Elemente eines Achtsamkeitstrainings darstellen, soll es an dieser Stelle besonders erwähnt und um einen Aspekt erweitert werden: Es geht dabei auch um Geduld, mit uns selbst, aber auch mit den anderen Menschen. Und zwischen Achtsamkeit und Geduld gibt es einen engen Zusammenhang.

An dieser Stelle soll nun ein mögliches Missverständnis angesprochen werden. Achtsamkeit könnte belächelt werden, weil sie als ein Thema für »zarte Seelen« eingeschätzt wird, für Menschen, die übervorsichtig agieren und reagieren und denen einfach Energie fehlt für eine zupackende Lebensführung. Radikaler ausgedrückt, meinen manche, Achtsamkeit sei etwas für Weichlinge. Doch wäre es nicht nur einseitig, sondern eine falsche Einschätzung, würde man Achtsamkeit mit Zurückstecken, Antriebslosigkeit, Konfliktvermeidung um jeden Preis, Harmoniesucht, absolute Toleranz und ständige Rücksichtnahme selbst auf unmögliches Verhalten anderer verwechseln. Gesunder Ehrgeiz, Streben und Motivation zum Voran- und Weiterkommen müssen ihren Platz im Leben eines Menschen haben; auch ab und an Unzufriedenheit, weil diese antreibt zu Lösungen, die es bisher nicht gab oder die bislang nicht erkannt wurden. So entsteht Fortschritt. Achtsamkeit sollte allerdings unter anderem dazu dienen, das Leben immer wieder auf Normalgeschwindigkeit zurückzubringen. Sie sollte innehalten lassen und Zeit und Muße vorsehen zum Nachdenken. Sie sollte uns im Zusammenwirken der Menschen und damit in sozialen Situationen immer wieder die wichtigste Aussage unserer Verfassung (Art. 1, Abs. 1 Grundgesetz) bedenken: Die Würde des Menschen ist unantastbar. Und dieses Denken und Nachdenken sollte sich auf alles erstrecken, was wir Menschen mit unserem Verhalten schädigen können: Tiere, Pflanzen und die Natur im Ganzen. Manchmal dürfte es dabei Situationen geben, bei der man hin- und hergerissen ist und vielleicht eine Gratwanderung unternimmt. Achtsamkeit bietet allerdings Hilfestellung, eine Entscheidung unter Einbezug verschiedenster Argumente und Perspektiven zu treffen und Verhalten auf der Grundlage solcher grundsätzlicher Reflexionsprozesse mitzubestimmen. Nehmen wir zur Verdeutlichung ein eher simples, aber wahrscheinlich allseits bekanntes Beispiel: Gerade wurde die »Normalgeschwindigkeit« erwähnt. Erst bei diesem Tempo lassen sich wichtige Dinge erkennen und nicht aus dem Blick verlieren. Die Gefahr, etwas zu verpassen, wird gebannt. Das ist so ähnlich wie beim Sonntagsausflug mit dem Auto. Man kann durch die Gegend rasen und selbst an einem solchen Tag voller Ungeduld aufs Gaspedal drücken. Oder aber man fährt mit Normalgeschwindigkeit und auf manchen Streckenabschnitten auch einmal bewusst langsamer. Beim Rasen bekommt man nichts, aber auch gar nichts von der Landschaft mit. Alle Energie und Kraft werden konzentriert benötigt, damit kein Unfall geschieht, und häufig genug kommt man dadurch überspannt oder sogar erschöpft am Ziel an. Wer dagegen langsam fährt, sieht die Sehenswürdigkeiten links und rechts, erkennt die Schönheit der Natur und schont bei all dem noch sein Nervensystem, tut folglich seiner Gesundheit Gutes. Später mehr dazu.

3 Damit jetzt kein Missverständnis entsteht: Der Wandel beginnt im Kopf, jedoch …

3.1 … ist weder ein radikales Aussteigen notwendig noch eine Revolution

Die bisherigen Ausführungen mögen irritieren. Unschwer ist eine zum Teil erhebliche Kritik an gegebenen Lebensverhältnissen erkennbar. So wie wir mit uns selbst, aber auch mit anderen und im weitesten Sinne mit unserer Umwelt umgehen und umgehen lassen, läuft nach meiner Überzeugung einiges aus dem Ruder. Niemand muss dieser Auffassung folgen. Jeder Mensch bilde sich seine eigene Meinung. Sollten Sie sich jedoch selbst bereits Gedanken darüber gemacht haben, ob es so weitergehen kann, oder gar spüren, dass etwas nicht mehr stimmig ist, bzw. meine kritischen Sichtweisen teilen, dann könnte das alles zu einem grundsätzlichen Überdenken bisheriger Verhaltensweisen führen.

Das Unbehagen an einer gegebenen ökonomisch-technologischen Situation und Kultur hat sich bereits verschiedentlich in der Geschichte der Menschheit in radikalen Abwehrbewegungen Ausdruck verschafft. So brach die Emanzipationsbewegung der sogenannten Achtundsechziger-Generation mit vermeintlich bürgerlichen Verhältnissen. Auf einer ideologischen, zumeist neomarxistischen Grundlage wurde zur Destabilisierung der als verkrustet wahrgenommenen Gesellschaft aufgerufen und dabei bislang kaum infrage gestellte Institutionen wie Ehe und Familie, aber auch Universitäten etc. einer radikalen Kritik unterzogen. Die Achtundsechziger-Bewegung und die mit ihr einhergehende politische Aufbruchstimmung haben zweifelsohne viel Gutes bewirkt. Der demokratische Fortschritt, Freiheitsrechte, die Anerkennung von Andersartigkeit bis hin zu einem verstärkten Bewusstsein für Natur und Umwelt können unter anderem aufgezählt und hervorgehoben werden. Doch gleichzeitig ergaben sich neben der ungeheuerlichen Entwicklung einer terroristischen Bewegung, der jedes Maß abhandenkam und die vor Mord und Totschlag nicht zurückschreckte, um Staat und Gesellschaft aus den Angeln zu heben, Auswüchse, die niemanden letztlich auch nur annähernd zufrieden, geschweige denn glücklich gemacht haben. Ob die Experimente um die Berliner Kommune oder das radikale Aussteigen aus der Gesellschaft und ein damit verbundener Rückzug in ein ganz und gar einfaches Leben als Selbstversorger – es mögen in einer Anfangsphase die euphorischen Momente überwogen haben, die sich ergebenden Verhältnisse haben allerdings kein gelingendes Leben gebracht, und die meisten dieser Versuchsformen anderer Lebensweisen sind gescheitert.

Ein radikales Brechen mit dem, was wir gegenwärtig vorfinden, kann kein guter Weg sein. Alles Radikale wird für nicht weiterführend erachtet. Es wird dann Maß und Mitte versäumt. Die Tugend der Mäßigung (Besonnenheit), neben der Tapferkeit, Gerechtigkeit und Klugheit eine der vier Kardinaltugenden nach Platon, hat schließlich seit Jahrhunderten Geltung, weil sie als zutiefst humane Komponente den Menschen davor bewahren will, unmäßig vorzugehen und zu leben. So kritisierbar Lebensverhältnisse sind, darf – etwas trivial ausgedrückt – »das Kind nicht mit dem Bade ausgeschüttet werden«. Die alten Griechen wussten damals schon ziemlich gut Bescheid. So hat es auch der griechische Gelehrte Aristoteles (384–322 v. Chr.) gesehen und richtig erfasst: Man soll die Extreme meiden, die Mitte wahren. Ein derartiges Credo sollte in der Gegenwart Beachtung finden. Angesichts vorfindbarer Exzesse, die häufig genug etwas mit Rücksichtslosigkeit und egoistischem Ausleben eigener Bedürfnisse zu tun haben, kann Mäßigung als Maßstab für ein besseres Leben dienen. Vieles, was wir tun können, ist ja durchaus erlaubt. Doch unter einer ethischen Perspektive darf schon gefragt werden, ob das, was erlaubt ist, auch tatsächlich immer umgesetzt und realisiert werden muss. Wir müssen prüfen, was uns, die anderen und die Umwelt belastet, und mit Augenmaß gegen als ungut Erkanntes vorgehen oder Verzicht üben und auf diesem Hintergrund zu einer Lebensstilentwicklung und gegebenenfalls in sorgfältiger Abwägung zu einer Lebensstiländerung bereit sein.

Eine Revolution ist dafür bestimmt nicht erforderlich, auch kein grundsätzliches Infragestellen unseres Lebensstandards (wobei diskutiert werden muss, ob wir nicht gar mehr Lebensqualität gewinnen würden, wenn wir zu Abstrichen in manchen Verschwendungsbereichen bereit wären), und genauso wenig bedarf es einer Flucht in eine wie auch immer zurechtgezimmerte Idylle, die möglicherweise das einfache Leben propagiert, mit dem alles besser werden würde. Alles so zu belassen, wie es ist, oder ein unbedachtes »Weiter so« wären allerdings ziemlich dürftige Strategien einer zukünftigen Problembewältigung und Zukunftssicherung. Vorausgesetzt, der Mensch erkennt und akzeptiert überhaupt eine Problemlage. Und bedenken Sie noch einmal: Wer sein Leben radikal ändert, wird deswegen noch lange nicht glücklicher. Es ist durchaus ziemlich riskant, das bisherige Leben einfach zurückzulassen oder auf den Kopf zu stellen. Ich vermute, mit einer verstärkten Tugendausrichtung wäre uns Menschen in unserer sich immer mehr beschleunigenden und auf Optimierung abhebenden Gesellschaft und Wirtschaft bereits deutlich geholfen. Die klassischen Kardinaltugenden können dabei grundlegende Orientierung bieten. Sie können natürlich weiterentwickelt oder – wenn man so will – modernisiert werden. Davon spricht der in München lehrende Philosoph Julian Nida-Rümelin (*1954), der eine modernisierte Fassung vorlegt (Nida-Rümelin 2011, S. 179 ff.): Verlässlichkeit, Urteilskraft, Entscheidungsstärke und Besonnenheit gelten ihm als zeitgemäße Tugenden, die er angesichts der Auswüchse des Wirtschaftslebens für die Verwirklichung einer zeitgemäßen humanen Ökonomie für unerlässlich betont.

3.2 … genügen ein Perspektivenwechsel und ein Prüfen bisheriger Lebensmuster

Drei Beispiele sollen verdeutlichen, was mit einem Perspektivenwechsel gemeint ist. Zunächst greife ich auf eine wertvolle Aussage zurück, die der engagierte und mit unorthodoxem Bildungsdenken ausgestattete Lehrer Mr. Keating (gespielt von Robin Williams) in dem Film »Der Club der toten Dichter« gegenüber seinen Schülern tätigt: »Gerade, wenn man glaubt, etwas zu kennen, ist es so wichtig, es aus einer anderen Perspektive zu betrachten – selbst wenn es einem albern vorkommt oder unnötig erscheint.«

Nun kenne ich einen Lehrer, der wirklich gute Schularbeit machte. Sein Einkommen als Lehrer reichte aber nicht, um seine vielen großartigen Reisewünsche zu erfüllen. Um vier- oder gar fünfmal im Jahr zu allen möglichen Zielen zu gelangen, gab er während der Woche Extrakurse an Volkshochschulen und Wochenendunterricht im Rahmen von Fortbildungsangeboten verschiedener Erwachsenenbildungsträger. Erholung und Entspannung? Ein Ausruhen vom anstrengenden Schul- und Unterrichtsalltag? – Daran dachte er gar nicht. Nur seine Urlaube waren ihm wichtig, dafür benötigte er die Nebenverdienste durch Abend- und Wochenendunterricht. Die Sache funktionierte einige Jahre lang. Dann bemerkte er mehr und mehr Erschöpfung. Doch anstatt diese als Warnzeichen zu deuten, riss er sich zusammen, hielt an seinen Urlaubswünschen fest, arbeitete und arbeitete und – brach irgendwann zusammen. Während seiner Urlaubszeiten hatte er irgendwann zu seiner Überraschung keine Erholungseffekte mehr bemerken können. Auch in fremden Gefilden war seine Zeit verplant, schon im Vorfeld eines Urlaubs hatte er nahezu minutiös festgelegt, was er alles besichtigen und unternehmen wollte. Kam etwas dazwischen, und sei es nur Regenwetter anstatt des erwarteten Sonnenscheins, brachte ihn das durcheinander, und verärgert plante er dann um. Obwohl sein Körper längstens gemeldet hatte, dass etwas nicht stimmte, reagierte er nicht. Er hielt an seinem Verhalten fest, unfähig umzusteuern.

Tatsächlich ist es häufig so: Der Körper weiß es meist zuerst! Seine Meldungen kann man als Wehwehchen abtun, man kann alle möglichen Medikamente zur Schmerz- und Unwohlbekämpfung einwerfen und es nicht wahrhaben wollen. Doch diese ungesunde Sackgassenfahrt führt früher oder später zu einer Endhaltestelle, von der aus nichts mehr weitergeht: Körper und Seele streiken.

Der Skandal war perfekt. Als durch die Berichterstattung in einer großen Tageszeitung ein Schweinemastbetrieb in Norddeutschland an den Pranger gestellt wurde, der aufgrund der Kritik von Umwelt- und Verbraucherschutzverbänden bereits mehrfach ins Gerede gekommen war, konnte auch der abgebrühteste Zeitgenosse zur Kenntnis nehmen, wie er zu seinem billigen Schweineschnitzel, das er so gerne verzehrt, kommt. Die Haltungsbedingungen in den Ställen schrien zum Himmel. Die Tiere wurden im wahrsten Sinne des Wortes viehisch behandelt, zusammengepfercht, in Dreck und Gestank stehend. Zudem »behandelt« mit Antibiotika und Hormonen, das Futter war so ebenfalls im wahrsten Sinne des Wortes verseucht. Verletzungen und Verhaltensstörungen bis hin zum Abbeißen von Ohren und Schwänzen waren die Folge. Mitleidlos und ohne Rücksicht auf Mensch, Tier und Natur mästete der Eigentümer seine Tiere in einer Art und Weise, sodass der Verbraucher günstig zugreifen und sich so oft wie gewünscht Fleisch gönnen durfte. Das machte sich dann natürlich in seinem Geldbeutel oder besser: auf seinem Bankkonto bemerkbar. »Hauptsache, die Kasse stimmt, und jeder ist sich selbst der Nächste!« – so könnte das Lebensmotto dieses Menschen lauten. Die damit verbundene Rücksichtslosigkeit störte den Mann nicht wirklich. Wen interessiert schon das Wohl der Kreatur und der Natur?

Doch das Beispiel des Schweinezüchters kann noch getoppt werden. Gier! Das Investmentbanking ist in den vergangenen Jahren nicht nur einmal höchst unangenehm aufgefallen. Ein kleiner Kreis von Eingeweihten, die die Gesetze der Geld- und Finanzströme in der Weltwirtschaft zu durchschauen meinten, gelang es über ihr zutiefst egoistisch-narzisstisches Spiel, die Welt in den Jahren 2007 bis 2009 in eine Finanzmarktkrise zu treiben. Diese globale Bankenkrise, die als Teil einer Weltwirtschaftskrise zu sehen ist, nahm ihren Ausgang von einem aufgeblähten Immobilienmarkt in den USA im Sommer 2007. Hätten maßgebliche Staaten nicht eingegriffen und mit Steuergeldern für eine Stabilisierung gesorgt, wäre die Weltwirtschaft vielleicht zusammengebrochen. Mit unsäglichen Folgen für breite Bevölkerungskreise. Hat jemand die Rädelsführer der damaligen, geradezu verbrecherischen Vorgänge sich jemals entschuldigen gehört? Oder ist jemand von ihnen verurteilt oder gar bestraft worden? Diese Scharlatane kamen größtenteils unbeschadet davon, obwohl das, was sie angerichtet hatten, etliche Menschen in die Arbeitslosigkeit und ins soziale Verderben trieb. Das damals im Gefolge der Krise weit verbreitete Unheil scheint offenbar längst wieder vergessen zu sein. Bereits am 28. Juli 2009 titelte *Focus Money Online: »Die Verursacher der Krise sind wieder obenauf«*. Die Zeitschrift stellte damals schon klar: »Mit ihren Spekulationen haben die Investmentbanker die Wirtschaftskrise ins Rollen gebracht. Nun, während andere leiden, gehören sie wieder zu den großen Gewinnern ...«[10]

Trotz der Bemühungen um eine Bankenaufsicht und Regulierung sind bereits wieder gierige Finanzjongleure am Werk, die den Rachen nicht voll bekommen und für das Wohl anderer wohl nicht einmal ein müdes Lächeln übrig haben.

Diese drei Beispiele ließen sich beliebig ausweiten. Im Kleinen und im Großen kann jeder Einzelne seine Art der Lebensführung, die bestenfalls auf den ersten Blick attraktiv erscheint, hinterfragen. Dabei spielen Egoismus und ein »Nicht-an-andere-Denken« eine ausschlaggebende Rolle. Das Beispiel des Lehrers macht zudem den Raubbau am eigenen Körper und an der eigenen Seele deutlich. Der

---

10 Verfügbar unter: http://www.focus.de/finanzen/boerse/finanzkrise/investmentbanker-die-verursacher-der-krise-sind-wieder-obenauf_aid_421354.html (Zugriff: 24.08.2017).

Schweinzüchter sieht sich selbst wahrscheinlich ganz gut aufgestellt, vergaß oder ignorierte aber völlig das Leid, das er seinen Tieren zufügte. Und unsere Investmentbanker scheren sich um ihre Mitmenschen keinen Deut und nehmen noch in Kauf, dass aufgrund des von ihnen zu verantwortenden Treibens ganze Staaten in den Ruin getrieben werden können, was seinerseits zu massiven sozialen Unruhen führen könnte.

Wieder sei betont: Es geht mir nicht um eine Heilslehre, nicht um ein Abschaffen egoistischer Tendenzen (was sowieso zumeist ein unmögliches Unterfangen und nicht einmal wünschenswert wäre, würde doch mancher Antrieb, der wertvolle und wichtige Neuerungen bringen kann, ausbleiben) und nicht um ein Lamentieren, wie schlecht die Welt und die Menschen sind. Was aber zukünftig unbedingt eine Rolle spielen muss, ist eine Rückkehr zu bzw. Wiederanerkennung von Tugenden, die ein gutes und gelingendes Leben für Mensch und Natur wahrscheinlich machen. Wir Menschen sind genetisch, aber auch durch Erziehung und Sozialisation geprägt und daher durchaus in einem bestimmten Denken »gefangen«. Wir konstruieren unsere Wahrnehmung und Interpretation der Wirklichkeit und übersehen dabei allzu leicht, dass andere eine andere Wirklichkeitskonstruktion vornehmen. Das führt dann oft zum Streit, weil jeder glaubt, selbst im Recht zu sein, und die Wirklichkeitskonstruktion des anderen für verfehlt und abstrus hält. In dieser persönlichen Aspektgebundenheit des Denkens bleiben wir dann »hängen« und erkennen nicht oder kaum mehr, was es links und rechts von unserem »richtigen Weg« noch alles zu bedenken gibt. Und deshalb lässt der eingangs angesprochene Mr. Keating seine Schüler auf die Tische steigen, damit sie Gewohntes aus einer anderen Perspektive wahrnehmen und dann darüber zu einer anderen Einschätzung und Interpretation kommen können.

Ein solcher Perspektivenwechsel kann uns Menschen guttun. Er verweist unter Umständen auf bisher wichtige und für eindeutig erachtete Lebensmuster, die sich aber als unstimmig oder nicht (mehr) hilfreich erweisen und insoweit zu einer Korrektur einladen. So trivial das nun erscheinen mag: Der reisebegeisterte Lehrer, der deshalb so unmäßig viel arbeitet, kann erkennen, dass der Verzicht auf ein, zwei Kurse ihm Zeit zum Ausruhen und Ausspannen verschaffen und er seinen geplanten zweiwöchigen Urlaub auch zu Hause mit erholsamen und eindrucksvollen Tagen verbringen kann. So blieben ihm immer noch zumindest zwei Reisen im Jahr, die er bei guter Gesundheit genießen und wahrscheinlich viel mehr schätzen könnte, als wenn er in Gedanken bereits bei der Vorbereitung des nächsten Urlaubs wäre.

Und der Schweinezüchter kann den Ideen einer biologischen Landwirtschaft aufgreifen und Albert Schweitzers (1875–1965) Gedanken zur »Ehrfurcht vor dem Leben« zur Kenntnis nehmen. Dieser ethischen Prämisse zufolge ist das menschliche Gewissen die letzte, verbindliche Ermessensinstanz. Der Friedensnobelpreisträger erkannte eine »Entzweiung« des Lebens und begründete auf dieser Grundlage seine Ethik, die eine erweiterte Verantwortung des Menschen für alles, was lebt, postuliert. Würde sich der Schweinezüchter mit solchen Gedanken befassen, würde er vielleicht seine Abgestumpftheit verlieren und eine andere Haltung gegenüber seinen Tieren einnehmen, die ihm dann nicht mehr nur als bloßes Schlachtvieh, das man mitleidslos nicht artgerecht halten und schlecht behandeln kann, erscheinen. Sondern als zu schätzende Lebewesen, die seine Existenz sichern und für die er Sorge tragen muss.

Und selbst ein Investmentbanker kann einen Perspektivenwechsel vornehmen, ohne gleich finanziell ins Bodenlose zu stürzen. Er mag ungemein viel verdienen, es sei ihm ausdrücklich gegönnt. Doch kann er bei seinen Vorgehensweisen und Entscheidungen immer auch Aspekte einer Wirtschaftsethik beachten, die eine Gemeinwohlorientierung einbezieht. Dann verfährt er nicht mehr gierig und ohne Rücksicht auf die Verluste anderer, sondern begrenzt sein Handeln durch einen Maßstab, der seinem Streben nach Gewinnmaximierung spätestens dann ein Ende bereitet, wenn offensichtlich andere Menschen geschädigt oder benachteiligt werden. Dazu kommt: Da der Gierige an sein eigenes Wohl denkt, müsste er spätestens dann vorsichtig werden, wenn er seiner Sache und Situation nicht mehr sicher sein kann. Eben diesen Gedanken brachten hochkarätigste Finanzmanager in den Vereinigten Staaten ins Spiel, denen dämmerte, wohin eine ungezügelte Verfahrensweise führen wird. Dazu muss man den dramatischen Anstieg der Ungleichheit in den Vereinigten Staaten betrachten. Es läuft offenkundig etwas schief, wenn inzwischen fast die Hälfte des gesamten US-Volkseinkommens auf die obersten 10 Prozent der Einkommensbezieher entfällt. Wenn man zudem anerkennt, wie schutzlos US-amerikanische Arbeitnehmer dem sich beschleunigenden Strukturwandel in der Wirtschaft ausgesetzt sind, versteht man vielleicht die Auffassung von Ray Dalio (*1949), einem der bedeutendsten US-amerikanischen Hedgefonds-Manager an der New Yorker Wall Street. Dalio befürchtet angesichts der zunehmenden Polarisierung der Gesellschaft einen »Kampf bis zum Tode« der verfeindeten politischen Lager in den USA. In ähnlicher Weise argumentiert der Schweizer Philipp Hildebrand (*1963), »Vice Chairman« des weltgrößten Vermögensverwalters BlackRock. Er kritisiert das unzulängliche soziale Modell in den USA scharf. Normalerweise interessieren solche Themen die kalten Geschäftemacher herzlich wenig. Wenn sie allerdings befürchten müssen, dass ihre Geschäfte vermasselt werden, gelangen auch sie zu einem Perspektivenwechsel. Dieser ist dann kaum oder gar nicht moralisch begründet, und insoweit könnte man die Nase rümpfen. Es geht also eben doch um den schnöden Mammon. Eine Begrenzung kommt nur in den Sinn, wenn eine Selbstschädigung befürchtet werden muss.

Zweifelsohne ist eine Orientierung an moralisch-ethischen Kategorien für eine gute Lebensführung unabdingbar. Dabei geht es um das gute Leben des Einzelnen, aber vor allem auch um das gute Zusammenleben aller. Diese gesellschaftliche Perspektive von Ethik und Moral darf nicht vernachlässigt werden. Alle Menschen benötigen Sicherheit, Aufmerksamkeit, Anerkennung und Respekt. Eine Gesellschaft, die ihr moralisch-ethisches Fundament aufgibt oder auch nur aufweichen lässt, setzt sich der Gefahr des Scheiterns aus. Was dabei jedoch zu bedenken ist: In der Theorie lässt sich ein ideales Menschenbild konstruieren. In der Praxis darf aber vorausgesetzt werden, dass wir Menschen nicht immer diesem Ideal entsprechen, und ein realistischer Blick zeigt manches, das uns nicht unbedingt zur Ehre gereicht (Egoismus, Neid, Gier etc.). An dieser Stelle sei eine These ins Spiel gebracht: Wenn man sich schon vom Ideal eines Menschen verabschiedet, so sollte man allerdings Anstand erwarten dürfen. Anstand bedeutet in unserem Zusammenhang von Achtsamkeit und Lebensrhythmus, dass es zwar zahlreiche Dinge gibt, die erlaubt sind, die man aber trotzdem unterlässt, obwohl sie mir zunächst einen persönlichen Vorteil verschaffen würden. Der Preis jedoch, den andere oder die

Natur dafür zu zahlen hätten, wäre ungleich höher. Anständig handelt, wer diese Vor- und Nachteile abwägen kann und ein Gespür dafür besitzt, eigene Handlungen, die Schaden oder Ungerechtigkeiten herbeiführen könnten, besser zu unterlassen. Ein so verstandener Anstand ist nichts anderes als das Praktizieren von Achtsamkeit.

Das Überprüfen bisheriger Lebensmuster kann beispielsweise die nachfolgenden Fragen ins Spiel bringen. Über solche Fragen sollte man zunächst sorgfältig nachdenken und Antworten erst danach ebenso sorgfältig formulieren; dabei kann das Einbeziehen der Sichtweisen vertrauter Personen hilfreich sein. Erst dann sollte man ins Handeln kommen. Hier eine Auflistung relevanter Fragen:

- Wann ist ein Punkt erreicht, an dem man mehr und mehr Unstimmigkeit oder sogar Schädliches bemerkt?
- Unter welchen Umständen sollte man sich von Gewohnheiten oder auch von Umgebungen oder Menschen trennen?
- Wann ist es also genug? – Und was kommt dann?
- Was oder – vor allem – wen verliert man, wenn man manches zukünftig anders machen oder regeln will?
- Was ist das wirklich Bessere im Vergleich zum Bisherigen? Und besteht eine realistische Chance, dass sich das geglaubte oder vermutete Bessere tatsächlich einstellt?
- Wie steht es um meine Selbstdisziplin, wenn ich Gewohnheiten durchbrechen will?
- Welchen Preis bin ich bereit zu zahlen, wenn es zukünftig anders sein oder anders gehen soll?

3.3 … wir gelangen bereits zum Zusammenhang von Achtsamkeit und Lebensrhythmus und, damit eng verbunden, zum Stichwort Selbstfürsorge

Ein Leben gegen einen natürlichen Rhythmus dürften wir alle bei dem beschriebenen Lehrer erkennen. Im Folgenden wird es noch um etliche weitere, ja weitaus gravierendere solcher Beispiele gehen. Vielleicht regen zwei Zitate von Albert Schweitzer zum Nachdenken an: »Wenn deine Seele keinen Sonntag hat, dann verdorrt sie.« Der Theologe, Philosoph und Urwalddoktor erkannte schon vor Jahrzehnten einen psychischen Raubbau, den ein Mensch an sich selbst betreibt, falls er nicht mehr zur Ruhe und zum Abschalten findet. Heutzutage redet man vom Burnout, ein Begriff, den es zu Schweitzers Zeiten noch nicht gab. Doch die Phänomene, die damit zusammenhängen und den Menschen nicht nur körperlich krank machen, sondern auch seine Psyche in Mitleidenschaft ziehen können, schienen schon damals nicht ganz unbekannt zu sein. So spricht Schweitzer die Empfehlung aus: »Suche Stunden der Sammlung, damit die Seele zu dir sprechen kann.« Derartige Vorstellungen rücken den Menschen als Ganzes ins Licht. Es geht eben nicht nur um den reinen Verstandes- und Vernunftmenschen. Dieser ist lediglich eine Sichtweise unserer Spezies. Der französische Philosoph, Mathematiker und Naturwissenschaftler René Descartes (1596–1650) hat ein derartiges (einseitiges) Menschenbild seinerzeit bahnbrechend mit seinem »cogito, ergo sum« (»Ich denke, also bin ich«) festgeschrieben. In der Gegenwart ist dieser Einseitigkeit ausdrücklich ein gänzlich anderer Blick auf den Menschen hinzugefügt worden. Der portugiesische Neurowissenschaftler António Damásio (*1944) hat nämlich festgehalten: »Ich fühle, also bin ich.« Damit ergänzt er nicht nur ein einseitiges und verkürzendes Menschenbild, sondern stellt uns Menschen auch realistischer auf. Zu einer realistischen Wahrnehmung gehört jedenfalls die Erkenntnis von Rhythmen, denen alle Menschen unterworfen sind. Wir werden diese Rhythmen, die oft genug wahrlich Lebens- oder gar Überlebensrhythmen sind, im nächsten Kapitel noch sehr genau anschauen (Kapitel 4). Wer sie ignoriert oder gegen sie arbeitet, wird früher oder später zu Schaden kommen. Es ist mithin eine grundlegende Frage der Gesundheitsvorsorge, ob ich auf diese Rhythmen achte. Vom »Auf-etwas-Achten« zur Achtsamkeit ist es nur mehr ein kleiner Schritt. Wer beides bedenkt und beachtet besitzt eine Schlüsselkompetenz, die die Qualität der gesamten Lebensführung verbessert und sichert. Im ureigenen Interesse einer Fürsorge sich selbst gegenüber (die eine Fürsorge gegenüber anderen und anderem aber nicht vernachlässigen sollte!), sollte dem Einzelnen ein die maßgeblichen Rhythmen beachtendes Leben bedeutsam sein.

Dazu ist die Vorstellung des Menschen als Verstandes- *und* Gefühlswesen hilfreich. Zwischen beiden kann eine eminente Spannung entstehen. Da ist der Verstandesmensch, der sein Verhalten über den Willen steuern will, wenn vielleicht Unlust oder keine Motivation gegeben ist. Mit der notwendigen Willenskraft arbeitet man dann trotzdem bis in die Nacht hinein. Man zwingt sich zum Durchhalten. So etwas ab und an – naja, das dürfte für die meisten Menschen ungefährlich sein. Wer aber in ein Fahrwasser gerät, in dem er ständig weitermacht, keine Ruhe gibt und damit Energie, Kraft und Nerven verschleißt, wird sich irgendwann im wahrsten Sinne des Wortes erschöpfen. So spricht man auch von einer »volitionalen Erschöpfung«, wenn Menschen um (fast) jeden Preis an einer Idee, einem Vorhaben oder Projekt festhalten und dies tun, obwohl sie nicht mit Motivation und Freude dabei sind. Nein, sie müssen sich regelrecht zwingen weiterzumachen. Ihr Gefühl sagt zwar schon geraume Zeit: »Lass es sein, es tut dir nicht gut!« Aber die innere Stimme eines eisernen Willens behält die Oberhand, treibt an und erzwingt geradezu ein Weitermachen. Die Gefühlsstimme wehrt sich zwar, kann sich aber nicht durchsetzen. Ein Mensch in einer solchen Situation spürt die damit verbundene innere Spannung. Aber er geht nicht achtsam mit sich um und zieht nicht die notwendige Schlussfolgerung für seine Gesundheit. Irgendwann gerät sein Herz aus dem Takt, vielleicht fängt es an zu rasen, vielleicht fängt es an zu stolpern, vielleicht »verkrampft« es. Die damit einhergehenden Schmerzen lassen sich dann bestimmt nicht mehr ignorieren. Eigentlich möchte das Herz ausdauernd rhythmisch schlagen. Wenn der Körper ständig auf (Höchst-) Leistung ausgerichtet ist, wenn Pausen, notwendige Erholungs- und Entspannungsphasen immer verschoben werden, halten die Organe dieser Belastung eine ganze Zeit lang stand. Jedoch: Auf Dauer kann das nicht gut gehen. Es kommt der Augenblick, da meldet sich ein Organ und signalisiert, dass etwas nicht stimmt. Dabei hat jeder Mensch »sein« schwaches Organ. Bei dem einen meldet sich der schmerzende Magen, bei einem anderen ist es der Rücken bzw. die Wirbelsäule, beim Dritten der rebellierende Darm, eine vierte Person plagt sich mit Migräneanfällen und wieder eine andere wird von Herzbeschwerden gepeinigt. Vernünftigerweise geht man zum Arzt. Sollte dieser allerdings feststellen, dass organisch alles in Ordnung ist, liegt der Verdacht einer psychosomatischen Erkrankung nahe. Diagnostiziert wird dann eine funktionelle Störung, eventuell spricht der Arzt von einer vegetativen Dystonie. Das ist bestenfalls vorübergehend beruhigend. Die Schmerzen hören schließlich nicht einfach auf mit einer solchen Diagnosestellung. Wie schon erwähnt: Der Körper weiß es oft als Erster, dass etwas nicht stimmt. Und im Sinne einer Konversionsneurose meldet sich ersatzweise ein Organ, um anzuzeigen, dass etwas in der Lebensführung nicht stimmt. Bei einer Konversionsneurose besteht also eine körperliche Symptomatik ohne somatische Ursachen. Ein seelischer Konflikt wird gewissermaßen symbolhaft körperlich inszeniert. Wer das nicht wahrhaben möchte, schluckt zunächst Tabletten oder lässt sich Spritzen geben. Das bringt jedoch lediglich eine oberflächliche Beruhigung. Es ist ein Kurieren an Symptomen, das Leiden wird man nicht los. Es sei denn, man beachtet seine Lebensmuster und seinen Lebensstil. Das ist bereits ein großer und für viele Menschen nicht einfacher Schritt. Wenn es jetzt noch gelingt, manches an bisherigen Mustern und Stilen zu überdenken und wenigstens in Teilen zu ändern, führt die Achtsamkeit zu einer besseren Fürsorge sich selbst gegenüber.

Selbstverständlich geht es nicht nur um Lebensrhythmen, die im Falle ihres Ignorierens zu seelischen Verstimmtheiten führen. Unser eigener Organismus, der der anderen Menschen und der von Pflanzen und Tieren sind von Rhythmen geprägt und bestimmt – und somit die gesamte Natur. Diesen Rhythmen mit Achtsamkeit zu begegnen ist unabdingbar für ein gelingendes und vor allem gesundes Leben. Dabei geht es nicht um Kasteiung oder um eine strengste Lebensführung, bei der man nur noch darauf achtet, ja keine Fehler zu begehen. Gerade habe ich davon gesprochen, Muster und Stile wenigstens in Teilen zu ändern. Schon dadurch wird deutlich: Es soll nicht um

Rigoroses gehen. Kleine Schritte helfen oft mehr als wenn man fast schon gewalttätig ein Ergebnis unbedingt erzwingen will. Sie kennen das von Menschen, die abnehmen wollen. Wenn sie von vornherein scheitern möchten, müssen sie nur streng und rigoros mit sich sein. Man fastet massiv, versagt sich über eine gewisse Zeit jeden Genuss und – siehe da – die Pfunde fangen an zu purzeln. Dieser auf den ersten Blick schönen Entwicklung schlägt das längerfristige Ergebnis entgegen. Nach einer Weile hat man sogar mehr Speck auf den Rippen als zu Beginn der Diät- und Fastenperiode. Sie kennen das als »Jo-Jo-Effekt«, und dieser sollte als schwerwiegender Hinweis darauf genommen werden, dass mit bloßer Willenskraft, die oft genug nichts anderes bedeutet als Kampf und Krampf, häufig keineswegs das gewünschte Ergebnis erreicht werden kann. »Die Macht der kleinen Schritte« wird dem Menschen in der Regel besser gerecht.

3.4 … es muss allerdings über das Individuum hinaus ein Blick für das Ganze eröffnet werden, weil wir und unser Planet sonst in größte Gefahr geraten

Es ist nun längstens an der Zeit, sehr viel entschiedener das Ganze, das heißt die gesamte Menschheit sowie Tier- und Pflanzenwelt, in den Blick zu nehmen. Achtsamkeit hat selbstverständlich eine individuelle Komponente, die aber viel zu kurz greift, wenn man bei ihr stehen bleiben würde. Es wird im Folgenden schwieriger, und eventuell gefallen Ihnen die Gedanken nicht. Doch haben wir die Blickerweiterung über den einzelnen Menschen hinaus bereits einige Male angesprochen. Das soll nun nur etwas nachdrücklicher geschehen, damit das Bewusstsein für eine Entwicklung geschärft wird, die, so sie anhält, uns alle ins Verderben führen wird. Lassen Sie mich das an drei Beispielen verdeutlichen (es gäbe weitaus mehr zu berichten):

Beispiel 1: Am Tag, als ich diesen Abschnitt zu Papier brachte, erschien in »Die Welt« (Ausgabe vom 9. Juni 2018, S. 21) eine ganze Seite mit der Überschrift »Die Menschheit wird durch das Vogelsterben ärmer«. In dem Artikel wurde der an der Universität von Sydney in Australien tätige Anthropologe Thom van Dooren interviewt, der seit Jahren auf die schrumpfenden Populationen in der Vogelwelt aufmerksam macht. Es handelt sich um ein Vogelsterben, ganze Arten verschwinden von diesem Planeten. Man mag es kaum glauben: Jedes Jahr sterben 50 bis 150 Arten aus, sie verschwinden unwiederbringlich von unserem Planeten.[11] Vorsichtigen Schätzungen zufolge gehen jährlich 11 000 bis 58 000 Tierarten verloren, ein erschreckender Niedergang, der in Deutschland erst im Jahr 2018 zu mehr oder weniger durchdringenden öffentlichen Reaktionen geführt hat, als das Sterben ganzer Bienenvölker bekannt wurde. Warnungen, die es seit Jahren gibt, blieben unerhört und folgenlos. Als *Spiegel Online* im Sommer 2014 über das Artensterben berichtete,[12] kam es weder zu einem Aufstand noch zu irgendwelchen Konsequenzen. Im Gegenteil: Die Menschen machten weiter wie bisher. Wir treten die Biodiversität mit Füßen und haben überhaupt nicht

---

11 Wer es genauer wissen will, informiere sich im Internet z. B. unter: https://utopia.de/ratgeber/artensterben-das-sind-die-wichtigsten-ursachen/ (Zugriff: 08.08.2018).

12 Verfügbar unter: http://www.spiegel.de/wissenschaft/natur/artensterben-jaehrlich-verschwinden-58-000-tierarten-a-982906.html (Zugriff: 08.08.2018).

im Blick, wie sehr eine große Artenvielfalt die Ausgeglichenheit und Stabilität des Ökosystems begründet. »Warten Sie einmal, bis es uns nicht mehr gibt!«, möchte ich denen zurufen, die schulterzuckend darüber hinweggehen wollen.

Beispiel 2: Der großartige britische Physiker Stephen Hawking (1942–2018) erklärte in mehreren Interviews der letzten Jahre und Jahrzehnte die Gefahrensteigerungen für unseren Planeten und damit für die Menschheit. In seinem letzten Interview mit der BBC vor seinem Tod sprach er nachdrücklich von dem Desaster, das der Erde drohe.[13] Nach Hawkings Tod verbleibt der Menschheit nicht mehr allzu viel Zeit zu einer Wende – unterbleibt diese, ist vom Schlimmsten auszugehen. Hawkings durch und durch pessimistische Vorhersage stützt sich auf die Art, wie wir den Planeten plündern und ausbeuten. Wir – das sind vornehmlich die Menschen in den Industrienationen, denen nichts Besseres einfällt, als den erreichten Wohlstand zu verteidigen und möglichst noch auszubauen, und zwar rücksichtslos und vor allem auf Kosten anderer Länder und Menschen, die ihrer Lebensgrundlagen beraubt werden. Mehr Wachstum ist seit Jahr und Tag das Credo. Um dieses »Mehr« zu gewährleisten, ist ein Ressourcenverbrauch und -verschleiß erforderlich, dessen desolate Auswirkungen Sie kennen: Erderwärmung, alarmierende Nitratkonzentration, Wassermangel in vielen Teilen der Erde usw.

Beispiel 3 – Plastikmüll: So langsam begreift man es. Was sich allein in unseren Weltmeeren an geradezu unverwüstlichem Plastik ansammelt, spottet jeder Beschreibung.

---

13 Verfügbar unter: https://www.bbc.com/news/science-environment-43408961 (Zugriff: 08.08.2018).

Erstmals sind jetzt Gegenmaßnahmen eingeleitet, und in der Tat zahlt man im Supermarkt 20 oder 30 Cent für eine Plastiktüte, damit man es bequemer hat. Was für verheerende Wirkungen dieser Müll in der Natur hat? – Ist doch egal. Ist doch weit weg. Wen interessiert das schon? Hauptsache, ich kann in meinem SUV mit zwei gefüllten Plastiktaschen einsteigen und die eineinhalb Kilometer zu meiner Wohnung fahren, ohne ins Schwitzen zu geraten oder sonst eine Anstrengung zu unternehmen. Polemik? – Eher wohl nicht. Wir leben im Überfluss und können mit diesem Überfluss nicht verantwortungsvoll umgehen. Anders: Wir sind Weltmeister im Ignorieren. Solange es mir gut geht – weshalb soll ich mich um andere oder gar um Natur und Umwelt kümmern?

Die Beispiele ließen sich leicht erweitern, sogar noch ins Extreme bewegen, wenn man Fälle massiver Kriminalität anführen würde, bei denen Verbrecher rücksichtslos Schaden anrichten. Denken Sie an die Finanzmarkt- und Bankenkrise der Jahre 2008/2009, von der bereits in Kapitel 3.2 die Rede war. Denken Sie an korrupte Politiker, die um ihres eigenen Vorteils willen Ihrem Volk eine lange Nase drehen, anstatt ihm zu dienen. Oder denken Sie an den Dieselskandal, der Lug und Trug, Trickserei und kriminelle Energie bei hochrangigen Wirtschaftsführern ans Licht brachte und bei dem der unbedarfte Zeitgenosse verzweifeln könnte.

Nun, wir leben in der westlichen Zivilisation im Zeitalter des Individualismus. Dieses bestimmt die klassische Ökonomie seit Jahrhunderten. Wie der schottische Moralphilosoph und Begründer der Nationalökonomie Adam Smith (1723–1790) in seinem 1776 vorgelegten Werk zum »Wohlstand der Nationen« ausführte, solle jeder nach seinem Besten streben und vor allem seine Interessen im Blick haben, dann würde sich schon alles gerecht ausgleichen. Er brachte dabei die »unsichtbare Hand des Marktes« ins Spiel und unterstellte ihr eine Verteilungswirkung, von der alle und vor allem das Gemeinwohl profitieren (Smith 1974). Während seine Auffassungen längst als falsch entlarvt worden sind, scheinen seine Gedanken dennoch weiter Geltung zu besitzen. Sollte dieses individualistische Denken und der damit nahezu zwangsläufig verbundene Egoismus weiterhin unser Bewusstsein bestimmen, dürfte es um die Menschheit und um unseren Planeten schlecht bestellt sein.

Damit ich jetzt nicht missverstanden werde: Ich kritisiere zwar die Auswüchse unseres kapitalistischen Systems, das wird in diesem Buch immer wieder vorkommen. Doch will ich keine Revolution und bestimmt keinen Umsturz! Die in vielen Ländern der Welt gestarteten sozialistischen Experimente sind derart offenkundig gescheitert und zu einer Pleite für Rechtsstaatlichkeit und Menschenrechte degeneriert, dass es mich wundert, weshalb über solche Ideen noch nachgedacht wird. Aber unser Bewusstsein sollte durchaus kollektivistischer werden. Das Hochschätzen des Individuellen bedarf der Ergänzung durch ein Denken, das immer das Ganze mit einbezieht. Dazu gehört eine Gemeinwohlökonomie, die eine qualitativ ganz andere Art der Kontrolle der Finanz- und Geldmärkte garantiert, damit das von dort drohende Unheil beherrscht werden kann. Es geht letztlich darum, ob wir die Kunst der Transformation schaffen. Wir wissen schließlich, dass wir über unsere Verhältnisse leben. Wir wissen, wer und was zur globalen Erderwärmung beiträgt, und wir wissen: Die Zeit drängt. Es bedarf der Umsteuerung. Dem stehen jedoch eine Verzerrung der Wahrnehmung, ein Ignorieren dessen, was uns allen geschehen wird, ein Tabuisieren (»Bitte bloß nicht daran rühren!«) und ein Egoismus im Wege, der nicht über den eigenen Tellerrand sehen kann, solange es einem doch sehr gut geht. Hochkarätige Wissenschaftler treten zwar mahnend auf, sie können deutlich machen und erklären, wohin die weitere Entwicklung führen wird. Aber statt dass es den Menschen angst und bange wird, gehen sie zur Tagesordnung über und genießen möglichst noch mehr vom selben. Ist schließlich egal, bei mir ist noch kein Unheil angekommen. Im Gegenteil, mein Lebensstil ermöglicht mir ein »Immer noch mehr« und ein »Immer noch besser«. Andere Gesichtspunkte fallen da rasch unter den Tisch. Postwachstum, Nachhaltigkeit, Umverteilung, weltweite Gerechtigkeit? – Um Gottes willen! Wer will sich denn damit auseinandersetzen? Lieber wird die Wirklichkeit ignoriert oder schöngeredet. Oder man greift zu einer maßlosen Bagatellisierung oder schiebt Lösungsversuche an die Politik weiter, die schon wissen wird, wie die großen Probleme, so sie überhaupt erkannt und als solche akzeptiert werden, gelöst werden können. Dieses Denken ist überkommen und führt nicht weiter, sondern ins Verderben! Wer diese Hintergründe von einem ausgezeichneten Beobachter und Wissenschaftler, der gleichzeitig Ökonom, Arzt, Mitglied des »Club of Rome« und Senator der Europäischen Akademie der Wissenschaften ist, im Einzelnen seriös aufbereitet zur Kenntnis nehmen möchte, sei an Stefan Brunnhuber (*1962) verwiesen. Er hat in einem Buch ein Plädoyer für Nachhaltigkeit auf gesicherter Datengrundlage vorgelegt (Brunnhuber 2016). Über diese Daten können nur Ignoranten oder mutwillige Zerstörer hinweggehen. Niemand wird später sagen können, er habe es nicht gewusst. Der Kollisionskurs, den wir gegen unseren Planeten und damit gegen uns selbst steuern, kann niemandem verborgen bleiben.

Was ist zu tun? Wir benötigen weitaus mehr als bisher ein kollektives Bewusstsein. Schon dieses hat sehr, sehr viel mit Achtsamkeit zu tun. Und die Anerkennung von Lebensrhythmen. Denn diese werden – noch einmal sei auf das Artensterben hingewiesen – in einer Weise beeinträchtigt, die vielen Pflanzen und Tieren kein Überleben mehr ermöglichen. Wenn Achtsamkeit nun in dieser überaus großen Dimension daherkommt, ist das von einer Qualität, die nicht wenige Menschen herausfordern dürfte. (Wer bei Achtsamkeit an Wellnessprogramme oder esoterische Übungen denkt, obliegt einer Fehleinschätzung.) Wir müssen nicht nur mit uns achtsam umgehen, sondern auch mit unseren Mitmenschen und mit unserem Planeten. Es geht selbstverständlich einerseits um unsere jeweilige Gesundheit. Wir müssen etwas für unser seelisches Gleichgewicht tun, um uns fit, vital und ausgeglichen zu fühlen. Im Jahr 2010 haben 21 leitende Ärzte psychosomatischer Kliniken in Deutschland den »Aufruf zum Leben«[14] gestartet, weil sie – und nicht nur sie – beobachten konnten, welches Ausmaß seelische Erkrankungen angenommen haben. Es stimmt etwas nicht mehr in unserer Gesellschaft. Es scheint, als wäre etwas im wahrsten Sinne des Wortes »ver-rückt«. Andererseits muss unbedingt der Blick für das Ganze eröffnet werden. Wenn es dem Ganzen schlecht geht, wird es mir letztlich auf jeden Fall schaden. Ich bin Teil des Ganzen, und wenn dort etwas »den Bach hinuntergeht«, zieht es auch mich in den Strudel. Diese Dimension der Achtsamkeit muss gesehen werden. Ansonsten bleibt man im Profanisieren und Trivialisieren stecken. Derartiges zeigt

14 Verfügbar unter: https://www.aufruf-zum-leben.de/ (Zugriff: 17.09.2018).

sich an heimeligen Bildern von aufgetürmten Steinen oder Stränden bei Sonnenuntergang oder Wasserfällen in schönster Natur oder zarten Pflänzchen inmitten eines Teichs. Nett, wahrhaftig schön anzuschauen. Aber viel zu wenig, wenn mit dem Begriff Achtsamkeit ernsthaft umgegangen werden soll.

Was also kann der Einzelne tun im Sinne dieser Achtsamkeit? Revolution soll es nicht sein, Aussteigen wird ebenso für nicht geeignet erklärt, und kaum jemand von uns wird in die weite Welt hinausgehen können, um diese zu retten. – Fangen Sie im Kleinen an! Bei sich und dem, was ohne Weiteres machbar ist. Mich leitet dabei der Gedanke: Wenn wir so weiterwirtschaften wie bisher, wird uns das kaum in eine gute Zukunft führen. Und unser Bewusstsein sollte sich auf diese Zukunft ausrichten und dabei auch unsere Kinder und deren Kinder einbeziehen. Die etwas Älteren unter uns treten nämlich mehr oder weniger rasch ab, doch da gibt es Menschen nach uns, die wollen auch ein gutes und gelingendes Leben. Was also könnten Sie konkret tun, ab sofort und in ihrem unmittelbaren Umfeld?

- *Ernährung:* Müssen billiges Schweinefleisch und Wurst täglich im Übermaß verzehrt werden? Wie steht es um den Einkauf bei nachhaltig wirtschaftenden Landwirtschaftsbetrieben, die ihre Produkte (natürlich) teurer anbieten? Sollte einmal pro Woche ein Fastentag eingelegt werden?
- *Wasser:* Zu welchem Wasserverbrauch neigen wir wie selbstverständlich? Was schütten wir alles in die Kanalisation weg und vergiften damit womöglich Grund und Boden? Warum sammeln wir nicht Regenwasser, um dieses zum Beispiel im Sommer für den Garten zu nutzen? Sind wir so schmutzig, dass für manche zwei-

oder gar dreimal am Tag eine Dusche oder gar ein Bad notwendig ist?

- *Mobilität:* Wer hat nicht in der Familie schon zwei Fahrzeuge? Können Sie nicht weitgehend auf den Pkw verzichten? Und wie steht es dann mit der Nutzung öffentlicher Verkehrsmittel, die Sie häufig genug überall hinbringen? Zu unbequem, eine halbe Stunde mehr Fahrzeit? (Aber nur, wenn der Stau, in den man eher zwangsläufig auf jeder Autobahn gerät, nicht mitgerechnet wird.) Was ist zumindest mit Fahrgemeinschaften? Oder benötigt tatsächlich jeder den Pkw (möglichst groß und mit viel PS ausgestattet), um morgens die Luft bei der Hinfahrt zur Arbeitsstelle zu vergiften und abends dasselbe selbstverständlich zu wiederholen?
- *Kleidung:* Als im Jahr 2013 eine Textilfabrik in Sabhar (Bangladesch) einstürzte, überlebten 1135 Menschen diesen Horror nicht. Dort wurden bis zu diesem ungeheuerlichem Industrieunglück Bekleidungsstücke für internationale Modemarken hergestellt. Sicherheitsbestimmungen oder auch nur annähernd menschenwürdige Arbeitsbedingungen? – Fehlanzeige! Immerhin konnte nun jeder wissen, weshalb es in unseren Verkaufsregalen billigste T-Shirts zu kaufen gibt. Und so ist das immer noch. Hat sich Grundlegendes geändert? – Wir Verbraucher könnten das ändern! Ganz einfach, indem wir keine Billigware mehr kaufen.
- *Sport:* Wie einfach könnten körperliche oder seelische Leiden mit moderatem Sport verhindert oder eingegrenzt werden? Aber dem stehen Bequemlichkeiten entgegen oder einfach idiotische Glaubenssätze, die man noch genussreich zum Besten gibt (»Sport ist Mord«). Auf Sport und Bewegung werde ich noch einmal zurückkommen, da beides beim Thema »Lebenselixiere«

(Kapitel 8.4 und 8.5) unbedingt ausgeführt werden muss.

- *Sozialkontakte:* Wäre es nicht besser, konkret mit Menschen in Verbindung zu treten, statt auf Facebook, Instagram, Twitter und anderen sozialen Netzwerken mitzumischen? Was bringen die vielen »Likes« oder »Freundschaften« im Netz? Dann doch bitte lieber konkret! Es warten viele Vereine und Vereinigungen auf Sie. Sie können sich persönlich engagieren, ihre Kompetenzen einbringen, für andere da sein und sich über diese Kontakte in ein soziales Netz eingebunden erleben. Dieses Gefühl von Zugehörigkeit kann nicht hoch genug eingeschätzt werden und unterstützt das seelische Wohlergehen der Menschen. Virtuelle Kontakte können das nicht einmal im Ansatz bieten.
- *Schlaf:* Ein guter Schlaf ist ausschlaggebend für unsere Gesundheit. Muss also der Fernseher im Schlafzimmer stehen? Muss man bis spät in die Nacht hinein arbeiten? Geht es nicht ohne Alkohol am Abend, ohne die drei Gläser Wein oder zwei Flaschen Bier? Wie sorgen Sie für den so wichtigen guten Schlaf? Indem Sie das Handy auf den Nachttisch legen in der Erwartung, es kommt noch eine wichtige »message«, zwar um 2 Uhr am Morgen, aber die dürfen Sie nicht versäumen?

Nun denn: Sie haben gerade den »giftigsten« Abschnitt dieses Buches gelesen. Vielleicht sind Sie jetzt irritiert oder gar verärgert. Aber lieber benenne ich die Problemlagen klar, als dass ich Ihnen etwas vormache. Und die Problemlagen dürfen nicht länger ignoriert werden. Wir müssen unser Bewusstsein auf sie einstellen. Wenn wir das nicht tun und uns nicht zumindest schrittweise andere Lösungen einfallen lassen als die bisherigen, werden wir zukünftig unsere Wellnessurlaube noch ausbauen, mehr Psychopharmaka einwerfen und psychiatrische und psychosomatische Kliniken füllen. Wir bemerken dann wahrscheinlich nicht einmal, wie die Welt um uns herum mehr und mehr Schaden nimmt. Bedenken Sie: Irgendwann werden wir mit diesen Schäden unmittelbar konfrontiert. Das sei denen gesagt, die immer noch glauben, das alles sei so weit weg. Wen interessiert die Wüstenlandschaft in Afrika oder die Eisschmelze in der Arktis und Antarktis oder das Abholzen des Regenwaldes in Südamerika? Aber denken Sie nur an die Gletscherschmelze in den Alpen! Diese liegen vor unserer Haustür. Und was die Erderwärmung anlangt: Wer noch nicht bemerkt hat, dass diese bei uns längstens angekommen ist, dem kann man kaum mehr helfen. Lebensrhythmus und Achtsamkeit – ernstgenommen und das Verhalten in Ernsthaftigkeit bestimmend – sind Herausforderungen, die weit über das eigene Wohlbefinden hinausweisen. Sie sind meines Erachtens Überlebensthemen. Sie sind insoweit Megathemen, als sie Möglichkeiten einer Zukunftsbewältigung darstellen, die uns und unseren Planeten schützen und – so sie zu einem erweiterten Denken, das über das bisherige hinausweist, beitragen – ein Überleben der Menschheit auf dem Planeten Erde mit all seinen Pflanzen und Tieren sicherstellen. Der hierfür notwendige Wandel beginnt in unseren Köpfen. Sollten Unwille oder das Festhalten am Bisherigen die Oberhand behalten, wird es bei den altbekannten Lösungsversuchen im Sinne von »mehr vom selben« bleiben. Das aber bedeutet nach dem österreichisch-amerikanischen Psychotherapeuten und Kommunikationswissenschaftler Paul Watzlawick (1921–2007; siehe seinen Millionenbestseller »Anleitung zum Unglücklichsein«, München [Piper] 1988): ein Beitrag zu nichts. Dieser wird nicht hilfreich sein. Der Wandel im

Kopf zielt auf den einzelnen Mensch. Das Wissen um Lebensrhythmen und Achtsamkeit kann ein erster Schritt sein. Wenn dieses dann neues Handeln begründet und stimuliert, wäre bereits ein zweiter Schritt eingeleitet. Damit wäre schon viel gewonnen.

3.5 … darf auch manche kritische Anmerkung ihren Platz haben

Seriosität und Ernsthaftigkeit sind die wichtigsten Kategorien, wenn es um Empfehlungen und Ratschläge im Zusammenhang einer gesunden Lebensführung geht. Dazu gehört neben anderem das Bewahren einer kritischen Distanz, damit man nicht auf Scharlatanerie und Geschäftemacherei hereinfällt. Allzu rasch glaubt der Mensch, vor allem wenn er wirklich in Not ist, irgendwelchen Schaumschlägern und Betrügern, die nur daran interessiert sind, Kasse zu machen. Der Gesundheitsmarkt treibt immer wieder sehr seltsame Blüten. Da wird das Blaue vom Himmel versprochen, mitunter scheint der Besuch irgendwelcher angepriesener Kurse alles besser zu machen. Ideen und Ideologien werden »verkauft«, die zwangsläufig zu Enttäuschungen führen und keinesfalls das halten, was sie versprechen. Deshalb soll hier – auch wenn das nichts mit einer Marketingstrategie zu tun hat, dafür aber die Tugend der Ehrlichkeit wertschätzt – ausdrücklich darauf hingewiesen werden, dass eine gesunde Lebenspraxis ihren Preis hat. Mit Preis ist nicht zwingend eine Geldausgabe verbunden. Es geht vielmehr häufig genug um Verhaltensumstellungen und -änderungen, die für Menschen alles andere als einfach sind. Es geht um ein Arbeiten an sich selbst, womit Disziplin und damit Anstrengungen ins Spiel kommen. Vom bloßen Bücherlesen oder Pillenschlucken wird es nicht besser. Der Mensch muss sich über seine Lebensweise klar werden. Wenn er erkennt, dass es da manch Ungesundes und Abträgliches gibt, hat er immerhin bereits ein Bewusstsein entwickelt, um im nächsten Schritt zu entscheiden, was genau er ändern will. Dieses Bewusstsein hat unbedingt das Ganze einzuschließen. Ein nur individueller Aspekt kann in die Sackgasse »Hauptsache, mir geht es gut« führen. Eine solche Sicht der Dinge wäre eine Verkürzung, ja Verfehlung der Achtsamkeit. Soweit darüber Klarheit besteht, geht es um den oft genug schwierigsten Schritt: Das Wissen muss in ein Handeln überführt werden. Die Fähigkeit, sich beherrschen zu lernen, besitzt bei diesem Schritt einen gehörigen Stellenwert, um die als ungut erkannten Verhaltensmuster nach und nach zu überwinden. Motivation und Willenskraft müssen ins Spiel kommen, was genauso schnell formuliert ist wie die Fähigkeit, Selbstdisziplin zu üben. Die Formulierung und die Erkenntnis sind das eine, doch die konkrete Umsetzung im Alltag ist das andere. Das heißt: Alles ist nicht ganz so einfach, und man sollte nicht in eine Euphorie verfallen und unkritisch an die Sache herangehen. Es ist klug, zu überlegen und abzuwägen, was wirklich eine »Investition« wert sein soll. Das gilt natürlich auch für unsere Themen: Lebensrhythmus und Achtsamkeit.

Seit etlichen Jahren boomt beispielsweise Achtsamkeit. Vor wenigen Jahren rief sogar das *Time Magazine* eine »Achtsamkeitsrevolution« aus. Was dabei nicht gesehen oder ganz vergessen wird: Achtsamkeit hat ihren Ursprung in einer spirituellen Tradition des Buddhismus und besitzt ein ethisches Fundament (Kapitel 6.6). Dieser Hintergrund wird gerne vernachlässigt, und es kommt zu Achtsamkeitsangeboten, die lediglich ein lächerlicher Abklatsch dessen darstellen, worum es eigentlich gehen sollte. Selbst ernannte Berater und Coaches treten in Achtsamkeitsseminaren auf, die viel kosten und eine Selbstoptimierung und Leistungssteigerung versprechen, wie sie im Wirtschafts- und Privatleben anscheinend notwendig sind. Wenn es um Derartiges geht, ist die Zielrichtung völlig verfehlt. Es handelt sich bei diesen Angeboten eher um einen Missbrauch der Achtsamkeit, bei dem außer dem Portemonnaie des Veranstalters gar nichts optimiert wird. Interessant ist in diesem Zusammenhang der Zeitpunkt, wann Achtsamkeit zu boomen begann. Dies dürfte mit der Digitalisierung unseres Lebens zusammenhängen. Smartphones und sogenannte Wearables (tragbare Datenverarbeitungsinstrumente, z. B. Smartwatches oder Activity Trackers, die gesundheitsrelevante Daten aufzeichnen und versenden können) ermöglichen uns scheinbar eine Kontrolle über unser Leben. Wir können mit ihnen unsere Schritte zählen, unseren Energieumsatz und unsere Schlafqualität ermitteln und prüfen, ob wir das auferlegte Fitnessprogramm erfüllt haben oder unsere Herzfrequenz sich noch im optimalen Bereich befindet. So werden durch den Einsatz von Technik jede Menge Daten zu unserer angeblichen Selbstoptimierung erhoben, die sehr gerne auch von anderen genutzt werden, und sei es nur, um unsere Wünsche zu beeinflussen. Bedenkt man vor diesem Hintergrund das immer stürmischere Wirtschaftsgeschehen, möchte ich die These vorstellen: Achtsamkeit ist deshalb zum Megathema geworden, weil der Mensch einerseits einer Hilfe bedarf, um mit der sich beschleunigenden Wirklichkeit und dem damit verbundenen Stress besser umgehen zu können, und weil er andererseits die Aufmerksamkeit stärker auf sich selbst richten möchte, um sich selbst immer besser steuern zu können. Inwieweit Achtsamkeit sich dadurch von seinem ursprünglichen Sinn entfernt hat, darf durchaus kritisch gefragt werden.

Davon abgesehen möchte ich noch einen weiteren Gedanken vortragen. Das Buch, das Sie in Händen halten, befasst sich ausführlich mit Achtsamkeit. Sie werden dabei nicht nur einmal die Bedeutung des Hier und Jetzt für eine gesunde Lebenspraxis vor Augen geführt bekommen. Aber machen wir uns nichts vor. Der moderne Mensch kommt nicht selten ziemlich rastlos daher, zudem sind die meisten mit Ehrgeiz ausgestattet, was nicht das Schlechteste ist. Ist ein Mensch gänzlich zufrieden, besteht die Gefahr, dass keine Entwicklung mehr stattfindet. Bequemlichkeit kann sich breit machen. Ob das tatsächlich ein befriedigender Zustand ist? Das heißt nun: Im Hier und Jetzt zu verweilen kann ziemlich langweilig werden. Es übersieht vor allem die Bedeutung von Zielen im Leben eines Menschen. Ziele, die wir erreichen wollen, motivieren, spenden Energie, lassen uns hoffen und geben Kraft. Noch eine Dimension deutlicher wirken unsere Träume, die uns Hoffnungsperspektiven eröffnen. Ziele, Wünsche, Träume – sie alle weisen in die Zukunft. Lassen wir uns diese bitte keinesfalls nehmen, und schätzen wir die Bedeutung des Hier und Jetzt, ohne es absolut zu setzen! Wir würden für die Psyche und unser Wohlbefinden nichts Gutes tun, wenn wir unsere Zukunft ausklammern. Ziele und Wünsche geben Schwung in unserem Leben. Einschränkend darf nur gesagt werden, sie müssen erreichbar sein, sonst verzweifelt man womöglich an ihnen. Und Ehrgeiz und Entspannung dürfen nicht als Feinde betrachtet werden. Jeder Mensch muss vielmehr bei allem Angetriebensein für sich prüfen, wo seine Grenzen liegen und wie er das richtige Maß einhält, damit der Ehrgeiz »einen nicht umbringt«. Verbissener Ehrgeiz und ein bloßes Hoffen auf etwas Besseres, das in der Zukunft liegt, kann zu einer ganz »schönen« Quälerei führen. Wenn sich dazu ein verkrampftes »Den-Ansprüchen-genügen-Wollen« gesellt, kann nichts Gutes dabei herauskommen. Es gilt folglich, die Balance zu finden, was für die meisten gar nicht so einfach ist. Sicherlich spielen individuelle Faktoren eine Rolle, weshalb sich allzu pauschale Antworten verbieten. Wenn Achtsamkeit zu einem Beachten von Grenzen führt und das je richtige Maß von Ehrgeiz, Anstrengung und Muße im Leben eines Menschen bewusster macht, ist bereits viel erreicht. Viel mehr jedenfalls als wenn man im Hier und Jetzt verharrt.

Und damit noch einige Anmerkungen zum Lebensrhythmus oder, etwas allgemeiner, zum Rhythmus. Es gibt dazu viel Gutes zu berichten. Umgekehrt formuliert: Das Chaos scheint arrhythmisch zu sein. Damit ist Unordnung verbunden. Rhythmus dagegen hat etwas Ordnungsstiftendes. Man verbindet damit etwas Schwunghaftes und Harmonisches, etwas, das einem mechanisierten Leben entgegensteht. Die meisten Menschen verbinden mit Rhythmus Vitalität und Ästhetik, was vor allem in der Kunst, der Musik und dem Tanz zum Ausdruck gebracht werden kann. Alles in allem wird Rhythmus zumeist mit guten Gefühlen verbunden. Gerade wenn Lebenszusammenhänge sich wandeln oder gar auflösen, scheint man sich nach Rhythmus zu sehnen. In solchen Phasen wird verstärkt über den Rhythmus und die Vorstellungen von Rhythmus diskutiert, wie sich an der Kulturgeschichte des Abendlandes nachzeichnen lässt. So kommt es in Antike, Renaissance, Aufklärung und Romantik zu einer verstärkten Auseinandersetzung mit dem anthropologischen Phänomen des Rhythmus'. In Europa ist um das Jahr 1900 eine intensive Befassung verschiedenster Wissenschaftsdisziplinen mit diesen Thema feststellbar (Salgaro & Vangi 2016,

S. 11 ff.). In Psychologie, Philosophie, Sozialwissenschaften, Literatur- oder Musikwissenschaften – überall spielt der Rhythmusdiskurs eine Rolle. Tanz, Musik, Malerei und Literatur waren in der Lebenspraxis der Menschen konkret davon betroffen. Diese Auseinandersetzung hing mit der lärmenden modernen Großstadt, der gewaltig zunehmenden Technisierung und der Taktvorgabe durch Maschinen im Wirtschaftsleben zusammen. Sinnbildlich zeigt dies Charlie Chaplins (akustisch untermalter) Stummfilm »Modern Times« aus dem Jahr 1936: Mit tiefgründiger, satirisch-ernsthafter Note führt er den Kontrollverlust des Menschen und dessen Herabwürdigung zum bloßen Objekt eines industriellen Räderwerks vor Augen. Wer kennt sie nicht, die Szene, in der der Schauspieler buchstäblich eingezwängt zwischen riesigen Zahnrädern einer stupiden, rigorosen Arbeit nachgeht? Immer derselbe eilige Handgriff, diktiert von der Geschwindigkeit der Maschinen. Man darf sich nicht täuschen lassen: Vielleicht lächelt man im ersten Moment bei dieser Szene, sie wirkt auch wirklich komisch. Jedoch (!): Dieser Mensch ist in den Zwängen des Maschinentaktes gefangen. Die furchtbar eintönige Arbeit und die vollständige Anpassung an die Technik besitzen ein Entfremdungsmoment, sodass einem beim Zuschauen das Lachen im Hals stecken bleibt.

Schon bemerkenswert früh hat der deutsche Philosoph und Soziologe Georg Simmel (1858–1918) eine Steigerung des »Nervenlebens« aufgrund der Beschleunigung und der Technisierung des Großstadtlebens diagnostiziert. Verbunden mit deutlicher Sozialkritik formulierte er in seiner Kulturphilosophie einen Zusammenhang von Rhythmus und ganzheitlichem Lebensempfinden. Die kritisch bewerteten psychologischen Bedingungen der Großstadt grenzt er ab gegen die der Kleinstadt und des Landlebens, bei denen er einen »langsameren, gewohnteren, gleichmäßiger fließenden Rhythmus« erkennt (Simmel 1995, S. 116 f.). Wer darin Bezüge zur Gegenwart und zu aktuellem Geschehen zu entdecken vermag, dürfte nicht allzu sehr schiefliegen. Dieser Gedanke soll hier aber erst einmal nicht fortgeführt werden. Sicher ist, dass damals angesichts all der Veränderungen in Wirtschaft und Technik soziale Probleme entstanden, die einerseits »politische Rattenfänger« auf den Plan riefen und diesen in die Hände spielten und andererseits Bewegungen auslösten, deren Anhänger sich in verschiedener Weise eine Flucht in andere Welten auf ihre Fahnen schrieben. Die technisch-wirtschaftliche Entwicklung, die ein ausgeglichenes und harmonisches Lebensempfinden störte und beeinträchtigte, führte zu Gegenbewegungen. Die Ausrichtung auf Rhythmuskonzepte schien eine Art Ausweg zu bieten, der eine stabilisierende, ordnungsstiftende und einen Zugriff auf harmonische, natürliche Grundlagen des Menschseins und des menschlichen Miteinanders ermöglichen sollte. In diesem Zusammenhang sei auch der österreichische Begründer der Anthroposophie, Rudolf Steiner (1861–1925), erwähnt, der rhythmische Vorgänge als »halbgeistige Phänomene« bezeichnete. Seine Ideen schlugen sich in der reformpädagogischen Bewegung seiner Zeit nieder. Die Waldorfpädagogik übernahm neben anderem konsequent Steiners Eurythmievorstellung. Eurythmie bedeutet »Gleichmaß in der Bewegung« und richtet sich auf eine Ganzheitlichkeit des Menschen aus. Steiner hatte diese anthroposophische Bewegungskunst gemeinsam mit seiner zweiten Ehefrau Marie Steiner-von Sivers (1867–1948) entwickelt. Der Eurythmie maß er eine bedeutende erzieherische Wirkung bei. Diese Kunstform steht bis heute im Zusammenhang mit einer rhythmischen Erziehung, die damals unter anderem als Mittel gegen die Verfallserscheinungen eines arrhythmischen Zeitalters angesehen wurde. Das mag gerade auch aus aktueller Sicht sehr verständlich erscheinen, besitzt doch der Rhythmusbegriff für die meisten eine gewisse »Strahlkraft«. Es gilt allerdings zumindest zwei Einwände zu bedenken, derentwegen der Rhythmusbegriff nicht vorbehaltlos gutgeheißen werden soll: Zum einen wiesen die angesprochenen Gegenbewegungen durchaus irrationale und antiintellektuelle Züge auf. Vor allem in der nationalsozialistischen Leibeserziehung fand diese Irrationalität Ausdruck. Die erbarmungslose rassistische Ideologie des Nationalsozialismus definierte das, was ihre Vertreter als arrhythmisch empfanden, als lebensunfähig oder lebensunwert. Der Rhythmusbegriff wurde pervertiert und im Zusammenhang mit inhumansten Schandtaten missbraucht.

Wie erwähnt: Rhythmen zu beachten und zu achten, ist lebenswichtig und lebensnotwendig. Kommt dem Rhythmus im Kontext von Tanz, Musik, Literatur und Kunst eine ästhetische Dimension zu, lässt sich aus biologisch-medizinischer Sicht eine Gesundheitsdimension nachdrücklich unterstreichen. Dies korrespondiert mit den Rhythmusphänomenen in den Naturwissenschaften. Trotz dieser fundamentalen Bedeutungszusammenhänge sollte der Mensch keinen »rigorosen Fluchtweg« aus der Welt, die ihn nun einmal umgibt, suchen. Wirtschaft und Technologie sichern unseren Wohlstand. Takte und Zwänge sind eben nicht ganz zu vermeiden oder zu umgehen (man wird z. B. kaum Schicht- und damit Nachtarbeit einfach abschaffen oder auf den Langstreckenflug verzichten können, weil beides den Schlaf-/Wach-Rhythmus durcheinanderbringt). Versuche, bei denen Menschen mit alternativen Lebensentwürfen experimentierten oder ein anderes gesellschaftliches und politisches System den Menschen

Glück verhieß, sind oft genug gescheitert, ja endeten in einem Desaster. Bei der Beschäftigung mit Lebensrhythmen und dem Bemühen, diese im Alltag zu beachten und ihnen Raum zu geben, um gesund und würdig zu leben, kann es daher nicht um extreme Gegenbewegungen gehen. Die Kardinaltugend des richtigen Maßes (Kapitel 3.1) soll bei all den notwendigen Entscheidungen für oder gegen Lebensweisen bedacht sein oder etwas plumper ausgedrückt: Man sollte wie bereits erwähnt »das Kind nicht mit dem Bade ausschütten«, sondern je nach Situation reflektieren und abwägen, was für die Gesundheit und ein gutes Lebensgefühl von Bedeutung ist.

4 Legen wir ein erstes Fundament: Rhythmus ist die beste Medizin!

4.1 Rhythmus und Gesundheit – Chronomedizin hat nichts mit Esoterik zu tun

Einer der maßgeblichen Wissenschaftler in Deutschland, der die Chronobiologie vorantreibt, ist Horst-Werner Korf (*1952). Er leitet in Frankfurt am Main das Dr. Senckenbergisches Chronomedizinische Institut der Goethe-Universität. Korf kämpft seit Langem für einen gebührenden Stellenwert seines Forschungsfeldes in der Medizin und will sie als Teil der Schulmedizin verstanden wissen. Es ist gar nicht so viele Jahre her, da galt der Begriff Chronomedizin bei vielen Ärzten als sehr esoterisch angehaucht. Nicht nur Korf, sondern weitere Wissenschaftler, Forscher und Ärzte verbinden mit der Vergabe des Medizin-Nobelpreises an Hall, Rosbash und Young eine erhebliche Schubkraft für ihr Fach. Da mit dem Preis die überragende Bedeutung »innerer Uhren« bei Lebewesen anerkannt worden ist, dürfte es mit dem bisherigen Nischendasein der Chronomedizin nun ein Ende haben. Der international bekannte österreichische Chronomediziner Maximilian Moser (*1956) von der Universität Graz hat im Jahr 2011 in einem Interview des Musiktherapeuten und Leiters der Akademie für Singen und Gesundheit, Wolfgang Bossinger, der seit Jahrzehnten das heilende Potenzial von Musik und Gesang erforscht, die Bedeutung der Chronomedizin für die Gesundheit erklärt. Seine Ausführungen sind unbedingt beachtenswert. Dabei führte Moser zunächst aus, worum es in der Chronobiologie und Chronomedizin geht:[15]

»In seinen Körperabläufen folgt z. B. der menschliche Organismus kosmischen Rhythmen wie dem Tag-Nacht-Rhythmus oder dem Jahresrhythmus. Zu diesen von außen gesteuerten Rhythmen, die schon mit wenigen Lebenswochen ins Körperinnere übernommen werden, kommen innere Rhythmen wie Herzschlag, Atmung oder der sogenannte basale Aktivitätszyklus. Diese Rhythmen sind untereinander vernetzt und verwoben wie die Instrumente eines Symphonieorchesters. Diese Zusammenhänge untersucht die Chronobiologie, die Chronomedizin nutzt die Erkenntnisse medizinisch: In einem Orchester ist es wichtig, dass die Triangel zur rechten Zeit einsetzt, ein Fehleinsatz wäre äußerst peinlich! Auch die Wirkung von Medikamenten zeigt große Unterschiede, je nachdem, ob diese am Abend oder am Morgen gegeben wurden – die Anwendung zur rechten Zeit lohnt nicht nur, sie kann bei Krebsmedikamenten sogar lebenswichtig sein.«

Zur Beziehung zwischen Rhythmus und Gesundheit stellt Moser fest:

»Ein gesunder Organismus ist chronobiologisch in Harmonie – seine Rhythmen sind synchronisiert und aufeinander abgestimmt. Gestörte Rhythmen treten bei

---

15 Verfügbar unter: http://www.healingsongs.de/wolfgang-bossinger/singen-und-gesundheit/interview-mit-prof-moser/index.html (Zugriff: 30.10.2017).

Nacht- und Schichtarbeit, bei hohem Stress und bei Jetlag auf. Neue Studien haben gezeigt, dass diese Störungen zu schweren Erkrankungen: Stoffwechselstörungen, Herzinfarkt und erhöhter Krebsrate führen können. Die Wiederherstellung einer intakten Rhythmik wird in der Medizin, insbesondere der präventiven Medizin der Zukunft eine große Rolle spielen. Im Humanomed Zentrum in Österreich entwickeln wir gerade eine Rhythmustherapie, die dieses Thema zum Inhalt hat.«

Und weiter:

»Körperrhythmen sind Schwingungsvorgänge, die wie physikalische Schwingungen angeregt werden können und Resonanzeigenschaften haben. Musik und gestaltete Sprache enthalten Zeitmuster, die aus der menschlichen Physiologie kommen – sie wurden ja von Menschen geschaffen. Deshalb sind sie, wie unsere Untersuchungen gemeinsam mit Forschergruppen aus Deutschland und der Schweiz zeigen, besonders geeignet, Resonanzphänomene im Organismus auszulösen und blockierte Rhythmen wieder in Gang zu bringen. Die Wirkung geht über den spezifisch angeregten Rhythmus hinaus und wirkt auf das ganze rhythmische System und damit auch den wichtigsten Erholungsrhythmus überhaupt – nämlich den Schlafrhythmus.«

Dann nimmt es nicht Wunder, wenn Moser eine klare Position bezieht:

»Ein bewusster Umgang mit Körperrhythmen ist schon von Geburt an empfehlenswert. So haben Studien gezeigt, dass eine tagesrhythmische Beleuchtung gegen-

über einer einförmigen Beleuchtung oder Dämmerlicht besseres Wachstum und weniger Schlafstörungen bei Säuglingen bewirkt. Auch sehr alte Menschen wissen um die Bedeutung der Rhythmen für die Gesundheit: Hundertjährige gehen ihrer Umwelt oft auf die Nerven, weil sie genau zu einer bestimmten Zeit Mittagessen wollen – allein, sie wären ohne diese Einhaltung eines Tagesrhythmus wahrscheinlich gar nie so alt geworden. Rhythmen sollten also gepflegt werden, durch einigermaßen regelmäßiges Essen, Schlafen und Bewegen. Auch die uralten Jahresfeste helfen unserem Organismus, sich in den Jahreszeiten zurechtzufinden. Die Polaritäten, denen wir durch Tag und Nacht, Wärme und Kälte, Trockenheit und Feuchte ausgesetzt sind, helfen unserem Organismus, seine Regelsysteme zu eichen und Flexibilität gegenüber Umwelteinflüssen zu behalten. Gesundheit baut auf Dynamik und Dynamik heißt auch intakte biologische Rhythmik.«

4.2 Was Chronobiologen und Chronomediziner schon lange wissen: Der Mensch ist ein »Uhrenladen«

Ist der Rhythmus hergestellt, kann der Mensch zur Ruhe kommen, ist er ausgeglichen, profitiert seine Gesundheit, und alles in allem sollte seine Lebensqualität beachtlich gut sein. Welcher Rhythmus, der derartiges gewährleistet, ist gemeint? Wir müssen, um Verständnis zu schaffen, einen Ausflug in die Biologie und die Medizin unternehmen.

Der so positiv beschriebene Rhythmus kann ziemlich aus dem Takt geraten. Er reagiert sensibel auf Störungen, und vermutlich müssen Menschen unbedacht oder sogar grob fahrlässig handeln, damit er wirklich durcheinandergerät. Die Auswirkungen auf Gesundheit und Wohlgefühl sind dann offenkundig am eigenen Körper unmittelbar zu spüren. Dabei geht es nicht nur um organische Erkrankungen, sondern oft genug ist auch die Seele betroffen, das heißt, wir leiden unter psychischen Einschränkungen. Von grundsätzlicher Bedeutung ist ein ganzes System von inneren Taktgebern, ein System, das uralt ist und in jedem Lebewesen wirkt. Im übertragenen Sinne kann man sich dieses System wie ein Uhrenladen vorstellen (Roenneberg 2012). In jedem Organ und sogar in jeder Zelle existieren viele kleine und größere Uhrwerke. Diese »inneren Uhren« stehen in engster Verbindung mit der Außenwelt, so zum Beispiel mit dem Tag-Nacht-Rhythmus oder dem Rhythmus der Jahreszeiten. Sie regeln vielfältige Abläufe in unserem Körper. Allgemein sind sie beteiligt an der Steuerung des Auf und Ab unserer Körperfunktionen, sie fahren gewissermaßen das System zu bestimmten Zeiten hoch und regulieren es zu anderen Zeit wieder herunter. Das lässt sich am Tagesrhythmus des Menschen genauer beobachten: In den frühen Morgenstunden wird in unserem Körper das Stresshormon Kortisol freigesetzt, der Blutdruck steigt, der Mensch wacht auf, wird im Laufe des Vormittags immer aufmerksamer, kann gut koordinieren, sich konzentrieren und verfügt über kürzere Reaktionszeiten, seine Körpertemperatur steigt, und auch der Blutdruck erreicht in den frühen Abendstunden seinen Höhepunkt. Dann beginnt allerdings die Melatoninausschüttung. Dieses Hormon, das für die Steuerung des Tag-Nacht-Rhythmus von entscheidender Bedeutung ist, sorgt für Schläfrigkeit. Der Schlaf überkommt den Menschen, Blutdruck und Temperatur gehen zurück. Eine Tiefschlafphase sorgt nach Mitternacht für eine besondere Erholungsphase, und etliche Körperfunktionen werden zurückgefahren. Wenige Stunden später, nach dem Ende der Tiefschlafphase, ist der Schlaf schon etwas flacher, der Mensch träumt ausgeprägt und wenn die Morgenstunden erreicht werden, beginnt der Zyklus wieder von vorne. Wachheit, Schlaf, Blutdruck, Hormonausschüttung, Hunger- und Durstgefühl bis hin zu Essgewohnheiten werden durch »innere Uhren« reguliert.

Die allerwichtigste Uhr im »Uhrenladen« des Menschen befindet sich im Kopf. Sie liegt mitten im Gehirn: im Hypothalamus (einem Abschnitt des Zwischenhirns im Bereich der Sehnervenkreuzung), der das wichtigste Steuerzentrums des vegetativen Nervensystems ist. Dort werden unter anderem der Sexualtrieb, die Körpertemperatur, der Blutdruck, die Nahrungsaufnahme und der Schlaf des Menschen gesteuert. Wir sprechen hier von einer Zentraluhr, die lediglich 0,8 Millimeter klein ist und nur etwa 20 000 Nervenzellen umfasst. Ihr anatomischer Name lautet *Nucleus suprachiasmaticus* oder suprachiasmatischer Kern (engl. »suprachiasmatic nucleus«, SCN). Aus Tierversuchen weiß man: Wird diese innere Uhr gestört oder gar entfernt, dann verliert sich jeder Rhythmus.

Die Zentraluhr sendet nicht nur Signale, sie empfängt solche auch von außen. Das ist besonders wichtig! Vielleicht liegt der SCN deshalb unmittelbar über der Sehnervenkreuzung. Dort empfängt er ein Signal, das winzige Rezeptoren der Netzhaut des Auges aussenden. Diese Rezeptoren enthalten ein Fotopigment, das Melanopsin. Melanopsin reagiert besonders stark auf Sonnenlicht zur Mittagszeit bei blauem Himmel. Man spricht von »blauem Licht«, und das dann wirkende Signal hat die Botschaft »Aufwachen!«. Ein ähnliches blaues Licht strahlen auch Computerbildschirme, Smartphones und Tablets ab. Die

Rezeptoren im Auge reagieren darauf, senden ein Aufwachsignal, und schon sollte klar sein, dass derartige Geräte im Schlafzimmer keinen Platz haben dürfen. Abends und nachts sollte man blaues Licht meiden. Gehen wir noch einen Schritt weiter: Sobald die Signale als Reaktion auf blaues Licht im SCN ausbleiben (vereinfacht gesagt: sobald es dunkel wird), wird die neben dem Hypothalamus liegende Zirbeldrüse im Zwischenhirn aktiv. Sie schüttet nun das Hormon Melatonin aus (Rockstroh 2011, S. 76; Pinel & Pauli 2009, S. 481). Dieses wirkt als weiterer, wichtiger Zeitgeber des Körpers. Ein ansteigender Melatoninspiegel signalisiert dem Körper: »Es ist Zeit für die Ruhephase!« Melatonin leitet also den Schlaf ein. Wenn nun Menschen nachts nicht mehr zur Ruhe kommen und nicht mehr einschlafen können, hat das möglicherweise mit einer Störung dieser Zeitgeber zu tun. (Es gibt selbstverständlich noch weitere Ursachen, weshalb bei Schlafstörungen eine Behandlung durch einen Arzt unabdingbar ist.) Der Rhythmus ist dann durcheinander und wirkt sich entsprechend aus. Diese Rhythmusstörungen schauen wir uns nun noch genauer an.

4.3 Ein erstes Beispiel: Was Schlaf mit einer inneren Uhr zu tun hat

Es ist ein Zufall. Diese Zeilen schreibe ich am 28. Oktober 2017, einem Samstag, ziemlich herbstlich, der Himmel ist wolkenverhangen, und es wird immer windiger. Kälte hat das zu warme Wetter der letzten Tage abgelöst. An diesem Samstag wird in jeder Tageszeitung auf die in der Nacht zum Sonntag erfolgende Zeitumstellung hingewiesen. Es naht die »dunkle Jahreszeit«, die bei manchen Menschen für einen »Herbstblues« sorgt. Dabei handelt es sich um eine Befindlichkeitsstörung (keinesfalls mit einer Depression zu verwechseln, die eine schwerwiegende Krankheit ist, bei der Stoffwechselveränderungen eine Rolle spielen und die den gesamten Organismus betrifft). Die Bezeichnung »dunkle Jahreszeit« verweist aber auf das Problem. Oft sind die Tage grau in grau und verregnet. Häufig ist es neblig, und die Dämmerung setzt immer früher ein. Das abnehmende Tageslicht beeinflusst die Hormonproduktion und damit den Stoffwechsel. Die Lichtverhältnisse sind in allen Jahreszeiten grundlegend für unseren Schlaf-Wach-Rhythmus. Doch zunächst: Tatsächlich dürfen die Menschen am morgigen Sonntag eine Stunde länger schlafen, weil um 3 Uhr am Morgen die Uhren um eine Stunde zurückgestellt werden. Jedoch: Ob das mit dem »Länger-Schlafen« etwas wird, ist nicht ausgemacht. Im Gegenteil: Die meisten werden zu der für sie üblichen Zeit aufwachen und erstaunt bemerken, dass sie nun eine Stunde früher dran sind. Letzteres dürfte sich den ganzen Tag über wiederholen. Man denkt dann zum Beispiel, »Aha, es ist ja erst 15 Uhr«, obwohl es »gefühlt« schon eine Stunde später sein sollte. Und wer am Sonntagabend den üblichen Krimi anschaut, schläft möglicherweise schon vor dem Ende ein. Auf geheime Weise interessiert es den Körper nicht, dass die Uhren im Umfeld erst 21.30 Uhr anzeigen. Der Organismus lässt sich nicht täuschen, er weiß, »für ihn« ist es bereits 22.30 Uhr, folglich Schlafenszeit, und die Stoffe, die diesen Schlaf einleiten, fangen längst an zu wirken. Das finale Überführen des TV-Verbrechers bleibt deshalb auf der Strecke – der übermüdete Zuschauer wacht vielleicht irgendwann irritiert und ein wenig desorientiert auf, begibt sich aber doch ins Bett, vielleicht etwas verärgert über den verpassten Schluss, erfährt er doch nicht, ob die Ehefrau oder deren Geliebter oder doch der betrogene Ehemann der Mörder gewesen ist.

Diese Zeitumstellung dürfen wir im Frühjahr schon wieder erleben, dann aber andersherum: Uns wird eine Stunde Schlaf genommen, da Ende März die Uhren um eine Stunde vorgestellt werden. Darauf reagieren Menschen häufig noch sensibler als auf die Zeitumstellung im Herbst. Sie empfinden dann so ähnlich, als würden sie sich in einem kleinen Jetlag befinden. Die Zeitumstellung ist juristisch im »Einheiten- und Zeitgesetz« des Bundes festgeschrieben. Die meisten europäischen Staaten folgen diesen Regeln, in Deutschland wird seit 1980 in dieser Weise verfahren. Die Absicht, die sich dahinter verbirgt: Man will das Tageslicht besser nutzen und dadurch Energie sparen. Ob diese Rechnung aufgeht, scheint nicht überzeugend nachgewiesen zu sein. Obwohl die Mehrheit der Deutschen die Zeitumstellung nicht unbedingt will oder sogar ablehnt, bleibt sie uns seit Jahrzehnten erhalten. Die Ablehnung beruht meist auf den mit ihr einhergehenden Schlaf- und Konzentrationsstörungen. Nicht wenige Menschen werden davon geplagt, insbesondere Säuglinge und Kleinkinder, deren Schlaf-Wach-Rhythmus durcheinandergerät. Für die allermeisten erledigt sich die Störung allerdings nach ein, zwei Tagen, spätestens nach einer Woche. Doch man sollte die Sache ernst nehmen: Es gibt offenbar viele Menschen, denen diese zweimal im Jahr vorkommende Zeitumstellung zumindest vorübergehend beträchtliche Schwierigkeiten bereitet.

In diesem Zusammenhang sei ein Blick in die Tierwelt erlaubt. Falls Sie einen Hund Ihr Eigen nennen: Bello interessiert die Zeitumstellung überhaupt nicht. Er wird sich wie immer morgens melden, dem Tier ist es egal, worauf unsere Uhrenzeiger deuten. Es hat seinen Rhythmus, ist zur üblichen Zeit wach und wünscht sich Futter, Gassi-Gehen oder beides. Eine Stunde länger zu schlafen, das können Besitzer dieser Fellträger Ende Oktober vergessen, außer ihr Hündchen ist derart wohlerzogen, dass es sich nach knapp gemurmeltem, im Halbschlaf kundgetanem Befehl frustriert auf eine Wartezeit einstellt. Was für den treuen Vierbeiner gilt, darf getrost auch für andere Tiere angenommen werden. Auch diese haben eine innere Uhr.

Wenn sich Menschen wegen der Zeitumstellung nicht wohlfühlen, hat das mit unserer inneren Uhr zu tun, mit Rhythmen unseres Körpers, unserer Organe und Zellen. Deren Mechanismen haben massive Wirkungen auf alle Körperfunktionen. Hormone, Herz-Kreislauf-System, Gehirn, Schmerzwahrnehmung, Blutdruck, die Durchblutung des Magen-Darm-Trakts, die Arbeit der Enzyme in der Leber und viele andere Parameter werden beeinflusst und bestimmt von biologischen Rhythmen. Bereits Mitte des 20. Jahrhunderts hatten Jürgen Aschoff (1913–1998), Colin Pittendrigh (1918–1996) und Franz Halberg (1919–2013) diese Rhythmen erforscht und damit die Chronobiologie begründet. Sie waren es also, die unsere innere Uhr entdeckten. Doch erst die auf molekularbiologischen Forschungen beruhenden Ergebnisse der Medizin-Nobelpreisträger des Jahres 2017 waren offenbar spektakulär genug, dass sie diese Auszeichnung verdienten.

Schauen wir uns die innere Uhr nun genauer an. Sie steht für ein Bild, das im gesamten, hochkomplexen Körper Wirkung entfaltet und das biochemische Vorgänge, die in allen Zellen, ob in der Leber, in der Haut, in den Muskeln, im Herzen usw. ablaufen, mitbestimmt. Die innere Uhr regelt auch das gesamte Schlaf-Wach-Verhalten. Unser Körper ist dabei mit dem »Außentag« synchronisiert. Das heißt, der Tagesrhythmus und der innere Körperrhythmus sind aufeinander bezogen. So hat der Körper einen »Innentag«, der – soweit der Mensch gesund ist – auf den 24-Stunden-Tag (»Außentag«) eingestellt ist. Im übertragenen Sinne kann man beim »Innentag« eine innere Uhr imaginieren, die dem Körper je nach Außenzeit darauf hinweist, sich entweder darauf einzustellen, dass die Sonne aufgeht oder dass es auf Mitternacht zugeht. Der Stoffwechsel passt sich aufgrund von Zeitgebern jeweils an: Er ist entweder hochaktiv oder reduziert seine Tätigkeit. Zeitgeber sind Signale, die unter anderem von Helligkeit und Dunkelheit bestimmt werden. Wachsein und Schlafen hängen ganz entschieden von Licht und Dunkelheit ab. Wenn wir die Dunkelheit nicht mehr zulassen (wo ist es denn heutzutage noch wirklich dunkel? Selbst im Schlafzimmer leuchten irgendwelche Displays und wenn die Rollläden nicht vollständig geschlossen sind, gelangt das Licht der nächsten Straßenlampe herein), dann ist dieser Signalgeber gestört, die innere Uhr kann dem Gehirn nicht oder nur verzögert melden, dass die Zirbeldrüse ihre Arbeit beginnen und das Hormon Melatonin produzieren soll. Dieses Haupthormon der Zirbeldrüse wirkt als Dunkelsignal für die »innere Uhr« im Gehirn, und wir können einschlafen. (Der Vorgang ist tatsächlich noch weit komplizierter: Weitere Hormone wie zum Beispiel Prolaktin und das die Schilddrüse stimulierende Thyreotropin sind ebenfalls beteiligt). Wenn nun die innere Uhr aufgrund der modernen Beleuchtung ungünstig beeinflusst wird (und sie infolgedessen zum Beispiel mit ihren Meldungen an Organe zu spät dran ist), gerät die Synchronisation mit dem »Außentag« durcheinander. Die innere Uhr kann also verstellt werden. Da die Zellen der verschiedenen Körperteile miteinander in Verbindung stehen, kommt es zu einer schlechteren Abstimmung, die wechselseitige Synchronisation gelingt nur unzureichend, und das gesamte System gerät letztlich aus dem Takt. Die Folge sind Schlaf- und Konzentrationsstörungen, die, soweit sie länger andauern, Krankheiten nach sich ziehen.

Ist der normale Tagesrhythmus gut mit der inneren Uhr synchronisiert, schlafen wir auch ein, ohne völlig erschöpft zu sein. Schlafen und Wachen werden also durch natürliche Rhythmen ermöglicht. Wie gefährlich eine Störung dieser Rhythmen sein kann, lässt sich am Beispiel des Schlafentzugs aufzeigen. Diese wirksame Foltermethode besteht darin, den Schlaf eines Gefangenen konsequent zu verhindern. Der Gefolterte soll auf diese Weise ein Verbrechen gestehen oder Geheimnisse verraten. Letztlich führt Schlafentzug zu einer derartigen Erschöpfung, dass ein Mensch den Verstand verlieren kann und alles Mögliche »gesteht«, was er in Wirklichkeit nie und nimmer getan hat.

Wer Einschlaf- oder Durchschlafstörungen selbst schon erleben musste, weiß, wie dies die Gesundheit in Mitleidenschaft ziehen kann. Man wälzt sich im Bett, findet keine Ruhe und wenn man doch irgendwie einschlummert, wacht man oft genug wie gerädert wieder auf. Ein Grund dafür – bestimmt nicht der einzige, eine Abklärung mit einem Arzt ist unabdingbar – kann ein Leben *gegen* die innere Uhr sein. Bedauerlicherweise ist das Werte- und Normensystem in unserer modernen, hoch technisierten Wirtschaft und Gesellschaft dem Schlaf eher abträglich und ignoriert allzu gerne diese innere Uhr. Nicht nur der natürliche Hell-Dunkel-Wechsel ist längstens künstlich aufgehoben, wir leben auch in einer schlaffeindlichen Zeit. Unkontrollierter Schlaf, also Schlaf am helllichten Tag, wird geradezu abgestraft. Dieser ist nur Kindern und Älteren erlaubt. Bekennen Sie sich einmal zum Schlaf, und warten Sie in beruflichen Umfeldern die Reaktionen ab! Die Optimierungsmodelle gegenwärtiger Wirtschaftskulturen erwarten ein Wachbleiben und eine Erreichbarkeit, die ihresgleichen sucht. Wer schlapp macht, sprich, wer sich dem natürlichen Rhythmus hingibt, wird eher geächtet statt geschätzt. Der Mensch nimmt lieber viel zu viel starken Kaffee zu sich oder probiert es gleich mit weit gefährlicheren Aufputschmitteln, Hauptsache, man ist hellwach und schafft den Zwölf- oder Vierzehnstundentag. Und danach ist selbstverständlich nicht Schluss, es geht nicht um Erholung oder Regeneration. Nein, man muss Arbeit mit nach Hause nehmen oder zumindest im Freundeskreis zeigen, dass man noch »bis in die Puppen« feiern kann. Manchmal habe ich den Eindruck, dass der Schlaf bestenfalls als notwendiges Übel gesehen wird. Dass Millionen irgendwelche Schlafmittel einwerfen müssen, um überhaupt in diesem gesellschaftlich degradierten Schlaf sinken zu können, interessiert nicht wirklich. Diese Menschen wachen morgens eher gerädert oder bleiern auf, aber es gibt ja dagegen dann auch ein Mittel aus der Pharmakiste, was wach und frisch macht, und wer denkt am frühen Morgen schon daran, was am späten Abend wieder notwendig sein wird, damit die Augen zufallen? Wenn es einmal so weit kommt, ist sowieso bereits eine Grenze überschritten, und voraussichtlich dürfte eine derartige Entwicklung in einem gesundheitlichen Desaster enden. Schlafmangel und geringe Schlafqualität machen auf Dauer krank, das ist keine Frage! Das Immunsystem wird geschädigt, Organe werden in Mitleidenschaft gezogen, und die Wirkungen auf die Psyche sind erheblich. Stellen Sie also Schlafen-Können durchaus in den Mittelpunkt Ihrer maßgeblichen Ziele, und ignorieren Sie alle Ratschläge, die Sie zu noch mehr Leistung und Arbeit bis in den späten

Abend oder in die Nacht antreiben. Bekennen Sie sich zum Schlaf! Denken Sie dabei an das, was bereits die Bibel in Psalm 127 empfiehlt: »Es ist umsonst, dass ihr früh aufsteht und euch spät erst niedersetzt, um das Brot der Mühsal zu essen; denn der Herr gibt es den Seinen im Schlaf.«

Übrigens: Ein gesunder Schlaf ist ebenfalls von Rhythmen gekennzeichnet. Besser spreche ich vielleicht von Schlafzyklen. Diese bedeuten nichts anderes als die regelmäßige Sequenz von Schlafphasen. Wir schlafen in einer Nacht unterschiedlich tief und fest. Es gibt Tiefschlafphasen, die abgelöst werden von einem leichten Schlaf oder von Traumphasen, auch REM-Schlaf (REM = »rapid eye movements«) genannt, weil dabei schnelle Augenbewegungen feststellbar sind. Die Abfolge von leichtem Schlaf, Tiefschlaf und Traumschlaf ergibt einen Schlafzyklus, der jede Nacht vier- bis sechsmal durchlaufen wird. Zudem wacht der Mensch im Rhythmus von eineinhalb Stunden auf, das bemerkt man oft gar nicht, man schläft wieder ein und hat eventuell den Eindruck, man habe durchgeschlafen. Mehrmaliges Aufwachen in der Nacht ist normal und hat nichts mit einer Schlafstörung zu tun, außer man findet dann keinen Schlaf mehr. Von besonderer Bedeutung sind die Tiefschlafphasen, weil sie maßgeblich für Erholung sorgen. Nach sechs bis acht Stunden kommen die Schlafphasen zum Ende. Der Mensch wird wieder wach, reckt und streckt sich vielleicht, fühlt möglicherweise noch eine gewisse Müdigkeit und möchte deshalb nicht so richtig aufstehen. Gehen Einschlafen und Durchschlafen jedoch in der beschriebenen Weise vonstatten, muss niemand Sorge haben: Körper und Seele sind dann gerüstet, die Herausforderungen des neuen Tages anzugehen. Dieser gesunde Schlaf versetzt uns in eine starke Lage, die unser Wohlbefinden sicherstellt.

Angemerkt werden muss noch eine Grobeinteilung der Menschen in »Lerchen« und »Eulen« oder besser: in Frühaufsteher und Langschläfer. Dazwischen gibt es noch die »Goldammer«, den mittleren Chronotyp. Jeder Mensch hat seinen individuellen Rhythmus, dem er Folge leisten sollte, um zur Gesundheit beizutragen. Wer eine »Lerche« ist, kommt eben früher aus dem Bett, legt schon früh los mit seinem Tagwerk und entfaltet Aktivitäten. Dafür lässt bei diesem frühen Chronotyp die Energie zu späterer Stunde spürbar nach. Für »Eulen«, den späten Chronotyp, hört sich das schauderhaft an. Sie kann einfach nicht »aus dem Bett springen« und benötigt eher noch ein Stündchen mehr Schlaf. Muss eine »Eule« zu früh aufstehen, bedarf es einige Zeit, bis dieser Mensch in Gang kommt. Ein Wohlbefinden wie die »Lerche« kann sie zunächst nicht empfinden, und das Beste ist, sie zunächst in Ruhe zu lassen. Ihre Aktivität kommt erst später zur Wirkung, sie kann bis in die Abendstunden hinein durchaus mächtig Energie aufbringen.

4.4 Ein zweites Beispiel: Musik als Heilmittel – Ein Rhythmus, bei dem jeder mitmuss

Mit Musik lässt sich die Stimmung des Menschen beeinflussen. Das ist fast eine Binsenweisheit. Welches verliebte Paar hat nicht schon einmal wunderschöne, sanfte Musik mit geradezu zärtlichen Tönen aufgelegt? Oder ganz anders: Wer ließ sich nicht schon einmal durch Musik aufputschen? Nicht nur, wenn Boxkämpfer gegeneinander antreten und ihren Aggressionen freien Lauf lassen, hämmern die Lautsprecherboxen. Auch im Fußballstadion bringt Musik die Fans in Stimmung. Oder wieder anders: Weshalb kauft sich mancher eine Karte für die Oper? Dieser Kunstgenuss wirkt sich auf die Gefühlslage aus. Es gibt nicht wenige, die Melodie und Gesang zu Tränen rühren. Und dann ist da noch die Joggerin, die Kopfhörer aufhat, sodass andere nichts von der heißen Musik mitbekommen, die in ihr Energie und Kraft freisetzen und sie ausdauernd laufen lässt.

Musik gehört offenbar seit Urzeiten zum Menschen. Mit Sicherheit haben schon unsere ganz frühen Vorfahren deren Wirkung geschätzt. Wahrscheinlich dürfte das Trommeln auf bzw. Aneinanderschlagen von Gegenständen, womöglich auch lediglich das Zusammenklatschen der Hände, die Anfänge markiert haben. Im Jahr 2009 wurde ein sensationeller Fund öffentlich gemacht: Archäologen der Universität Tübingen entdeckten in einer Höhle auf der Schwäbischen Alb nahe Ulm die bis dahin älteste Flöte der Welt entdecken. Was zunächst wie ein weggeworfener Knochen aussah, entpuppte sich als ein aus den Flügelknochen eines Geiers gefertigtes Instrument. Es weist fünf Luftlöcher auf. Die Wissenschaftler sehen in diesem Sensationsfund den Beleg dafür, dass bereits der frühe Homo sapiens Musik spielte. Das Alter der Flöte ist wissenschaftlich bestimmt und mit 35 000 bis 40 000 Jahren angegeben worden.

Springen wir wieder in die Gegenwart, um die Verbindung von Musik und Mensch unter einem weiteren Gesichtspunkt zu unterstreichen: Musik hat nicht nur eine hohe soziale Bedeutung, sie unterstützt auch die Entwicklung junger Menschen und besitzt heilende Wirkung. So hat sich die Musiktherapie als praxisorientierte Heilmethode mit engen Bezügen und Wechselwirkungen zur Medizin, Psychologie, Pädagogik und Musikwissenschaft entwickelt. Sie entfaltet therapeutische Wirkung, die zum

Erhalt, zur Förderung und zur Wiederherstellung körperlicher, geistiger und seelischer Gesundheit beiträgt. Dass Musik heilende Wirkung haben kann, weiß man schon recht lange. Eine therapeutische Anwendung von Musik ist uns von den Königen David und Saul aus der Bibel überliefert. Der König soll Saul auf der Harfe vorgespielt haben, wenn dieser deprimiert war. Über 270 Jahre alt sind Johann Sebastian Bachs (1685–1750) berühmte »Goldberg-Variationen«. Interessant daran ist, dass Bach sie für den russischen Gesandten am Dresdner Hof, einem offenbar depressiven Grafen, komponierte, dem diese Musik eine Hilfe war, weil sie seine schlaflosen Nächte aufheiterte. Diese Überlieferung ist jedoch nicht bewiesen. Sie stammt aus einem Bericht des Musikforschers Johann Nikolaus Forkel (1749–1818) über Bachs Leben (Forkel 1802). Doch selbst wenn die Geschichte erfunden sein sollte, verdeutlicht sie ein Verständnis von Musik, das deren heilende Wirkung anerkennt. Musik aktiviert offenbar Regionen im Gehirn, wie es Sprache nicht vermag. Die beruhigende oder anregende Wirkung von Musik wird bei der Therapie verschiedenster Störungen und Erkrankungen genutzt. Alzheimer-Patienten können davon genauso profitieren wie Frühgeborene, denen mit ausgewählten Musiktiteln zu einem wesentlich stabileren und gleichmäßigeren Herzschlag verholfen werden kann. Nicht weniger bedeutsam ist der Einsatz von Musik im Zusammenhang mit Schmerztherapien. Auch Tinnituspatienten können von positiven Effekten berichten. Rehamaßnahmen bei Schlaganfallpatienten werden günstig beeinflusst, wenn das Training mit bestimmten Musikübungen einhergeht. Und dass Musik Ängste verringern und Depressionen mildern kann, sei nur der Vollständigkeit halber angemerkt.

Was das alles mit Rhythmus zu tun hat? Voraussichtlich recht viel. So berichtete die *Süddeutsche Zeitung* am 22. März 2017 von Mitgliedern des Symphonieorchesters des Bayerischen Rundfunks, die Grundschüler im Sonderpädagogischen Förderzentrum in Pasing begeistern. Das Engagement der drei Schlagzeuger und der Flötistin mündet augenscheinlich in einem »Mitnehmen« der Kinder, die lernen, dass sie zu jeder Zeit über ein Instrument verfügen, das sie zum Klingen bringen können: ihre Hände und Finger. Mit diesen Körperteilen lässt sich klatschen und schnippen, Rhythmus und gute Laune erzeugen, und wenn die Profimusiker den Kinder etwas vortrommeln und mit der Flöte vorspielen, vergeht kaum ein Augenblick, und schon haben die Kinder den Rhythmus aufgenommen und klatschen und tapsen im Takt mit. Dieses »Im-Rhythmus-Sein« hat nicht nur etwas mit Begeisterung und Wohlbefinden zu tun, sondern auch eine maßgebliche soziale Komponente. Das Erleben dieses Miteinanders im gleichen Rhythmus, das gegenseitige Anstecken mit Freude und Ausgelassenheit, das gemeinsame Schwingen – ein solches Musikerleben trägt zur Gemeinschaft und damit zu einem Sich-aufeinander-Abstimmen und zu einer allgemeinen Rücksichtnahme bei. Von genau dieser Wirkung hat die Öffentlichkeit auch durch den Dokumentarfilm »Rhythm is it!« aus dem Jahr 2004 erfahren. Ein Jahr zuvor hatten die Berliner Philharmoniker unter Leitung ihres Chefdirigenten Sir Simon Rattle ein Projekt mit 250 Kindern und Jugendlichen aus 25 Nationen gestartet. Den jungen Menschen, die überwiegend aus Problemschulen kamen, standen nur 6 Wochen Probezeit zur Verfügung. Dabei ging es um klassische Musik, die ihnen bisher eher fremd gewesen ist: Unter Anleitung des englischen Choreografen und Tanzpädagogen Royston Maldoom studierten sie eine tänzerische Aufführung zu Igor Strawinskys Ballettmusik »Le sacre du printemps« ein (Kapitel 8.3). Natürlich stellten sich nicht nur Erfolge ein. Manche Jugendliche sprangen ab, manche blieben gänzlich unmotiviert, und manche Probe verlief chaotisch. Jedoch wuchs unübersehbar bei vielen Kindern und Jugendlichen das Selbstbewusstsein, sie zeigten eine Entwicklung ihrer Persönlichkeit, die unschätzbar genannt werden darf. Und wie alle Arbeit im umjubelten Auftritt in der Arena Berlin ihren Höhepunkt erfuhr, hat niemanden kalt gelassen. Was Neurobiologen mit ihrem Experimenten im Labor nachweisen, konnte man hier direkt nachdrücklich beobachten: Tanzen und Musik beeinflussen unser Gehirn weitaus mehr als bislang angenommen und wirken sich positiv auf Motorik und Sinneswahrnehmung aus. Tanzen fördert Vernetzungen der Nervenzellen im Gehirn, Musizieren stärkt offenbar einzelne dieser Verbindungen. Es ist eindeutig: Musik bietet dem Gehirn Anreize, die unwiderstehlich ihre Wirkung entfalten. Und um die soziale Bedeutung weiter herauszustellen, sei noch auf den renommierten und mit vielen internationalen Preisen ausgezeichneten Leiter der Berliner Staatsoper und der Staatskapelle Berlin, Daniel Barenboim, verwiesen. Er leitet zudem das von ihm mitgegründete weltberühmte West-Eastern Divan Orchestra, in dem jüdische und arabische Musiker sensationell zusammenarbeiten. Die Vermittlung, die darüber erreicht und demonstriert wird, ist ohne Übertreibung ein grandioses Beispiel zur Förderung des Weltfriedens und der Völkerverständigung.

Schauen wir uns die Wirkung von Musik auf das Gehirn genauer an: Ein professioneller Musiker kommt ja nicht als solcher auf die Welt. Sein Gehirn wird erst dadurch anders, weil er das Musizieren erlernt und immer wieder übt. Die Musik verändert das Gehirn. Nervenzellen verschalten sich neu, ganze Areale wachsen. Musikalisches Üben führt zur Ausbildung neuer neuronaler Netzwerke. Das hängt mit der Neuroplastizität zusammen, mit der funktionellen Formbarkeit des Gehirns. Aber auch für Nichtmusiker gilt, dass Musik ein gewaltiger Stimulus für ihr Gehirn sein und regelrecht glücklich machen kann. Das weiß im Prinzip jeder, der sich auf seine Lieblingsmusik konzentriert. Das Gehirn reagiert unmittelbar. Angenehmes wird erinnert, ein regelrechtes Gewitter entlädt sich, und automatisch in Gang gesetzte Befehle führen zur Ausschüttung von Glücks- und Bindungshormonen: Serotonin, Dopamin, Oxytocin (Rockstroh 2011, S. 54 ff.). Ebenso steigt der Gehalt an Abwehrstoffen im Blut an, daher stimuliert Musikgenuss auch das Immunsystem. Gut belegt ist zudem ein Anstieg der sozialen Kompetenz und der Kooperationsfähigkeit bei Kindern. Bei all diesen Prozessen ist auch das sogenannte limbische System stark beteiligt, eine Gehirnstruktur, in der Emotionen verarbeitet werden. Musik und ihr Rhythmus bereichern ganz zweifelsohne das Leben. Abschließend soll die Bedeutung aktiven rhythmischen Tuns am Beispiel von Parkinson-Patienten unterstrichen werden. Deren Bewegungen können wieder geschmeidiger werden, wenn sie sich mit entsprechendem Training rhythmisch zur Musik bewegen.

Eines dürfte also sicher sein: Musik kann in hervorragender Weise zur Gesundheit des Menschen beitragen.

5 Und weil es so schön ist, gleich ein zweites Fundament: Achtsamkeit als Lebensqualitätsressource mit einem nüchtern-ehrlichen Blick

Bevor wir einen womöglich schillernden Begriff allzu simpel verwenden, soll in Grundzügen dargestellt werden, was Lebensqualität bzw. gesundheitsbezogene Lebensqualität eigentlich ist. Die Schwierigkeit besteht darin zu entscheiden, nach welchen Kriterien Lebensqualität in einer Stadt oder einem Staat oder Lebensqualitätsunterschiede zwischen Staaten gemessen werden. Ein Ausgangspunkt ist eine Definition der Weltgesundheitsorganisation (WHO): »Lebensqualität ist die subjektive Wahrnehmung einer Person über ihre Stellung im Leben in Relation zur Kultur und den Wertesystemen, in denen sie lebt, und in Bezug auf ihre Ziele, Erwartungen, Standards und Anliegen.« Naja, das hört sich ein wenig abstrakt an. Wir können dieser Definition aber auf jeden Fall entnehmen: Lebensqualität betrifft den einzelnen Menschen, der diesbezüglich eine subjektive Einschätzung vornimmt. Dabei spielen etliche Faktoren eine Rolle, die die Lebensbedingungen und den Grad des Wohlbefindens eines Menschen oder einer Gruppe von Menschen beeinflussen: Lebensstandard, sozialer Status, Bildung und Berufschancen, geltende Werte, kulturelle Gegebenheiten und nicht zuletzt Gesundheit und Gesundheitsversorgung. Damit kommen wir zur gesundheitsbezogenen Lebensqualität (»health-related quality of life«), die ebenfalls aufgrund der subjektiven Wahrnehmung eines Menschen ermittelt wird. Wir konstruieren aus physischen, psychischen und sozialen Faktoren unsere Einschätzung. Diese Einschätzung nimmt nicht nur den individuellen Gesundheitszustand in den Blick, sondern umfasst durchaus mehr. So fragt sich mancher in diesem Zusammenhang nach den Freiheiten und Freiräumen, die zur Verfügung stehen oder eben nicht. Oder er schenkt dem Faktor Zeit Aufmerksamkeit. Empfindet jemand häufig Zeitnot, oder genießt mancher gar einen »Zeitwohlstand«? Zudem müssen die persönlichen Beziehungen besonders beachtet werden: Welchen Stellenwert haben berufliche und familiäre Verpflichtungen, und wie viel Zeit benötigt die Pflege menschlicher Bindungen? Schon diese Fragen verweisen gleichzeitig auf individuell unterschiedliche Entscheidungsspielräume, auch wenn vieles häufig festgelegt erscheinen mag. Ohne Frage ist der Einzelne in viele Verhältnisse eingebunden und Bedingungen unterworfen. Zu tun und zu lassen, was sie wollen, dürfte den wenigsten möglich sein. Wahrscheinlich wäre ein derart großer Frei- und Entscheidungsspielraum sogar abträglich. Die wenigen, die keine Begrenzungen erfahren, handeln oft genug unglücklich, wenn nicht gar unsozial und verletzend. Rücksichtslosigkeit und Egozentrik können triumphieren. Zumindest den Menschen, die es mit solchen Zeitgenossen zu tun haben, dürfte deren Verhalten wenig bekommen. Für die meisten von uns gilt: Wir unterliegen Verpflichtungen, unsere Möglichkeiten sind in der Regel von außen begrenzt. Allerdings können wir unsere Möglichkeiten auch durch unser Denken und Handeln selbst begrenzen und einschränken.

Die Frage lautet: Wie steht es um unsere Ressourcen, was tun wir für deren Entwicklung, und wie setzen wir sie sinnvoll ein? Ressourcen sind dabei nicht nur unser Geld und Vermögen (materielle Werte), sondern insbesondere auch unser Wissen, unser Können, unsere Kompetenzen sowie unsere körperliche und psychische Konstitution und Verfasstheit. All diese Ressourcen können wir zur Verbesserung unserer Lebensqualität einsetzen. Jenseits von materiellen Werten, die Lebensqualität sichern und ausbauen können, sind dabei vor allem immaterielle Werte besonders wichtig. Wer zum Beispiel gute soziale Beziehungen aufgebaut hat oder Menschen in Liebe verbunden ist, besitzt einen solchen immateriellen Wert. Wer über ein religiöses Fundament seiner Lebensführung verfügt und sich zum Beispiel von einem Gott oder von Engeln beschützt und behütet fühlt, kann darüber Lebensqualität erfahren, die selbst in herausfordernden Situationen ein Gefühl der Sicherheit vermittelt.

In Kontext immaterieller Werte besitzt nun Achtsamkeit einen erheblichen Stellenwert. Achtsamkeit unterstützt ganz zweifelsohne eine gesundheitsbezogene Lebensqualität. Dabei kann jeder Mensch, völlig unabhängig von seiner sozialen und ökonomischen Situation, völlig unabhängig von seiner Zugehörigkeit zu Religion, Parteien oder irgendwelchen gesellschaftlichen Gruppen, Achtsamkeit erlernen und praktizieren. Es ist klar, dass Achtsamkeit kein Allheilmittel ist. Und sie fällt einem nicht einfach in den Schoß. Sie zu erlernen, bedarf der Anstrengung, der Disziplin und der Übung. Wer sich darauf einlässt, wird allerdings reichlich belohnt werden. Die »Investition« rechnet sich. Denn Achtsamkeit ist wie erwähnt eine hervorragende gesundheitsbezogene Lebensqualitätsressource! Dies wird im Folgenden genauer begründet und ausgeführt.

Wenn Lebensqualität Faktoren positiver Lebensbedingungen umfasst, die erheblich durch politische, kulturelle, ökonomische und religiöse Gegebenheiten bestimmt sind, so kommt doch auch eine subjektive und individuelle Komponente ins Spiel. Jeder Mensch hat in einem mehr oder weniger breiten Rahmen Entscheidungs-, Steuerungs- und Einflussmöglichkeiten. Er kann so zum Beispiel in ganz erheblichem Maß mit entscheiden, was er für seine Gesundheit tut und wie er mit den ihm gegebenen Ressourcen umgeht. Gerade im Hinblick auf eine gesundheitsbezogene Lebensqualität muss er sich keinesfalls ohnmächtig und irgendwelchen fremden Mächten ausgeliefert sehen. Er besitzt vielmehr vielfältige Chancen, sich für seine Gesundheit einzusetzen. Die Ressource »Achtsamkeit«, die jedem zunächst einmal wie ein Angebot zur Verfügung steht, kann nachgefragt werden. Man kann von dieser Ressource eventuell nichts wissen, und sie bleibt ungenutzt. Wer sie kennt, sich aber nicht der Mühe der Nutzung unterziehen will, verspielt eine Chance. Mühe ist dabei fast zu stark ausgedrückt. Besser dürfte von der Pflege der Achtsamkeit die Rede sein, das hört sich weniger anstrengend an und sollte nicht abschrecken. Die Ressource »Achtsamkeit« kann man ignorieren oder auch lächerlich machen und zurückweisen. Da passiert erst einmal nichts. Es ist so ähnlich, als würde jemand auf Bewegung, gar auf Sport verzichten, obwohl ganz eindeutig ist, dass Bewegung dem Körper und der Seele guttut und man auf diese Weise etlichen Krankheiten vorbeugen kann und sogar über ein Mittel verfügt, um Krankheiten in die Grenzen zu weisen. Denken Sie nur einmal an hohen Blutdruck oder Rückenschmerzen, denen man – nach ärztlicher Untersuchung und Beratung – mit gezieltem Training entgegenwirken kann. Bequemlichkeit und Ignoranz sind die Fesseln, die ein besseres Leben verhindern. Häufig genug erlebt man nicht gleich Einschnitte in seiner Lebensqualität. Es funktioniert doch, und ein Abend auf dem Sofa mit Bier und Crackers ist doch allemal entspannender als eine Runde zu joggen oder im Sportstudio die Muskeln zu trainieren! Die Quittung kommt erst viel später. Nicht nur in der Form, dass die Figur auseinandergeht, man schon schnauft, wenn der Fahrstuhl einmal ausfällt und man die Treppen bis in den dritten Stock steigen muss, sondern auch dadurch, dass das eine oder andere Organ sich meldet und Alarm schlägt. Wie gesagt, das passiert erst irgendwann später. Warum soll es mich heute interessieren, wo es mir doch so gut geht bei übermäßigem Essen und Nichtstun? Ungesunde Lebensweisen können ignoriert werden. Die jedem Menschen gegebene Fähigkeit zur Selbstregulation wird dann ausgeschaltet. Wir haben als Menschen in einem gewissen Rahmen Kontroll- und Steuermöglichkeiten, und nur, wenn wir Verstand und Vernunft beiseiteschieben, verzichten wir auf die Wahrnehmung von Eigenverantwortung. Die Kombination aus Selbstregulationsfähigkeit und Eigenverantwortung bietet ein von jedem Menschen nutzbares Fundament einer Gesundheitsvorsorge. Ein Baustein dieses Fundaments unter etlichen anderen ist die bewusste Entscheidung für und ein Sich-Bekennen zur Achtsamkeit. Damit nun kein Missverständnis entsteht: Wie schon erwähnt, ist ein regelrechter Markt um das Thema Achtsamkeit entstanden. Da werden Dinge angepriesen, die schlicht verlogen sind, und natürlich spielt die Werbung auch auf dieser Klaviatur, wobei es vor allem ums Verkaufen und Kaufen geht. Achtsamkeit ist seit einigen Jahren ein Trendbegriff, mit dem Schindluderei betrieben wird. Daher sei noch einmal wiederholt: Erstens geht es bei Achtsamkeit nicht um ein Wundermittel, schon gar nicht um ein Allheilmittel und ebenso nicht um irgendetwas Esoterisches oder Dogmatisches. Weil es nicht um eine triviale Erbauungsliteratur gehen kann, die die steile Karriere des Achtsamkeitsbegriffs unreflektiert unterstützen würde, seien hier zwei vielleicht gut gemeinte, jedoch oft teure und mit wenig Erkenntnis verbundene Achtsamkeitsübungen ins Feld geführt, die den hoffnungsfrohen Seminarteilnehmer mehr oder weniger enttäuscht zurücklassen. Vielleicht haben Sie schon einmal von der »Rosinen-Kau-Übung« oder vom brillant-neuartigen Duscherlebnis gehört. Beide Beispiele stehen eher für Triviales. Im ersten Fall soll man eine einzige Rosine sehr lang im Mund behalten und kauen und schmecken und wieder kauen und wieder schmecken usw. Beim Duschbeispiel ist die Konzentration auf das Hier und Jetzt mit einem Genießen des Wasserstrahls, der duftenden Essenz, dem Prickeln auf der Kopfhaut usw. verbunden. Wirklich alles ganz nett – selbstverständlich darf man den Geschmack einer Rosine oder das Duschen genießen. Überhaupt sollte man doch nachdrücklich auch die kleinen Dinge des Lebens genießen und wertschätzen. Aber immer, wenn es darum geht, für derartige Ratschläge ordentlich Geld locker zu machen, rate ich zur Vorsicht. Insbesondere dann bitte nicht unachtsam sein. Für das minutenlange Kauen einer getrockneten Weintraube oder das ausgiebige Duschen im Verbund mit einer wohlriechenden Essenz muss kein Seminar besucht und bezahlt werden. Da die Fähigkeit zur Achtsamkeit ohnehin zum menschlichen Verhaltensrepertoire gehört, besitzen wir alle einen fundamentalen Baustein für eine gesundheitsbezogene Lebensqualität. An dieser Stelle muss nun die damit verbundene Herausforderung herausgearbeitet werden, damit Sie erkennen können, weshalb es sich nicht um eine allzu leicht zu lernende Wohlfühlklausel handelt. Dazu eine kleine Geschichte:

Während eines Meetings in einem Pharmaunternehmen wird in Anwesenheit des Vorstandsvorsitzenden über eine neue Marketingstrategie diskutiert. Das globale Konkurrenzgeschehen macht eine Neuausrichtung dringend erforderlich, will man nicht Einbrüche beim Umsatz und damit ein Zurückfallen gegenüber anderen Unternehmen riskieren. Die am Markt anbietbaren Produkte sind qualitativ auf der Höhe der Zeit, doch scheint die bisherige Vermarktung rückständig. »Hören« wir einmal, was drei Beteiligte in dieser Diskussionsrunde »denken«, solange andere das Wort führen:

Da ist zunächst der Vorstandsvorsitzende: »Der Marketingdirektor hat einfach versagt. Und ihm haben wir Anfang des Jahres gar noch üppige Tantiemen ausbezahlt. Wird Zeit, dass er seinen Posten räumt. Er ist schuld, ich kann mich schließlich nicht noch um diese Aufgabe kümmern. Hat einfach die Entwicklung verschlafen. Ich muss schauen, dass wir ihn im nächsten Quartal loswerden.«

Dann der Marketingdirektor: »Die letzten drei Jahren haben wir Gewinn wie noch nie gemacht. Und wem ist das zu verdanken? Wer hat vor einigen Jahren eine Werbekampagne auf den Weg gebracht, die die Umsätze nach oben schießen ließen? Alles vergessen. Das zählt nicht mehr. Tag und Nacht habe ich mir den Hintern aufgerissen. Dieser blöde CEO greift mich natürlich unterschwellig an. Der sucht nur nach einer Gelegenheit, um mich abzusägen. Dabei bemäntelt er nur das Unsägliche seiner Expansionsentscheidungen. Alles Quatsch, viel zu rasch vorgegangen. Jetzt benötigt dieser Typ einen Sündenbock, dem er alles in die Schuhe schieben kann.«

Die Vorstandsassistentin: »Lange geht das nicht mehr gut. Der Chef ist auf hundertachtzig. Wann sagt er endlich dem Marketingdirektor seine Meinung? Ist doch sonst nicht so zimperlich? Ob ich da mal einen Stein ins Wasser werfe? Gäbe sicherlich einen Pluspunkt. Andererseits: Sollte es schiefgehen, komme ich vielleicht noch unter die Räder. Gerade jetzt, wo mir in einem halben Jahr die Bereichsleitung des Südeuropageschäfts übertragen werden soll. Da darf ich mir keinen Ausrutscher erlauben. Besser halte ich den Mund. Sollen die Herren doch schauen, wie sie zurechtkommen.«

Alle drei Personen haben mit Achtsamkeit nichts, aber auch gar nichts im Sinn. Dabei geht es nicht, wie der Begriff suggerieren könnte, um ein achtsames Umgehen mit anderen. Zwei Kardinalfehler sind mit Achtsamkeit nicht in Einklang zu bringen.

Erstens geht es bei Achtsamkeit um das Hier und Jetzt. Ob CEO, Marketingdirektor oder Vorstandsassistentin: Alle denken entweder an die Zukunft oder verbleiben gedanklich in der Vergangenheit. Das Hier und Jetzt spielt keine Rolle. Sie hören nicht, was gesagt wird, lassen die anderen reden und befinden sich in ihrer eigenen Gedankenwelt, sodass sie nicht registrieren, was gerade geschieht.

Zweitens wird durchgehend bewertet. Der CEO wertet den Marketingdirektor ab, der seinerseits gedanklich den CEO niedermacht. Und die Vorstandsassistentin checkt ihre Chance auf eine berufliche Verbesserung und orientiert ihr Verhalten nur an diesem Ziel, während sie den CEO und den Marketingdirektor abwertet. Das alles steht Achtsamkeit diametral entgegen. Achtsamkeit bedeutet zu registrieren, was ist, und dabei nicht zu bewerten. Man nimmt wahr, beobachtet und fällt keine Werturteile.

Und nun fragen Sie sich bitte einmal, wann Ihnen das gelungen ist? Im Hier und Jetzt zu leben und nicht zu bewerten! Spielen Sie doch einmal nur die letzten Tage durch, was Ihnen im beruflichen oder privaten Umfeld so durch den Kopf ging. Viele Menschen befinden sich gedanklich in der Vergangenheit. Vielleicht schwärmen sie von dem, was einmal gewesen ist. Wenn sie genauer hinschauen würden, kämen sie oft genug zu der Erkenntnis, dass sie das Vergangene glorifizieren. Man lässt es unter Umständen schöner erscheinen, als es tatsächlich war. Andere Menschen begeben sich auf Zukunftsreise, malen sich aus, was alles werden wird und verbinden damit die

Hoffnung, dass alles besser wird: mehr Gehalt, beruflicher Aufstieg, größeres Sozialprestige, die Liebe des Lebens finden. Alles so schön, so wunderbar – und doch: Man befindet sich im Reich der Fantasie. Was vergangen ist, ist vorbei und ob die Zukunft das bringt und bietet, was sich der Einzelne wünscht und erhofft, ist alles andere als sicher.

Bei dieser Rückwärts- und Vorwärtsorientierung vergisst man, heute zu leben. Oder besser: den Moment und die Tatsache anzuerkennen, dass Leben nur im Augenblick stattfindet. Es mag überzogen sein, aber haben Sie schon einmal überlegt, dass Ihr Leben in 10 Minuten oder am nächsten Tag zu Ende sein kann? Ein Schicksalsschlag, ein Unfall, eine Krankheit – einfach so, wie der berühmte Blitz aus heiterem Himmel. Niemand ist davor gefeit. Das hört sich nicht gut an, ist aber eine Tatsache des Lebens. Gelebt wird nur jetzt, im Hier und Jetzt findet Leben statt. Damit ein weiteres Missverständnis vermieden wird: Selbstverständlich geht es überhaupt nicht darum, eine schöne Vergangenheit wegzuwischen oder zu verdrängen. Genauso wenig geht es darum, Hoffnungen und Träume gar nicht zuzulassen. Sowohl das Erinnern als auch das Schwelgen in beglückenden Stunden der Vergangenheit tut dem Menschen gut und trägt viel zu seiner Gesundheit und Stabilität bei. Ebenso sollen Wünsche und Träume, die sich auf die Zukunft ausrichten, nicht gering geschätzt werden. Sie dienen der Motivation, sie spenden Hoffnung und lassen den Menschen vorwärtsstreben. Das darf alles unbedingt sein. Nur darf nicht übersehen werden, wann und wo sich Leben wirklich abspielt.

Noch herausfordernder ist das Unterlassen des Bewertens. Hier kommen unsere Gewohnheiten massiv ins Spiel. Es scheint eine eingeschliffene Routine zu sein: Wir sehen etwas, wir hören etwas, wir riechen etwas, wir spüren etwas, wir schmecken etwas – und geradezu augenblicklich beurteilen und bewerten wir. Dieses Bewerten erfolgt, weil tief verinnerlicht, nahezu automatisch. Das macht die Schwierigkeit aus. Registrieren, bemerken, beobachten, spüren, dass etwas ist und nicht bewerten – das muss von den meisten erst einmal neu gelernt werden. Dabei geht es nicht um ein Wegschieben oder Unterdrücken von Gefühlen, es geht nicht um ein Verdrängen von Empfindungen oder ein Verscheuchen von Gedanken. Nein, diese werden wahrgenommen und – akzeptiert! Es ist, wie es ist. Man unterlässt es, Bewertungen vorzunehmen, die womöglich einhergehen mit Fantasieren oder Grübeleien. Doch wir sind es ganz anders gewohnt. Es liegt deshalb auf der Hand: Falls jemand diese achtsame, nicht bewertende Haltung anstrebt, bedarf es der Übung. Der Gegenwart bewertungsfrei zu begegnen und keinen Ballast an allen möglichen Gedanken aufzutürmen muss gelernt werden. Wem dieses Lernen gelingt, tut einiges für seine Gesundheit. Über Vergangenes grübeln oder Vergangenem nachtrauern? Damit ist ein ungutes Stresserleben verbunden. Nicht weniger stressig ist das Bewerten, weil damit sofort weitere Schlüsse verbunden sind, die sich auf Körper und Seele auswirken. Wer hat noch nicht die Verspannung gespürt, die sich einstellt, wenn man mit Menschen zu tun hat, die man ablehnt, aus welchen Gründen auch immer. Oder wie wirkt es sich auf Körper und Psyche aus, wenn man zukünftig zu erreichende Ziele zum Gott erklärt und man sich mit Kampf und Krampf an deren Erreichen heranmacht. Übrigens, so trivial sich das anhören mag: Ziele müssen erreichbar sein, sonst verzweifelt man allzu leicht an ihnen.

Aufs Engste mit Achtsamkeit verbunden ist der Atem. Auch dieser hat seinen Rhythmus. Wer gut zu atmen gelernt hat, dem steht ein Selbstregulationsinstrument zur Verfügung, das in der Verbindung mit praktizierter Achtsamkeit chaotische Gedankenstrudel ebenso hemmt wie sich aufbauschende Sorgen um die Zukunft. Schenken Sie daher in ersten Schritten ihrem Atmen Aufmerksamkeit. Es heißt nicht umsonst bei Menschen, die sich verausgabt haben, diese müssen erst einmal wieder zu Atem kommen. Viele Entspannungstechniken und Meditationsübungen nutzen Atemtechnik als hilfreiche Unterstützung zum Erreichen der gewünschten Ruhe und Ausgeglichenheit. Schon das verweist auf die gesundheitsförderliche Wirkung des Atmens. Dabei ist dieses gesundheitsförderliche Atmen wirklich einfach zu erlernen. Viele Menschen atmen flach, das heißt, sie betreiben Brustatmung, und zwar mit knappen Atemzügen. Je angespannter und aufgeregter eine Situation erlebt wird, desto ungünstiger wirkt diese Form des Atmens. Gravierend ungesund schlägt sie beim sogenannten Hyperventilieren (gestörter Atemregulation, meist psychisch bedingt: zu schnelles, zu tiefes oder stoßweises Atmen) durch, das zum Kreislaufkollaps und zu Bewusstlosigkeit führen kann. Wenn es diese kritische und schlechte Seite des Atmens gibt, so kann erfreulicherweise auf ihr Gegenteil verwiesen werden. Es ist gar nicht so schwer: Ruhiges Ein- und Ausatmen, den Luftstrom dabei gedanklich begleitend und auf Bauchatmung achtend, lässt sich üben und trainieren. Kein Wunderwerk, eher ein einfaches Mittel, das uns allen zur Verfügung steht.

6 Wissenschaften liefern Baustoffe für diese Fundamente

6.1 Medizin oder: Eine spezielle Antwort auf die Frage, was man Positives für seine Gesundheit tun kann

Eine Vorbemerkung: Gerade bei diesem Abschnitt, der die medizinische Wissenschaft zum Gegenstand hat, will ich mir nichts anmaßen. Mehr als bei allen anderen Abschnitten dieses Kapitels erachte ich daher den Hinweis als notwendig, dass ich viel von Ärzten, die mich beraten haben, und der gängigen medizinischen Standardliteratur, insbesondere zur Atmung, zum Herz und zum vegetativen Nervensystem, gelernt habe. Hervorheben möchte ich die Forschungsergebnisse und Abhandlungen von Maximilian Moser (Kapitel 4.1) und den in Schleswig-Holstein ansässigen und praktizierenden Allgemeinmediziner Markus Peters (* 1968), der sich auf chronobiologische und chronomedizinische Erkenntnisse sorgfältig eingelassen und ein ungemein spannendes Buch über den »genialen Impulsgeber«, das Herz, verfasst hat (Peters 2013). Das meiste Fachwissen verdanke ich den erwähnten Beratungen und der von Moser und anderen vorgelegten Literatur, insbesondere von Schubert (2011) und Anderssen-Reuster (2011). Und ein wenig spielen auch meine eigene Lebenserfahrung und meine Erfahrungen im beruflichen Kontext und der damit verbundenen Beratungstätigkeit eine Rolle.

Wir haben längstens nicht nur einen Blick in die Medizin getan. Wie könnte es auch anders sein? Geht es doch um unsere Gesundheit, und welche Wissenschaft wäre besser dafür geeignet als die Medizin, maßgebliche Vorschläge und Empfehlungen für eine gesunde Lebenspraxis zu liefern? Die mit dem Medizin-Nobelpreis des Jahres 2017 geehrten Wissenschaftler und ihre neuen Erkenntnisse standen deshalb gleich zu Beginn dieses Buches im Vordergrund. In Kapitel 1.1 ging es dann um das Herz, in den Kapiteln 4.1 bis 4.3 um die Chronomedizin und die Frage, welche Bedeutung der inneren Uhr zukommt. Das alles wird jetzt noch einmal unter speziellen Gesichtspunkten aufbereitet, wobei die Schlussfolgerungen für eine gesunde Lebensführung eine ganz besondere Rolle spielen werden.

Beginnen möchte ich mit einem kleinen Umweg, der ein physikalisches Phänomen veranschaulicht, das für einen Aha-Effekt sorgen dürfte. Es geht um eine Erkenntnis, die vor Hunderten von Jahren gewonnen wurde! Im 17. Jahrhundert lebte der holländische Mathematiker und Physiker Christiaan Huygens (1629–1695), der die erste Pendeluhr konstruierte und zum Patent anmeldete. Eines Tages bemerkte er ein Phänomen, das er zunächst nicht glauben wollte: In einem Raum, in dem sich etliche Pendeluhren befanden, hatten sich die Pendelschläge aller Uhren synchronisiert. Sie schlugen im gleichen Rhythmus, was Huygens staunend und zweifelnd zur Kenntnis nahm. Er brachte diesen synchronen Rhythmus dann bewusst durcheinander, indem er die verschiedenen Pendel mehr oder weniger kurz anhielt und sie somit zu verschiedenen Zeitpunkten wieder in Gang setzte. Was geschah? Es dauerte nicht sehr lange, da hatten alle Uhren ihren Rhythmus wieder angeglichen. Etwas locker formuliert: Christiaan Huygens war geradezu baff, denn er konnte sich noch nicht erklären, was später als ein in der Natur vorkommendes und beobachtbares Phänomen festgestellt werden sollte: die Frequenzkopplung (»Lock-in-Effekt«). Zwischenzeitlich wissen wir, dass in einem rhythmischen System der stärkste Impulsgeber (bei Huygens die Uhr mit dem größten Pendel) derjenige ist, mit dem sich alle anderen Rhythmen synchronisieren. Und mit dieser Kenntnis schauen wir im Folgenden auf den menschlichen Körper.

Zunächst: Wie jedes Lebewesen stellt der Mensch ein durch und durch rhythmisches System dar. Der deutsche Physiologe Gunther Hildebrandt (1924–1999), einer der Väter der Chronobiologie, konnte nachweisen, dass sämtliche Vorgänge im menschlichen Körper rhythmisch organisiert sind. Das war zwar keine bahnbrechende neue Erkenntnis, aber Hildebrandt hat die diesen Rhythmen innewohnende Ordnung entdeckt und beschrieben. So wies er zum Beispiel bei einem schlafenden Menschen Puls- und Atemfrequenzen im Zahlenverhältnis 4:1 nach. Um den Bezug zu Huygens stärkster Pendeluhr herzustellen: Herz und Lunge sind die kräftigsten Impulsgeber, und deshalb wirken sie sich auf andere rhythmische Systeme im menschlichen Körper aus. Im Unterschied zu mechanischen Pendeluhren ist der Mensch weitaus komplizierter, und es ist weit mehr im Spiel als die Gesetze der Mechanik. So besitzt das Herz zusammen mit der Atmung einen zentralen Stellenwert für den menschlichen Organismus. Es gilt nicht nur als Dirigent der rhythmischen Ordnung des Menschen, sondern auch als zentrales Organ für die gefühlsmäßige Auseinandersetzung mit der Umwelt. Das sehr komplexe rhythmische Gesamtsystem des Menschen kann als großes Mobile betrachtet werden. Wie bei diesem hängen alle Lebensrhythmen und -prozesse voneinander ab und beeinflussen sich gegenseitig. Mit dem Bild des Mobile lässt sich eine Störung im System als Ungleichgewicht beschreiben, das Unruhe und Bewegung im ganzen Körper entstehen lässt. Das Ganze muss sich gewissermaßen wieder einschwingen oder einpendeln, um wieder ein Gleichgewicht zu erreichen. Dieses Einschwingen geschicht nicht starr und mechanisch in einem immer exakt gleichen Takt, sondern flexibel. Dieses Phänomen ist in der Medizin als Herzfrequenzvariabilität längstens bekannt: Die Frequenz des Herzschlags ist nicht konstant. Die Zeiträume zwischen Herzschlägen variieren im Millisekundenbereich. Bei einem Menschen in guter Gemütsverfassung ist die Herzfrequenzvariabilität harmonisch. Wird sie aufgezeichnet und visualisiert, ergibt sich ein regelmäßiger, harmonisch »schwingender« Verlauf. Besonders interessant ist der Verlauf im Hinblick auf den Gefühlszustand eines Menschen: dieser ist positiv. Verläuft die Aufzeichnung der Herzfrequenzvariabilität dagegen uneinheitlich und mit scharf gezackten Kurven, verweist dies auf negative Gefühlszustände. Diese »Sprache des Herzens« wird zunehmend als Schlüssel zu einem besseren Verständnis unserer Emotionen erkannt. Derartige Untersuchungen haben zur Entwicklung einer Theorie der emotionalen Intelligenz beigetragen. Dies ist in dem äußerst erfolgreichen Buch »Emotionale Intelligenz« des Professors für Psychologie der Harvard University, Daniel Goleman (*1946), nachzulesen (Goleman 1996).

Zum Verständnis der den Körperrhythmen innewohnenden Ordnung ist es sinnvoll, sich eine grobe Einteilung vorzustellen:

- Im Rücken und Kopf als Sitz des zentralen Nervensystems funktionieren die Nervenzellen nach dem »Alles-oder-Nichts-Prinzip«. Sie sind aktiv und feuern Nervenimpulse im Millisekundenbereich, oder aber sie sind stumm und inaktiv. Dazwischen gibt es nichts.
- Im Brustkorb, wo sich Herz und Lunge befinden, verlaufen die Rhythmen der Atmung und des Herzschlags

in Wellenform, es sind sinusförmige Rhythmen im Sekunden- und Minutenbereich.

- Auch die Stoffwechselprozesse im Körper verlaufen rhythmisch. Sie sind zum Beispiel mitverantwortlich für den Schlaf-Wach-Rhythmus. Zudem ist allseits der »Monatszyklus« der Frau bekannt.

Machen wir uns vor allem bei diesen Langzeitrhythmen bewusst, dass sie einen Bezug zu kosmischen Rhythmen besitzen. Der Mensch ist in seiner Lebensweise an seine natürliche Umwelt bis in den Kosmos hinein gekoppelt. Daher empfiehlt sich zumindest als eine Antwort auf die so häufig gestellte Frage, was man Positives für die Gesundheit tun kann: Der Mensch soll sich um eine rhythmische Lebensführung bemühen. Das fängt bei den Mahlzeiten zu regelmäßigen Zeiten an, geht über regelmäßige Wach- und Schlafenszeiten weiter und endet noch lange nicht bei der Beachtung von Pausen und Regenerationsphasen, sondern nimmt den Jahresablauf mit seinen Jahreszeiten, Festen, Gebräuchen und Wirkungen auf Gemütslagen (z.B. »Winterdepression«) deutlich in den Blick.

6.2 Biologie oder: Fortsetzung medizinischer Erkenntnisse zu einem besonderen Verständnis des Burnout-Phänomens

In Abschnitt 4.3 ging es bereits nachdrücklich um unsere innere Uhr. Diese kommt nun noch einmal zur Sprache. Till Roenneberg (*1953), Leiter der Abteilung »Human Chronobiology« am Institut für Medizinische Psychologie der Ludwig-Maximilians-Universität München, hat längstens nachgewiesen: Jede Zelle *ist* ihre eigene Uhr. Das heißt, jede Körperzelle besitzt in ihrem Innern Regelkreise. Sie sind verantwortlich für das rhythmische »Ticken«. Die dabei ablaufenden biologischen Prozesse sind zwar äußerst kompliziert, aber es ist gelungen, sie einigermaßen zu verstehen. Aufgrund von »Uhrengenen« (»clock genes«) kann eine Zelle ihren eigenen Rhythmus aufrechterhalten. Diese Gene sind neben anderem dafür verantwortlich, dass im Zellinneren Eiweiße zusammengebaut werden, die sich gegenseitig regulieren und dafür Sorge tragen, dass der menschliche Körper etwa in einem 24-Stunden-Rhythmus ausgerichtet ist. Jede Zelle bildet ganz bestimmte Substanzen. Ist die gewünschte Konzentration erreicht, wird die Produktion gestoppt. Fast alle Lebensvorgänge in unserem Körper unterliegen solchen Rhythmen. Ob Mundschleimhaut, Leber, Bauchspeicheldrüse usw. – jedes physiologische System besitzt seinen biologischen Rhythmus. Selbstverständlich ist an der Steuerung auch das Gehirn beteiligt. Es gibt dort »Schrittmacher«, die zum Beispiel die Zirbeldrüse zur Ausschüttung des (Schlaf-)Hormons Melatonin veranlassen. Und auf diesem Hintergrund können wir uns vorstellen, was geschieht, wenn die zellulären Rhythmen durcheinandergeraten und gestört sind. Das wirkt sich auf den gesamten Organismus aus, auch die Hormonausschüttung verläuft nicht mehr in den gewünschten Bahnen. Anders gesagt: Je sorgfältiger wir unsere Rhythmen beachten, umso mehr gesundheitlichen Nutzen ziehen wir daraus. Und diesen Gesichtspunkt schauen wir uns jetzt genauer bei einem allseits bekannten Übel an: dem Burnout-Phänomen. Besser wäre es vielleicht, von einer Erschöpfungsdepression zu sprechen, aber Burnout hört sich besser an und führt nicht zu der nach wie vor zu befürchtenden Stigmatisierung, wenn jemand zugibt, er leide an einer Depression. Der dann mitunter zu hörende Ratschlag »Reiß dich zusammen, dann wird das schon wieder gehen« zeugt nicht nur von Unkenntnis, sondern ist genau das, was ein Betroffener nicht gebrauchen kann. Vorweggenommen: Angesichts eines Durcheinanders seiner Hormonausschüttung kann der betroffene Mensch nicht mehr leistungsfähig sein. Der erlittene Rhythmusverlust in seinem Körper erschöpft die Körperfunktionen derart, dass es zu einer massiven Schwächung der Lebenskräfte kommt. Um das besser zu verstehen, nehmen wir das vegetative Nervensystem in Augenschein. Wichtig: Damit ist das Burnout-Phänomen nicht vollständig zu erklären, und was im Einzelfall an Therapie notwendig ist, muss letztlich der behandelnde Arzt entscheiden. Doch versteht man dieses Phänomen besser und kann folglich Heilungsansätze ableiten, wenn der Rhythmus dieses Nervensystems Beachtung findet. Solange das vegetative Nervensystem in der Balance ist, dürfte ein Burnout weit entfernt sein. Erst wenn darin ein Ungleichgewicht entsteht, wird es brisant. Wie kann man sich das vorstellen?

Es geht um den Teil des Nervensystems, der die inneren Organe, einschließlich Blutgefäße, Magen, Darm, Leber, Nieren, Harnblase, Genitalien, Lunge, Pupillen, Herz, Schweiß-, Speichel- und Verdauungsdrüsen versorgt. Das vegetative Nervensystem besteht aus zwei Gegenspielern: Sympathikus und Parasympathikus. Sie steuern viele Organe im Körper und haben wichtigste Funktionen für die Herz- und die Atemfrequenz, den Blutdruck, die Verdauung, die Sexualfunktion, die Körpertemperatur, den Stoffwechsel und die Bildung von Flüssigkeiten. Das vegetative Nervensystem reguliert folglich etliche Prozesse im Körper. Dabei kommen die gegensätzlichen Wirkungen von Sympathikus und Parasympathikus zum Einsatz. Der Sympathikus ist im übertragenen Sinn gewissermaßen der physische »Antreiber«. Er bereitet den Körper auf Stresssituationen vor, gespeicherte Energie wird freigesetzt, die Kraft der Herzkontraktion nimmt zu, der Puls und der Blutdruck erhöhen sich. Gleichzeitig verlangsamt er Körperprozesse wie Verdauung und Harndrang. Im Prinzip wird der Körper auf Kampf oder Flucht vorbereitet. Beides benötigt maximale Energiebereitstellung. Die Gegensteuerung nimmt der Parasympathikus vor. Er verlangsamt den Puls, senkt den Blutdruck und stimuliert den Darmtrakt. Dieser Teil des vegetativen Systems entschleunigt, wirkt verlangsamend und trägt zur Erholung bei.

Einem gesunden Menschen gelingt es, diese beiden »Gegenspieler« des vegetativen Nervensystems in ein harmonisches Gleichgewicht zu bringen. Bei einem Burnout jedoch liegt oft eine Störung dieses Gleichgewichts vor, mitunter ist der Tag-Nacht-Rhythmus derart angegriffen, dass nächtliche Erholung nicht mehr möglich ist. Um dies zu verstehen, müssen wir eine hormonelle Steuerung beachten, mit der Sympathikus und Parasympathikus eng zusammenhängen. Das körpereigene Hormon Kortisol wird in der Nebenniere gebildet, nimmt maßgebliche Aufgaben im Rahmen des Stoffwechsels wahr und hat auch Bedeutung für die Steuerung des Immunsystems. Zudem handelt es sich um ein »Stresshormon«. Kortisol wird bei gesunden Menschen in den frühen Morgenstunden verstärkt ausgeschüttet. So wird das Wach- und Aktiv-Werden unterstützt, dem Körper wird die dafür erforderliche Energie bereitgestellt. Im weiteren Tagesverlauf nimmt die Kortisolausschüttung dann deutlich ab. Bei Burnout-Patienten sieht der Tagesverlauf des Kortisolspiegels jedoch völlig anders aus. Beim Aufstehen wird die notwendige Konzentration des Hormons nicht erreicht, die Ausschüttung steigt dann zur Mittagszeit leicht an, danach gehen die Werte wieder auf ein niedriges Niveau zurück. Besteht eine extreme Störung, dann steigt der Kortisolspiegel gegen Abend sogar deutlich an, ein Erholungseffekt in der Nacht wird dadurch nahezu unmöglich. Man wacht morgens wie gerädert auf, kommt kaum aus dem Bett und besitzt auch tagsüber nicht die notwendige Energie, um sich aktiv den anstehenden Aufgaben zu widmen. Ist das Gleichgewicht zwischen Sympathikus und Parasympathikus gestört, dann scheint regelmäßig auch der Rhythmus der Kortisolausschüttung durcheinanderzugeraten. Wir haben es mit einem massiven Rhythmusverlust zu tun, der in eine vegetative Erschöpfung führt. Offensichtlich wird der gestörte Tag-Nacht-Rhythmus, der mit einem Ungleichgewicht von Sympathikus und Parasympathikus zusammenhängt, durch eine Lebensweise begünstigt, die auf natürliche Rhythmen nicht mehr Rücksicht nimmt. Häufig genug ist dafür ein massiver Ehrgeiz die Ursache, der zu einem unmäßigen beruflichen Engagement führt. Dann arbeitet man eben bis in die Nacht hinein, ignoriert das Wochenende und nimmt sich zu allem Übel noch Arbeit mit in den Urlaub. Natürlich können auch andere Ursachen gegeben sein, wie zum Beispiel die Aufopferung im Rahmen der Pflege eines nahen Angehörigen oder vielleicht tagtägliche große Sorgen um ein Kind, das in die Rauschgiftszene abgerutscht ist. Häufig genug ist Verausgabung über eine längere Zeit im Spiel. Der Mensch betreibt Raubbau mit seinen Kräften, die sich irgendwann erschöpfen, weil der Körper derart aus dem Rhythmus gebracht wird, dass eine vegetative Erschöpfung unvermeidlich ist. Hinzu kommen oft genug bei Burnout-Patienten unbefriedigende Lebensumstände und das Fehlen einer positiven Lebensperspektive. All dem entgegenzuwirken und das verlorene Gleichgewicht wieder aufzubauen, benötigt viel Zeit. Es bedarf in der Regel einer ärztlichen Behandlung mit Medikamenten und mit psychotherapeutischer und körpertherapeutischer Unterstützung. Für die meisten Menschen ist dies ein sehr mühsamer Weg zurück zur Normalität, den sie vermeiden könnten, wenn sie dem natürlichen Geschehen und den Lebensrhythmen ein wenig mehr Aufmerksamkeit schenken würden.

6.3 Physik oder: Was Zeit und Gezeiten mit der Organisation des Lebens zu tun haben

Was ist Zeit? Unser geläufiger Zeitbegriff ist eng mit wiederkehrenden kosmischen Geschehnissen verbunden. Den meisten von uns sind das Aufgehen und Untergehen der Sonne, der Mondzyklus und die Umlaufbewegung der Erde um die Sonne vertraut. Physiker, vor allem Astrophysiker, erforschen kosmische Rhythmen. Es geht dabei auch um Fragen zum »Lebenszyklus« des Universums. Der physikalische Zeitbegriff wird durch mathematische Gleichungen beschrieben. Diese sogenannten Bewegungsgleichungen beschreiben die Dynamik von Systemen. Darüber nachgedacht haben große Denker, in der Antike zum Beispiel Aristoteles. Doch unser Verständnis der Zeit entstand erst aufgrund bahnbrechender Entdeckungen durch Galileo Galilei (1564–1642) und Sir Isaac Newton (1643–1727). Es gab weitere Universalgelehrte, die dem Wesen der Zeit auf die Spur kommen wollten. Und natürlich ist Albert Einstein (1879–1955) hervorzuheben, der mit seiner Relativitätstheorie entscheidend die Sichtweise der modernen Physik bestimmt hat. Ihm verdanken wir das Denken in einer vierdimensionalen Raumzeit und die Erkenntnisse, dass Zeit ein vielfältiges Phänomen ist und unser gewohnter Zeitbegriff auf der Erde nur eine von mehreren Verständnisebenen der Zeit ausmacht. Diesem schwierigen und äußerst komplizierten Thema, das von Astrophysikern selbst kontrovers diskutiert und bestimmt noch lange nicht im Ganzen aufgeklärt sein wird, soll hier nicht weiter nachgegangen werden. Wir müssten uns dafür mit der modernen Kosmologie befassen, derzufolge die Entwicklung des Universums vor 13,7 Milliarden Jahren mit dem Urknall begann, mit der Relativitätstheorie und der Geometrie der Raumzeit und deren Krümmung durch Massen, unbedingt mit Gravitationswellen, mit den vier fundamentalen Kräften im Universum (elektromagnetische Kraft, starke und schwache Wechselwirkung, Gravitationskraft), mit der Thermodynamik und den Hauptsätzen der Wärmelehre und, damit zusammenhängend, mit einer Größe namens Entropie und anderem mehr. Kosmische Rhythmen und Zyklen spielen dabei eine Rolle. Um das verstehbar zu machen, wird die große Komplexität entschieden reduziert und auf die Physik von Ebbe und Flut geblickt, die schon knifflig genug ist. Dieses Phänomen ist in unserem Zusammenhang auch deshalb von besonderem Interesse, weil damit auf die unsichtbaren Zeitmesser der Natur eingegangen werden kann, die wiederum Tiere und Pflanzen veranlassen, sich natürlichen Rhythmen anzupassen. (Menschen könnten das auch, sie tun es nur nicht, weil Wirtschaft und Technik diese Rhythmen aushebeln oder ignorieren.) Von der Physik kann folglich mit leichter Hand ein Schritt zur Biologie und damit zu Rhythmen, die für die Organisation von Leben verantwortlich sind, unternommen werden.

Noch Galilei tat die Vorstellung, Ebbe und Flut entstünden aufgrund der Gravitationskraft des Mondes, als »mystisch« und gar »kindisch« ab. Newton war der Erste, der das Konzept der Kraft postulierte. Ihm verdanken wir die Erkenntnis des Wirkens dieser Kraft zwischen allen Objekten im Universum. Aber noch lange nach Newton konnte man die Entstehung von Ebbe und Flut auf der Erde nicht erklären. In dem von dem deutschen Theologen Johann Georg Walch (1693–1775) im Jahre 1726 verfassten »Philosophischen Lexicon« heißt es dazu, dass Ebbe und Flut eine ausgemachte Sache sei, aber die Ursache »unausgemacht« bleibt. Man wusste eben nicht um die naturwissenschaftlichen Hintergründe und Ursachen. Weitere Astronomen und Mathematiker wie zum Beispiel die Franzosen Pierre-Simon Laplace (1749–1827) und Henri Poincaré (1854–1912) machten sich allerdings mithilfe der Erkenntnisse Newtons an Erklärungen, und irgendwann war klar: Ausschlaggebend sind Erde, Mond, Sonne und die zwischen diesen wirkenden Gravitationskräfte. Das Grundphänomen bildet dabei die Gravitationskraft des Mondes.

Die Eigenrotation der Erde, ihre Drehung um sich selbst, bewirkt, dass es an den Meeresküsten zweimal am Tag Ebbe und Flut gibt. Die Erde dreht sich einmal pro Tag um die eigene Achse. Aufgrund dieser Rotation befindet sich jeder Ort der Erde einmal am Tag auf der dem Mond zugewandten und einmal auf der ihm abgewandten Seite des Planeten. Wenn sich die Erde einmal um sich selbst gedreht hat, hat sich der Mond auf seiner 28 Tage dauernden Umkreisung der Erde natürlich weiterbewegt. Die Erde muss sich an jedem Erdentag etwas weiter drehen, damit sie wieder die gleiche Position bezüglich des Mondes erreicht. Diese Extrazeit beträgt 50 Minuten. Wegen dieser Kombination der Eigenrotation der Erde im Verbund mit der Drehung des Mondes um die Erde beträgt der Zeitabstand zwischen zwei aufeinanderfolgenden Fluten oder Ebben jeweils 12 Stunden und 25 Minuten. Es dauert nämlich 24 Stunden und 50 Minuten bei diesen zu beachtenden Drehbewegungen, bis derselbe Punkt auf der Erde wieder dem Mond zugewandt ist.

Ins Spiel kommt zudem die Gezeitenkraft der Sonne. Die auf die Erde ausgeübte Gravitationskraft der Sonne ist 175-mal größer als die des Mondes. Aber weil die Entfernung der Sonne von der Erde etwa 400-mal größer ist, macht die »Gezeitenkraft« der Sonne auf die Erde nur ungefähr 45 Prozent der Kraft des Mondes aus. Die Gezeitenwirkungen beider Himmelskörper überlagern sich. Die Gravitationskräfte entfalten regelmäßige Wirkungen. Ihre Stärke hängt vom jeweiligen Umlauf des Mondes um die Erde und der Erde um die Sonne sowie von der jeweiligen relativen Lage von Sonne, Mond und Erde und schließlich von der Eigenrotation der Erde ab. Für die Entstehung von Ebbe und Flut ist letztlich die monatliche Rotation um einen gemeinsamen Schwerpunkt verantwortlich. (Erde und Mond drehen sich beide um ihren gemeinsamen Schwerpunkt, den Erde-Mond-Schwerpunkt oder das Baryzentrum des Erde-Mond-Systems.) Die Eigenrotation der Erde ist der Grund dafür, dass es täglich zweimal zu Ebbe und Flut kommt. Das heißt, es gibt täglich zwei »Wasserberge« und nach 12 Stunden und 25 Minuten zwei »Wassertäler«. Am stärksten ist die Gezeitenwirkung, wenn bei Neumond oder Vollmond Sonne, Mond und Erde nahezu eine Linie bilden. Der Flutberg ist dann am höchsten, man spricht von einer Springtide. Bei Halbmond jedoch, wenn Sonne, Mond und Erde einen rechten Winkel bilden, sind die Flutberge am geringsten, dieser Sachverhalt wird als Nipptide bezeichnet. Als weitere Faktoren, die Einfluss auf die Höhe des Tidenhubs nehmen, sind zu nennen: Erdachsenneigung, Küstenform, Beschaffenheit und Form des Meeresbodens, Wind und Wetter sowie die

Lage des Mondes zur Erdäquatorebene. Aus all diesen Faktoren ergibt sich je nach Küste ein unterschiedlicher Tidenhub, der im Durchschnitt ungefähr 2 Meter beträgt, aber zum Beispiel an der Küste der Bretagne und in einigen Fjorden Norwegens auch 14 Meter und mehr erreichen kann. Das gigantischste Gezeitenspektakel mit einem Tidenhub von bis zu 21 Metern kann angeblich an der Bay of Fundy in Kanada erlebt werden.

Nun kann die Physik das Dargestellte unter Hinzuziehung von Mathematik abbilden und die Gezeitenkraft und damit Ebbe und Flut als eine Auswirkung von Himmelskörpern und Gravitation erklären. Wahrscheinlich verärgere ich niemanden, wenn ich hier auf Gleichungen verzichte und die Dinge nicht noch kniffliger darstelle, als sie ohnehin sind. Vielmehr soll unser Blick gerichtet werden auf die zu bemerkenden Zyklen und Rhythmen, weil sie unseren Planeten und das Leben darauf bestimmen. Fast alles wiederholt sich in Zyklen. Es ist, als ob in der Natur unsichtbare Zeitmesser wirken. Abgesehen von uns Menschen, die davon maßgeblich beeinflusst werden, gilt das ebenso für Tiere und Pflanzen. Ebbe und Flut spielen für das Überleben mancher Tierarten eine grundsätzlich bedeutsame Rolle. So wirkt zum Beispiel der Rhythmus der Gezeiten beim Schlüpfen der Einstundenmücke (Clunio marinus, einer Zuckmücke, die an der europäischen Atlantikküste lebt) auf einen Vorgang, der nur einmal stattfindet. Die winzigen Insekten, die im Erwachsenenstadium nur wenige Stunden leben, kriechen aus ihren Wohnröhren auf Fels- oder Sandböden der unteren Gezeitenzone, wo sie als Larven heranwachsen. Die Mücken schlüpfen immer dann, wenn Sonne, Mond und Erde am Himmel so zueinander stehen, dass sich das Wasser bei Ebbe besonders weit zurückzieht. Sie verfügen jetzt über ein sehr kleines Zeitfenster, um einen Paarungspartner zur Fortpflanzung zu finden, da sie ja rasch sterben werden. Es ist verblüffend, wie sich alles beim nächsten Niedrigwasser wiederholt. Offensichtlich wissen die Mücken ganz genau über den richtigen Zeitpunkt des Schlüpfens Bescheid. Würde eine weibliche Einstundenmücke zur falschen Stunde aus ihrer Puppenhülle kriechen, wäre im besten Fall kein Paarungspartner zu finden oder aber sie müsste unmittelbar ertrinken.

Ein weiteres Beispiel für den ausschlaggebenden Einfluss der Gezeiten bieten Pfeilschwanzkrebse. Sie kommen an der Küste New Jerseys vor und versammeln sich dort jeden Frühsommer zur Fortpflanzung. Sie müssen eine Art inneren Kalender besitzen, der sich an den Jahreszeiten, den Mondphasen und der natürlichen Abfolge von Ebbe und Flut orientiert. Jedenfalls paaren sie sich sehr häufig zur Springflut bei Voll- und Neumond. Dabei ist davon auszugehen, dass der Gang dieser inneren Körperuhr mit äußeren Zeitgebern verglichen wird. Viele Organismen besitzen zu diesem Zweck lichtempfindliche Zellen, so eben auch der Pfeilschwanzkrebs, bei dem diese Zellen im Schwanz sitzen, der in der Regel aus dem Küstensand ragt (Eberle 2011, S. 52 ff.).

Um nach physikalischen Prozessen noch einmal die Biologie ins Spiel zu bringen, soll festgehalten werden: Das Leben ist rhythmisch. Menschen, Tiere und Pflanzen verfügen über innere Uhren. Diese werden von Genen gesteuert, die den Auf- und Abbau bestimmter Stoffe wie Eiweiße steuern. Diese inneren Uhren stehen oft mit äußeren Rhythmen wie Tag und Nacht oder Ebbe und Flut in enger Verbindung. Bei Säugetieren ist für all die Zelluhren im Körper zudem ein Bündel von Nervenzellen im Gehirn zuständig, das bereits in Kapitel 4.2 Erwähnung fand: der

Nucleus suprachiasmaticus oder suprachiasmatische Kern (SCN). Dabei handelt sich um den zentralen Rhythmusgeber, dessen Sitz sich dort befindet, wo sich die Sehnerven kreuzen. Die Lichtrezeptoren in den Augen sind dann für die Unterscheidung von Hell oder Dunkel verantwortlich. Über die Sehnerven werden die Informationen weitergeleitet. Der SCN gibt dann notwendige biochemische Signale weiter, zum Beispiel an die Zirbeldrüse im Gehirn, die wiederum je nach Helligkeit oder Dunkelheit die Ausschüttung des schlaffördernden Hormons Melatonin veranlasst oder einstellt.

Diese Zeilen sind deshalb mit aufgenommen, weil nachdrücklich gezeigt werden soll: Vieles im Zusammenhang mit Lebensrhythmen lässt sich bereits naturwissenschaftlich gut erklären, auch wenn etliche Rätsel noch einer Lösung harren. Was in diesem Buch nicht weiterverfolgt wird, sind Informationen oder Empfehlungen aus dem weiten Bereich der Esoterik. Vielleicht vermissen manche von Ihnen Ausführungen zum Mondkalender, der gerade in diesem Abschnitt eine bedeutungsvolle Rolle spielen könnte. Wenn dieser im astrologischen Sinne genutzt wird, können Sie für jeden Tag des Kalenders andere, gut gemeinte Ratschläge, die auf der Basis von angenommenen Wirkkräften dieses Tages formuliert werden, nachlesen und befolgen: Da wird dann beispielsweise vom Brotbacken bis zur Fellpflege von Hund und Katze oder vom Schonen von Blase und Nieren bis zur Einnahme eines Schüssler-Salzes alles Mögliche empfohlen, wozu auch das Feststampfen eines Komposthaufens oder das Lostanzen bei voll aufgedrehter Musik gehören kann. Mehr soll dazu nicht gesagt werden. Astrologie ist das eine, Astronomie und Physik sind das andere. Es möge jeder selbst entscheiden, was unser Denken und Handeln bestimmen soll.

6.4 Psychologie oder: Fritz Riemanns ›Grundformen der Angst‹

1961 wurde ein wichtiges und bis heute wegweisendes Buch veröffentlicht. Von dem Titel »Grundformen der Angst« des deutschen Psychoanalytikers Fritz Riemann (1902–1979), der eine kaufmännische Lehre abbrach, um in München Psychologie zu studieren und dort nach dem Zweiten Weltkrieg zusammen mit anderen das Institut für psychologische Forschung und Psychotherapie aufzubauen, wurden bis 2017 annähernd eine Million Exemplare in 42. Auflagen verkauft (Riemann 2013). Es ist zwar kein dezidiert wissenschaftliches Buch, aber auch nicht mit simpler psychologischer Ratgeberliteratur zu verwechseln. Riemanns tiefenpsychologische Studie ist zwar inzwischen aufgrund neuerer Erkenntnisse der Psychologie, Psychiatrie und Hirnforschung weiterentwickelt worden, doch das von ihm erarbeitete Wissen ist nach wie vor von Bedeutung und bildet die Basis für Weiterentwicklungen (König 1992). Worum geht es?

Fritz Riemann befasste sich mit den Ängsten der Menschen. Ängste sind zwar einerseits ein individuelles Phänomen, doch gibt es gemäß Riemann viele Formen der Angst, die allen Menschen gemeinsam sind. Dabei lassen sich nach Riemann vier Grundausrichtungen unterscheiden, mit denen vier Persönlichkeitstypen einhergehen, die sich als zwei Gegensatzpaare beschreiben lassen: Nähe und Distanz auf der einen Seite und Dauer und Wechsel auf der anderen.

Nähe und Distanz: Der depressiven Persönlichkeit mit ihrem Wunsch nach Zuneigung und menschlicher Nähe, die nicht allein sein will, steht die schizoide Persönlichkeit gegenüber, die nachdrücklich auf ihre Unabhängigkeit achtet und sich als das Maß aller Dinge sieht. Während es dem depressiven Typen um Bindung, Geborgenheit, Zuneigung und Harmonie geht, weshalb er nicht allein sein will, sich eher abhängig macht und deshalb aggressionsgehemmt auftritt und sich in eine Opferrolle begeben kann, betont der schizoide Typ entschieden seine Unabhängigkeit, Freiheit und Eigenständigkeit und zeigt sich kühl und unnahbar, um Abstand zu halten und zu zeigen, dass er nicht auf fremde Hilfe angewiesen ist. Er erweist sich oft als bindungsängstlich und im emotionalen Bereich unbeholfen.

Dauer und Wechsel: Die zwanghafte Persönlichkeit, die Angst vor Risiko und Veränderung hat, steht der hysterische Menschentyp gegenüber, der die ständige Abwechslung liebt und nichts so belassen kann, wie es ist. Letztgenanntem sind Traditionen, Regeln und Konzepte ein Gräuel, ihn zieht das Unbekannte an und wenn er seinen Freiheitsdrang nicht ausleben kann, fürchtet er Erstarrung. Dagegen sind dem auf Dauerhaftigkeit ausgerichteten Typus Zuverlässigkeit, Verantwortung, Kontinuität, Kontrolle, Vorsicht und Stabilität wichtig. Die zwanghafte Persönlichkeit ist gründlich, zuverlässig und prinzipientreu, deshalb kann sie als langweilig, unflexibel und pedantisch wahrgenommen werden.

Diesen Menschentypen mit ihren Grundausrichtungen liegen nach Riemann jeweils bestimmte Formen der Angst zugrunde: Die depressive Persönlichkeit wird durch die Angst vor der Selbstwerdung, Eigenständigkeit und der daraus resultierenden Einsamkeit und Isolierung geprägt, die schizoide Persönlichkeit durch die Angst vor Selbsthingabe und Ichverlust und die sich daraus ergebende Gefahr von Abhängigkeit. Die zwanghafte Persönlichkeit zeichnet sich durch seine Angst vor der Wandlung aus, weshalb Vergänglichkeit und Unsicherheit dominieren können. Und der hysterische Mensch hat Angst vor der Notwendigkeit, die als Endgültigkeit und Unfreiheit erlebt wird.

Diese Grundausrichtungen sind hier in ihrer »Reinform« beschrieben. Tatsächlich dürfte jeder Mensch die verschiedenen Angstarten in unterschiedlicher Ausprägung in sich tragen. Gleichzeitig muss unterstrichen werden, dass es bei dieser Einteilung nicht um eine Pathologisierung geht: depressiv, schizoid, zwanghaft, hysterisch – das sind eher klinische Begriffe, die bewertend klingen. Mit der Gegenüberstellung von Nähe-/Distanz- und Dauer-/Wechseltypen nimmt Riemann eine neutralere Kennzeichnung vor. Das Riemann-Modell wurde von dem Schweizer Psychologen Christoph Thomann (* 1950) aufgegriffen und im Sinne einer Entpathologisierung weiterentwickelt. Er wollte nicht etwas Krankhaftes diagnostizieren, sondern zwischenmenschliche Beziehungen und die darin vorkommenden Polarisierungen und Eskalationen erklären sowie Hilfe für Konfliktlösungen anbieten. Diese Nutzenorientierung ist wohl der Grund, dass das Riemann-Thomann-Modell vielfältig Eingang in Beratung und Coaching fand. Es lässt sich im Alltag und in der Wirtschaft oft genug gut anwenden. Zudem muss das menschliche Leben als bunter angesehen werden, als es das Modell vorgibt. Eine erneute Weiterentwicklung nahm dann der Facharzt für Innere und Psychosomatische Medizin und Psychotherapeut Karl König (1931–2018) vor, demzufolge es sechs Charakterstrukturen gibt. Neben der depressiven, schizoiden, zwanghaften und hysterischen Struktur benennt er ergänzend und erweiternd noch den narzisstischen und den phobischen Charakter. Knapp skizziert benötigt der narzisstische Charakter andere Menschen nur, damit sie ihm ständig bestätigen, wie großartig und einmalig er ist. Wehe, das Gegenteil ist einmal der Fall! Der phobische

Charakter hat aufgrund seiner engen, einschränkenden Erziehung im Kindesalter verinnerlicht, ihm könne etwas geschehen. Er benötigt gewissermaßen einen Aufpasser, sonst sieht er sich bedroht (Angst vor Plätzen, Spinnen oder Dunkelheit können damit zusammenhängen). Auch König betont, dass im Einzelfall eher Kombinationen dieser Charakterstrukturen vorliegen und Reinformen selten sind.

Womöglich fragen Sie sich bereits, was das alles denn nun mit Rhythmus zu tun hat? Es soll eine Antwort versucht werden, weil beim Riemann-Modell auch von den »vier Himmelsrichtungen der Seele« gesprochen wird. Damit ist etwas angedeutet, was vielleicht esoterisch angehaucht erscheinen mag. Als Ausgangspunkt und Grundlage seines Modells formulierte Fritz Riemann nämlich eine kosmische Analogie, und diese besondere Perspektive hat ganz entschieden etwas mit einem Rhythmus zu tun. Riemann führte alle menschlichen Ängste auf vier Grundformen zurück, die sich ergeben, weil unser Leben ausgespannt ist zwischen zwei großen Antinomien, die entschieden gegensätzlich sind. Um das zu verstehen, soll Riemann selbst zu Wort kommen, wobei das Rhythmusgeschehen unmittelbar deutlich wird:

> *»Wir werden in eine Welt hineingeboren, die vier mächtigen Impulsen gehorcht: Unsere Erde umkreist in bestimmtem Rhythmus die Sonne, bewegt sich also um das Zentralgestirn unseres engen Weltsystems, welche Bewegung wir als Revolution, ›Umwälzung‹, bezeichnen. Gleichzeitig dreht sich dabei die Erde um die eigene Achse, führt also die Rotation, ›Eigendrehung‹ benannte Bewegung aus. Damit sind zugleich zwei weitere gegensätzliche bzw. sich ergänzende Impulse gesetzt, die unser Weltsystem sowohl in Bewegung halten wie diese Bewe-*

gung in bestimmte Bahnen zwingen: die Schwerkraft und die Fliehkraft. Die Schwerkraft hält unsere Welt gleichsam zusammen, richtet sich zentripetal nach innen, nach der Mitte strebend aus, und hat etwas von einem festhalten und anziehen wollenden Sog. Die Fliehkraft strebt zentrifugal, die Mitte fliehend, nach außen, sie drängt in die Weite und hat etwas von einem loslassen, sich ablösen wollenden Zug. Nur die Ausgewogenheit dieser vier Impulse garantiert die gesetzmäßige, lebendige Ordnung, in der wir leben, die wir Kosmos nennen. Das Überwiegen oder das Ausfallen einer solchen Bewegung würde die große Ordnung stören bzw. zerstören und ins Chaos führen.«

[Aus Fritz Riemann (2013): Grundformen der Angst. München (Ernst Reinhardt), 41. Aufl., S. 12.]

Der erwähnte Rhythmus ist also laut Riemann eine Konstante für ein ausgewogenes Funktionieren. Würde dieser Rhythmus, aus welchen Gründe auch immer, gestört werden, wäre alles Leben auf der Erde gefährdet. Die Rotation der Erde, ihre Eigendrehung käme genauso durcheinander wie die Schwerkraft und die Fliehkraft. Die als selbstverständlich empfundenen natürlichen Abläufe gerieten völlig aus dem Gleichgewicht. Die Folgen muss man sich für die Erde und damit für unsere Existenzgrundlage nicht extra ausmalen. Von dieser kosmischen Ordnung ausgehend nimmt Riemann den Menschen in den Blick, der Bewohner und damit Teil der Erde und zudem ein winziges Teilchen des Sonnensystems ist und daher den beschriebenen Gesetzmäßigkeiten unterliegt. Er übersetzt die naturwissenschaftlichen Phänomene ins Psychologische, transferiert gewissermaßen das in der Natur zu Beobachtende in den Menschen hinein und postuliert vier Grundimpulse, die Riemann zu den vier Grundformen der Angst führen.

Zwei Grundimpulse ergeben sich aus der ersten Antinomie: So sieht Riemann die Eigendrehung, die Rotation der Erde um sich selbst, gleichbedeutend mit der Forderung des Menschen nach Individuation, das heißt mit seinem Streben, etwas Einmaliges, eine unverwechselbare Persönlichkeit zu sein. Die Bewegung der Erde um die Sonne, die eindeutig festgelegt ist, sieht er als die Notwendigkeit des Menschen, sich in ein größeres Ganzes einzuordnen, was die Eigengesetzlichkeit und damit das eigene Wollen begrenzt.

Die zweite Antinomie bezieht sich auf Schwerkraft und Fliehkraft. Wieder erfolgt ein Transfer auf den Menschen: Dem Zentripetalen, der Schwerkraft, entspricht auf der seelischen Ebene der Impuls nach Beständigkeit und Dauer. Das Zentrifugale, die Fliehkraft, hingegen äußert sich als Impuls nach Veränderung und Wandlung.

Der Mensch ist nach dieser kosmischen Analogie bestimmt von den folgenden vier Impulsen oder Forderungen:

- *Rotation:* Der Mensch strebt nach Unabhängigkeit und Einmaligkeit. Daraus jedoch resultiert die Angst vor Abhängigkeit und Ich-Verlust.
- *Revolution* (Bewegung der Erde um die Sonne): Der Mensch lässt sich ein auf anderes und andere. Er überlässt sich anderen Kräften und Mächten. Man opfert das Eigene für eine Anpassungsleistung; dies ist mit der Angst vor Einsamkeit und Isolierung verbunden.
- *Schwerkraft:* Der Mensch möchte Dauerhaftigkeit erreichen und Stabilität, die Sicherheit bietet; damit geht allerdings die Angst vor der Unberechenbarkeit des Lebens und im Besonderen die Angst vor Vergänglichkeit einher.

- *Fliehkraft:* Sich wandeln, das Streben nach Veränderung und das Aufgeben von Vertrautem – damit ist die Angst verbunden, dass Regeln und Gesetze, Ordnungen und Notwendigkeiten den Freiheitsdrang begrenzen und man letzten Endes erstarrt.

Ist der Rhythmus gewährleistet und sind die Impulse im Gleichgewicht, muss man sich keine Sorgen machen. Nur wenn ein Impuls überwiegt oder völlig den Ausschlag gibt, kommt es zu einem Ungleichgewicht und zu einer Störung. Als Ergebnis dieser Extreme beschrieb Riemann die vier Persönlichkeitstypen:

- *Schizoide Persönlichkeit* (Bedeutung der Eigenrotation, Bedeutung der Individuation und somit des Ichs, der Ich-Abgrenzung und Unabhängigkeit): Angst vor Hingabe, dem Sich-Öffnen und mitmenschlicher Nähe. Allgemein: Die Person ist auf Distanz ausgerichtet.
- *Depressive Persönlichkeit* (Bedeutung der ›Revolution‹, Umlaufbahn der Erde um die Sonne): Angst vor Selbstwerdung, welche die Angst vor Einsamkeit, Verlassenwerden und fehlender Geborgenheit beinhaltet. Allgemein: Die Person ist auf Nähe ausgerichtet.
- *Zwanghafte Persönlichkeit* (Schwerkraft): Angst vor Veränderung und Vergänglichkeit. Allgemein: Die Person ist auf Dauer ausgerichtet.
- *Hysterische Persönlichkeit* (Fliehkraft): Angst vor Notwendigkeiten und dem Endgültigen sowie vor der Begrenzung des Freiheitsdranges. Allgemein: Die Person ist auf Wechsel ausgerichtet.

Abschließend soll noch einmal der Modellcharakter dieser Einteilung betont werden, zudem die kosmische Analogie, die Riemann vornimmt, und womit der Boden der Wissenschaft verlassen wird. Wie erwähnt, hat sein Modell jedoch vielfältig Eingang gefunden in Beratungs- und therapeutische Prozesse. Es wird darüber hinaus zur Beschreibung dominierender Verhaltensweisen verschiedener Persönlichkeitstypen genutzt und sogar für Entscheidungen bei der Berufswahl herangezogen. Das Riemann-Modell und seine Weiterentwicklungen haben folglich eine große Praxisrelevanz erworben. Das für uns Bemerkenswerte ist der Rhythmusbezug, der diesem Modell zugrunde liegt. Dies verweist einmal mehr darauf, dass das Achten und Beachten von Rhythmen zu Wohlbefinden, Ausgleich und Gleichgewicht beitragen und eine Rhythmusstörung nicht wünschenswerte Folgen nach sich zieht.

6.5 Sportwissenschaft oder: Was nicht nur dem Körper guttut

Zunächst einmal ein wenig nüchtern: Noch vor 1914 erlangte der Schweizer Komponist und Musikpädagoge Émile Jaques-Dalcroze (1865–1950) mit seinen Beiträgen zur Rhythmusdiskussion Bedeutung für das Aufgabenfeld »Musikerziehung durch Bewegung«. »Körperlich-musikalische Erziehung« und »rhythmische Gymnastik« fanden Aufmerksamkeit und standen im Vordergrund. Nach dem Ersten Weltkrieg wurde »Bewegungslernen und Rhythmus« im Bereich Leibesübungen zu einem wichtigen Thema. Rhythmus und Rhythmik standen etwa 50 Jahre lang als Untersuchungsgegenstand im Fokus. In der Zeit des Nationalsozialismus wurden sie dann ideologisch-rassistisch missbraucht und nach 1945 von verschiedenen Vertretern der Leibesübungen mehr oder weniger unbefriedigend weiterbearbeitet. Ab den 1970er-Jahren verschwand das Thema für längere Zeit. Erst 20 Jahre später wurden wieder vermehrt wissenschaftliche Ansätze verfolgt. Im Rahmen der Bewegungsforschung befasst sich die Sportwissenschaft seither vertieft und verstärkt mit dem Thema »Bewegung und Rhythmus« (Artus 2001, S. 135 ff.; Reuter 2010, S. 23 ff.).

Jetzt aber ein Sprung in die Gegenwart und alles andere als nüchtern: Phänomenal! Höchste Schwierigkeitsgrade! Eine Wahnsinnskür! Und am Schluss flossen Tränen. Freudentränen! Nicht nur bei den beiden Sportlern, die Eiskunstlauf in überwältigender Form zur Kunstform erhoben hatten, sondern auch bei den Zuschauern, deren Begeisterung grenzenlos war. Das für Deutschland an den Start gegangene Paar Aljona Savchenko (Ukraine) und Bruno Massot (Frankreich) überzeugte am 15. Februar 2018 im südkoreanischen Pyeongchang mit einer perfekten und sensationellen Leistung bei ihrer Goldkür. Es war ein emotionaler Triumph gegen Ende der Olympischen Winterspiele. Selbst wenn man die Kür mit zeitlichem Abstand noch einmal anschaut, muss man kein Eiskunstlauffan sein, um nicht mit Staunen und wachsender Begeisterung die wenigen Minuten zu genießen. Es stimmte einfach alles: die Bewegungsabläufe, die fehlerlos bewältigten Figuren der höchsten Schwierigkeitsgrade, die bezaubernde Musik (aus dem Dokumentarfilm »La Terre vue du Ciel« [Die Erde vom Himmel aus gesehen]), die betörende Choreografie (der unerreichten britischen Eistanz-Olympiasieger von 1984, Christopher Dean und Jayne Torvill), das wunderbare Zusammenspiel von Massot und Savchenko – hochverdienter Applaus für diese außerordentliche Harmonie, die niemanden unbeeindruckt ließ, die die Zuschauer zutiefst berührte und in euphorische Stimmung versetzte.

Dieses ergreifende harmonische Ganze basiert natürlich auf einem jahrelangen, überaus anstrengenden Training, bei dem es um eine mehrfache Rhythmisierung geht: Musik und Körperbewegungen, aber auch das Zusammenspiel der beiden Sportler bedürfen der Abstimmung und Synchronisation, bis sie derart rhythmisiert ist, dass die ungeheuren Anstrengungen und Mühen von außen kaum mehr erkennbar sind. Alle Abläufe wirken leicht und flüssig. Es scheint, als würde die Schwingung auf die Zuschauer übergreifen, die in das Geschehen ganz unmittelbar förmlich hineingezogen werden. Natürlich: Wenn man sieht, wie die beiden Stars sich am Schluss ihrer Kür in den Armen liegen, kann man nachvollziehen, von welchen Glücksgefühlen sie wahrscheinlich geradezu überschwemmt wurden. Und irgendwie musste diese Gefühlslage auf die Zuschauer übergesprungen sein. Wer immer dabei war – ob unmittelbar in der Eisarena oder als Zuschauer vor dem Fernseher – schien berührt von dieser Glanzleistung. Harmonie und Rhythmus sind offenbar maßgebliche Einflussgrößen für diese Phänomene. Viele Sportarten wurden und werden unter Harmonie- und Rhythmusaspekten untersucht, was dann für die praktische Umsetzung Bedeutung besitzt. Dabei stellen die Sportwissenschaftler Bezüge zur Anthropologie, Medizin, Psychologie, Biomechanik und auch zur Arbeitswissenschaft her. Wir müssen jetzt nicht beim Hochleistungssport verbleiben. Was Savchenko und Massot so eindrucksvoll demonstriert haben, ist außergewöhnlich und gelingt nur wenigen Leistungssportlern. Doch auch für »Normalmenschen« ist vieles von dem erfahrbar, was die beiden erlebten, wenngleich auf einer weitaus niederschwelligeren, aber durchaus wirksamen Ebene.

Die Sportwissenschaft hat das Phänomen Rhythmus und Bewegung aufgegriffen. Sportwissenschaftler sprechen vorzugsweise von »Bewegungsrhythmus«. Sie konnten längstens nachweisen, dass dadurch die emotionalen Bereiche bei Sporttreibenden angesprochen werden können. Diese emotionale Komponente ist von ganz besonderer Bedeutung. Sie unterstützt Motivation und Willenskraft. Das ist insbesondere im Hinblick auf Sportmuffel enorm wichtig. Ihnen eröffnet sich die Chance, ihre Bequemlichkeitszone zu verlassen. Auch wer untrainiert ist und mit Sport nichts zu tun haben will, kann animiert werden, dem eigenen Körper (und der Seele) Gutes zu tun. Damit wird eine ganzheitliche Wirkung anerkannt, der Körper nimmt den Rhythmus wahr, und die damit einhergehenden Empfindungen wirken sich auf die Psyche aus.

Somit bestehen keine Zweifel an der Bedeutung des Bewegungsrhythmus für die Unterrichts- und Trainingspraxis des Sports. Sportwissenschaftler nähern sich dem Phänomen Bewegungsrhythmus über drei alternative Ansätze, dem funktional-operativen, dem phänomenologischen und dem anthropologischen Ansatz:

Der *funktional-operative Ansatz* sieht die Neigung zur Rhythmusbildung als Grundeigenschaft der belebten Substanz und folgt einer naturwissenschaftlichen Blickrichtung. Dieser Blick führt unmittelbar zum Körper, der im Sinne einer funktionierenden organischen Rhythmik betrachtet wird. Der Organrhythmus kann gestört werden, was nicht nur Auswirkungen auf das physiologische Befinden hat, sondern auch negative psychische Wirkungen entfalten kann. In vielen Sportarten wird Wert gelegt auf Vorgänge, die sich periodisch wiederholen und die an Tages- und Leistungsrhythmen angepasst werden. (So ist nach intensiven Wettkämpfen unbedingt eine Ruhe- und Erholungsphase einzuhalten.)

Der *phänomenologische Ansatz* charakterisiert Merkmale rhythmischer Abläufe. Die damit einhergehenden Beschreibungen verweisen auf Rhythmen als etwas Lebendiges, das von wertvollen Gegensätzen bestimmt wird. So entstehen die folgenden Definitionen (Artus 2001, S. 143 ff.; Reuter 2010, S. 58 ff.):

- Bewegungsrhythmus ist die sich aus dem Spannungs- und Entspannungsverlauf der Muskulatur ergebende räumlich-zeitliche Ordnung eines Bewegungsablaufs.
- Urphänomene lebendigen Geschehens: Stetigkeit im Ablauf des Bewegtseins; Gliederung der polaren Richtungsänderung des Geschehenen; Wiederkehr von Ähnlichem; Erneuerung der gegliederten Erscheinungen sind die eigentlichen Merkmale des Rhythmus.
- Rhythmus ist das lebendige Bewegung gewordene Gesetz, das in dem Leben eben die Kraft mit sich führt, die es bändigt.

Diese Definitionen mögen erst einmal etwas akademisch erscheinen, manche muss man vielleicht zwei- oder dreimal lesen. Die Bedeutung erschließt sich letztlich: Sport und damit Bewegung haben entschieden mit dem Leben und dem Lebendigen zu tun, und es verbirgt sich in all den verschiedenen Übungen, ob im Skispringen, beim Kunstturnen, Kugelstoßen, Badminton oder Tennis usw., ein polares Prinzip, das sehr grundsätzliche Bedeutung für unser Leben besitzt: Anspannung und Entspannung.

Ein dritter Ansatz ist der *anthropologische:* Dabei geht es um die Bedeutung von rhythmisierten Abläufen für das menschliche Handeln und Empfinden. Dieser Ansatz versucht Zeiterlebnisse (Erlebniszeit), Ordnungserfahrungen (Stimmigkeit der Proportionen in Bewegungsabläufen), Aktivierungserfahren (Belebung, Energie, Spannung durch Gegensätzlichkeit von Anstrengung und Ruhe), Bewegungsqualitätserfahrungen (harmonisch, dynamisch, fließend) und ästhetische Erfahrungen (anmutig, graziös, echt) zu beschreiben.

In etlichen Sportarten und Disziplinen ist der Rhythmus beim Sich-Bewegen eine biologische Erscheinung, die anthropologisch-universell in der Natur vorkommt und in uns körperlich angelegt ist. Willentliche menschliche Bewegung folgt dem Schema vieler physiologischer Funktionen, die rhythmisch organisiert sind (z.B. Herzschlag oder Atmung). Der Bewegungsrhythmus steht in direkter Resonanz mit unserem Körper. Er wirkt aber nicht nur auf physiologische Funktionen, sondern spricht zudem, subjektiv unterschiedlich, unsere Emotionen an. Beschränkt sich die Bewegungsanalyse zunächst auf äußerlich sichtbare Teile einer Bewegung, so nimmt ein ganzheitlicher Ansatz der Sportwissenschaft die nicht sichtbaren Teile des Bewegungsablaufs mit in den Blick. Es geht um auftretende Kräfte, physikalische Gesetze und innere Steuerungsprozesse, die maßgeblich von Gefühlen begleitet sind. Dazu gehört ebenso die mentale Vorbereitung, mit der der Sportler unter anderem vor Beginn der Sportausführung in Gedanken immer wieder das vorwegnimmt, was er an komplexen Bewegungsabläufen im Anschluss ausführt. Die dynamischen und rhythmischen Strukturen werden dabei bewusst sukzessive durchgegangen, damit bei der konkreten Ausführung alles fast wie von selbst perfekt automatisiert abläuft. Müsste man in dieser Umsetzungsphase noch über jeden Schritt und jede Teilbewegung nachdenken, käme es zwangsläufig zu Stockungen.

Nicht nur bei der mentalen Vorbereitung spielen ablaufende innere Bilder eine Rolle. Mit diesen sind psychische Inhalte verknüpft, die bei der praktischen Umsetzung eine nicht zu unterschätzende Bedeutung besitzen. So ist der beobachtbare Bewegungsablauf auch ein Ausdruck für innere Gestimmtheiten, weshalb die Sportwissenschaft die Bewegung eines Menschen als Ausdruck seiner gesamten Persönlichkeit zu erfassen versucht. Ärger, Frustration, Freude, Angst, Ehrgeiz sind Beispiele für Gefühle, die die Wahrnehmung und das Denken im Rahmen einer selbst ausgeführten sportlichen Handlung bestimmen.

An dieser Stelle soll auf den Flow-Effekt Bezug genommen werden, den der emeritierte Professor für Psychologie der Universität Chicago, Mihályi Csikszentmihályi (*1934), gerade auch bei sportlichen Betätigungen untersucht hat. Das Flow-Erlebnis sieht er als ein »Aufgehen im Tun«, bei dem der Mensch sich in seinen Empfindungen »verliert«, mit dem ein umfassender Energiefluss einhergeht und bei dem sich von außen ein Bewegungsrhythmus auf sehr hohem (Leistungs-)Niveau beobachten lässt. Wenn Reporter über einen Sportler in einem solchen Zustand berichten, verwenden sie häufig Aussagen wie »jemand hat im Wettkampf seinen Rhythmus gefunden«. Der Flow als das Gefühl des restlosen Aufgehens in einer Tätigkeit führt zu einer völligen Übereinstimmung unseres Denkens, Fühlens und Handelns. Das Zeitgefühl löst sich dabei auf. Gefühle tiefer Zufriedenheit und des Glücks gehen damit einher. Solche Flow-Erlebnisse sind keineswegs nur auf Hochleistungssportler beschränkt. Jeder kann in einen Flow geraten, wenn er Sport treibt. Flow darf aber nicht nur auf sportliche Betätigungen beschränkt werden; nicht sportliche und mentale Aktivitäten wie Musizieren, Spielen, Meditieren und anderes mehr müssten auch Beachtung finden. Bleiben wir aber beim Sport: Ob Joggen oder Tanzen, Hobbyfußball oder Mountain-Bike-Fahren – alle diese Aktivitäten können mit sehr positiven Gefühlen einhergehen, die nachhaltig sind, allerdings (leider) nicht ewig andauern. Kurzum: Sport macht glücklich! Später wird bei den Lebenselixieren darauf noch genauer Bezug genommen (Kapitel 8.4).

Aber etwas Vorsicht darf schon an dieser Stelle zum Ausdruck gebracht werden. Sicher kennt jeder die Behauptung »Sport ist gesund«. Das stimmt auch, wenn nicht übertrieben wird. Unsportlichkeit ist bestimmt eine riskante Lebensweise, aber täuschen wir uns nicht: Es gibt viele Sportler, die sich für unverwundbar halten. Deshalb muss durchaus differenziert an sportliche Betätigung herangegangen werden. So ist es fast schon Allgemeinwissen, dass Ausdauersport eine ideale Vorbeugungsmaßnahme gegen Bluthochdruck, Herzinfarkt und Diabetes ist. Aber – wie so häufig – kippt die Sache offenbar, wenn nicht maßgehalten wird. Neuere Studien von Sportwissenschaftlern und Medizinern verweisen auf die Gefahren sehr intensiven Sports. Marathonlaufen oder Radrennen über die Alpen scheinen ihre Tücken zu haben. Ab einem bestimmten Grad kann es zu einer Gesundheitsgefährdung kommen. Sehr intensiver Ausdauersport verhindert dann Arteriosklerose nicht, sondern im Gegenteil gibt es Anzeichen, dass er die Entstehung einer koronaren Herzkrankheit beschleunigen kann. Hier ist insbesondere älteren Hobbysportlern zur Vorsicht zu raten. Aber selbst durchtrainierte Profisportler sollten nicht unbedarft sein. Schlagzeilen gibt es leider immer dann, wenn zum Beispiel ein Fußballstar auf dem Spielfeld zusammenbricht und nicht wiederbelebt werden kann.

6.6 Philosophie oder: Über die Herkunft des Wortes Rhythmus und Gedanken zur Achtsamkeit jenseits buddhistischer Spiritualität

Zur Etymologie des Wortes Rhythmus muss auf die Zeit der Antike zurückgegriffen werden. Das Wort stammt aus dem Altgriechischen, der älteste Wortbeleg aus dem 7. Jahrhundert v. Chr. Der Philosoph und Lyriker Achilochos (um 680–645 v. Chr.) bezeichnete damit das »Auf und Ab von Glück und Unglück«. Abzuleiten ist das Wort »Rhythmus« aus zwei Stämmen: Es ist eine Verbindung von *rhythomos* (gr. für »das Fließen«) und *rhein* (gr. für »strömen, fließen«). In einer anderen etymologischen Bedeutung geht es bei dem Wort um »ziehen« und »an sich reißen«, was auf eine feste Begrenzung der Bewegung und eine Form- und Gestaltgebung hinweisen soll. Beide Ableitungen führen zu zwei zentralen Aspekten, die rhythmische Prozesse kennzeichnen: einerseits um Ordnung, andererseits um eine zeitlich-dynamische Veränderung oder Bewegung. Schon bevor das Wort Rhythmus einen Stellenwert in den musischen Künsten erfuhr und dort eine maßgebliche Rolle spielte, verbanden Menschen in der Antike mit ihm etwas Regelhaftes und Ebenmäßiges.

Schon die alten Griechen stellten Rhythmustheorien auf. Deren Anfänge liegen im Dunkeln. Platon, Aristoteles und der Philosoph und Musiktheoretiker Aristoxenos von Tarent (360–300 v. Chr.) stellten bereits Überlegungen zum Rhythmus der Sprache, Poetik und »musiké« an. »Musiké« ist nicht das Gleiche wie unser heutiger Begriff Musik. Es ging um etwas Umfassenderes, Ganzheitliches, das Sprache, Vers, Tanz und Musik umfasste und miteinander verband. Dies wird hier jedoch nicht weiter vertieft im Gegensatz zur praktischen Philosophie, die in den Vordergrund rücken soll. So ist vielen der aus der altgriechischen Philosophie stammende Aphorismus *»panta rhei«* oder »alles fließt« bekannt. Er wird dem Philosophen Heraklit (um 520–480 v. Chr.) zugeschrieben. Im rhythmischen Vorgang zeigt sich ein Kommen und Gehen, ein Aufbau und Abklingen. Der unablässige Wechsel soll auf diese Weise ebenso angedeutet sein wie die beruhigende Kraft steter Wiederkehr. Somit wird eine Polarität anerkannt, wie sie sich im gesamten kosmischen Geschehen findet. Die Wandlung zwischen zwei Grenzzuständen zeigt sich beim Menschen auf vielfältige Art und Weise. Beispielhaft seien wieder Atmung und Herzschlag genannt. Beide sind lebenserhaltende Rhythmen. Dass der Atemrhythmus seinerseits eng mit der Sprache und dem Sprechen verknüpft ist, haben die alten Griechen sehr genau gewusst. Das Wort benötigt Rhythmus, erst so wird Sprechen zu einem tragenden Moment für einen Zugang zu anderen Menschen. Wie wichtig dieser Rhythmus ist, wissen die Dichter am allerbesten. Friedrich Schiller (1759–1805) hat das einmal in einem Brief an den deutscher Schriftsteller und Juristen (Christian) Gottfried Körner (1756–1831) sehr bewusst ausgedrückt und dabei explizit einen Bezug zum Musikalischen, mithin zum Beschwingten und zu Schwingungen hergestellt: »Das Musikalische eines Gedichts schwebt mir weit öfter vor der Seele, wenn ich mich hinsetze, es zu machen, als der klare Begriff von Inhalt, über den ich kaum mit mir einig bin.« (Brief vom 25. Mai 1792).[16]

16 Aufbewahrt im Friedrich-Schiller-Archiv in Weimar; verfügbar unter https://www.friedrich-schiller-archiv.de/briefe-schillers/briefwechsel-mit-gottfried-koerner/schiller-an-gottfried-koerner-25-mai-1792/ (Zugriff: 17.09.2018).

Damit aber zurück zu den griechischen Philosophen: Schon Platon hat Heraklits Formel *»panta rhei«* mit Weisheiten in Verbindung gebracht. Heraklit selbst hat das menschliche Sein in seiner »Fluss-Lehre« zu fassen versucht (Capelle 2008, S. 98 f.): »Wer in denselben Fluss steigt, dem fließt anderes und wieder anderes Wasser zu.« Wir kennen das heutzutage etwas abgewandelt als »Man steigt nicht zweimal in denselben Fluss«. Johann Wolfgang von Goethe (1749–1832) fügte diese Erkenntnis poetisch in ein Gedicht mit dem bezeichnenden Titel »Dauer im Wechsel«. Er erwähnt einen Regenguss, womit sich »dein holdes Tal« ändert, und ergänzt sodann, dass man im selben Fluss nicht zum zweiten Mal schwimmt. Bereits Platon hatte zum Ausdruck gebracht und weitergeführt, was im Sinne einer Interpretation von Goethes Gedicht herangezogen werden kann. Der Gedanke »Alles fließt« ist für ihn bedeutsam und führt ihn zu der Erkenntnis, dass alles ein ewiges Werden und Wandeln ist. Das Sein ist nichts Statisches, sondern durch einen dynamischen Wandel gekennzeichnet, es geht um das Anerkennen der Vergänglichkeit. Jahrhunderte später sprach der deutsche Philosoph Friedrich Nietzsche (1844–1900) in diesem Zusammenhang von einer »Bejahung des Vergehens«. Goethes Gedicht »Dauer im Wechsel« hat eben dies in lyrischer Ausprägung zum Gegenstand: die Vergänglichkeit des Lebens und das nicht festhaltbare Dasein. Diese Gedanken verweisen uns Menschen auf unsere Vergänglichkeit. Das ist – dies sei nachdrücklich unterstrichen – für den modernen Menschen in der Gegenwart von erheblicher Bedeutung. Vielleicht gehen eher Verdrängungsprozesse vonstatten, als dass man sich damit auseinandersetzt. Eine Beschäftigung mit der eigenen Endlichkeit und Vergänglichkeit scheint nicht unbedingt weit verbreitet zu sein. Die Themen Sterben und Tod werden wohl eher tabuisiert, man will nach Möglichkeit nichts damit zu tun haben. Ob das die richtige Strategie für eine gute Lebensführung ist? Manchem würde es guttun, sich solchen Fragen zuzuwenden. Und wenn dadurch nur etwas mehr Demut ins Spiel käme, etwas mehr Wertschätzung des eigenen Lebens und des Lebens der anderen. Zudem kann dabei auch die »Polarität des Lebens« anerkannt werden. Die Frage des »Auf und Ab« sollte gestellt und vor Augen geführt werden. Damit deutlich erkannt wird: Es gibt Phasen des Glücks, aber auch solche des Leids. Phasen, in denen dem Menschen manches bestens gelingt, in denen er vorankommt und sich alles zum Guten wendet, stehen Phasen der Rück- und Tiefschläge und des Scheiterns gegenüber – das kennzeichnet wahrscheinlich die meisten Lebensläufe, und jeder von uns muss mit all dem umgehen können oder umzugehen lernen, um im Falle der Widrigkeiten nicht zu verzweifeln, nicht zu resignieren oder gar das gesamte Leben als sinnlos anzusehen. Hinter den bereits in der Antike formulierten Überlegungen zur Wechselhaftigkeit des menschlichen Seins steckt keinesfalls etwas, was lange vorbei oder altmodisch ist und nicht mehr aktuell. Im Gegenteil handelt es sich um zeitlose Weisheiten, die für unsere Existenz im 21. Jahrhundert nach wie vor grundlegend und bedeutungsvoll sind. Sich mit ihnen auseinanderzusetzen sollte uns unbedingt angelegen sein. Und das gilt ebenso für eine Auseinandersetzung mit dem Achtsamkeitsbegriff, dem wir uns deshalb nun unter einem speziellen philosophischen Aspekt zuwenden.

Beginnen wir in der Gegenwart, um erst danach in die Vergangenheit zurückzublicken. Von ihr spricht der Zukunftsforscher Matthias Horx (*1955) als dem »Zeitalter der Übernervosität«,[17] die nach meiner Überzeugung vor allem mit Überreizung und Informationsüberflutung zusammenhängt, welche sich destruktiv auf unsere Kommunikation und unsere Beziehungen auswirken. Die sich daraus ergebende Sprengkraft für eine humane Gesellschaft ist nicht zu unterschätzen. Und wie es in diesem Zusammenhang um die (psychische) Gesundheit der Menschen gerade in hochtechnisierten Gesellschaften bestellt ist, beschreiben Bücher, deren Titel eigentlich erschrecken sollten, und trotzdem macht man so weiter wie bisher oder versucht Lösungen mit »Mehr vom selben«. Alain Ehrenbergs Buch über »Das erschöpfte Selbst« (Ehrenberg 2015) ist nur ein Beispiel von vielen. Das Burnout-Phänomen, das immer noch »fröhlichere Urstände« feiert, hinter dem sich allerdings für die Betroffenen ungeheures Leid verbirgt (Kapitel 6.2), soll in diesem Zusammenhang nur kurz in Erinnerung gebracht werden. Horx weist vor diesem ungesunden Hintergrund der Achtsamkeit den Status eines »Megathemas« zu. Warum bietet gerade sie möglicherweise eine Hilfestellung? – Über das bereits Festgestellte hinaus soll ein weiterer Aspekt der Achtsamkeit an dieser Stelle vorgestellt werden: Wir müssen lernen, uns in dieser überkomplexen und überreizten Welt wieder auf uns selbst zu besinnen. Wir müssen lernen zu erkennen, wie wir die Welt konstruieren und dass es an uns liegt, diese Konstruktion der Wirklichkeit zu beeinflussen. Achtsamkeit schaut zunächst nach innen. Nehmen wir also unsere eigenen Ressourcen in den Blick, und lassen von dem von verschiedener Seite vorgegebenen »Müssen-Müssen« ab. Damit

---

17 Verfügbar unter: https://compassioner.com/allgemein/megatrend-achtsamkeit-forscher-verraet-warum-es-der-wichtigste-begriff-fuer-die-zukunft-ist/ (Zugriff: 17.09.2018).

vernachlässigen wir auch das Außen nicht, weil wir gesellschaftliche Entwicklungen beeinflussen können, wenn wir Achtsamkeit nicht nur als Selbstfürsorge, sondern auch als Sorge um den anderen und um unsere Umwelt verstehen.

Dass es zu Schieflagen gekommen ist, kann auch daran erkannt werden, dass östliche Meditationslehren in den letzten Jahrzehnten zunehmend an Stellenwert gewannen (Kapitel 9.3). Der Mensch in der westlichen Zivilisation sehnt sich offensichtlich nach Ruhe, nach Innehalten und Abschalten, nach Beruhigung oder Möglichkeiten, »aus dem Hamsterrad herauszukommen«, das sich scheinbar immer schneller dreht. Es verwundert nicht, dass in diesem leidigen Zusammenhang die buddhistische Mystik und Spiritualität (wieder)entdeckt wurde. Denn der Buddhismus ist eine maßgebliche Wurzel der Achtsamkeit. Es ist bereits die Frage gestellt worden, ob es uns »Westlern« überhaupt gelingen kann, etwas aus der Geschichte und Tradition einer Religion zu übernehmen, das kulturspezifisch in einer ganz anderen Welt verankert ist. Wahrscheinlich ist es wichtig, einen gewissen Bedeutungsverlust, womöglich gar eine Verflachung dessen, was Achtsamkeit in der buddhistischen Religion bedeutet, in Kauf zu nehmen, um das Wertvolle daran für uns dienstbar zu machen. Es war der US-Amerikaner Jon Kabat-Zinn (* 1944), der das längstens anerkannte und kraftvolle Verhaltenstraining namens Achtsamkeits-basierte Stressreduktion (»mindfulness-based stress reduction«, MBSR; Kapitel 7.4) zur Stressbewältigung begründete, in dem Achtsamkeit eine zentrale Bedeutung besitzt, die er allerdings aus ihrem spirituellen Kontext herauslöste und an Gegebenheiten der westlichen Zivilisation anpasste.

Dennoch gilt es herauszustellen: Die sorgsame Zuwendung zu sich selbst, die Haltung der Aufmerksamkeit anderen gegenüber und damit Prinzipien der Achtsamkeit sind ideengeschichtlich in der europäischen Philosophie der Antike unabhängig von buddhistischen Lehren zu finden. Siddhartha Gautama, der Begründer des Buddhismus, lebte um 500 v. Chr. in Nordindien. Seine vier edlen Wahrheiten vom Leiden, seinem Entstehen und Erlöschen sowie des zur Befreiung vom Leiden führenden achtfachen Pfades bestimmen die buddhistische Lehre. Dies ist der Ausgangspunkt für das, was wir heute Achtsamkeit nennen. Die buddhistische Meditation zielt auf den achtsamen Umgang mit den eigenen Gedanken ab. Es geht dabei um Distanzierung und Loslassen, damit die Gedanken bzw. »das Gedankenkarussell« zur Ruhe kommen und letztlich verschwinden. Das kann gerade dann gelingen, wenn die Gedanken nicht gesteuert werden (Kapitel 9.3). Es gibt wie erwähnt auch abendländische und damit europäische Quellen dieses Prinzips der Achtsamkeit. Vielleicht ist es besser, von Sorgfalt zu sprechen, die Berührungs- und Überschneidungspunkte sind aber offensichtlich. Wir können uns also durchaus wieder auf die Weisheiten der alten Griechen beziehen. Ihnen geht es um eine wachsame Aufmerksamkeit sich selbst gegenüber. So glaubt Sokrates (Platon lässt ihn dies in dem literarisch gestalteten philosophischen Dialog »Alkibiades I« sagen), dass, wenn man sich um andere in einem guten Sinne kümmern will, man sich zunächst um sich selbst sorgen muss. Das war nicht egoistisch gemeint, sondern die Selbstfürsorge ist die Voraussetzung dafür, dass es mir gut geht. Dann kann ich auch kraftvoll und gut für andere handeln. Zudem kommt bei dieser Aufmerksamkeit für sich selbst die Möglichkeit zur Selbsterkenntnis ins Spiel. Sorge für sich selbst und die damit verbundene Möglichkeit der Selbsterkenntnis spielte auch in der späteren griechischen und römischen Philosophie eine Rolle. Verweise auf Epiktet, Seneca oder Kaiser Marc Aurel sind ein Leichtes, und gerade diese drei Vertreter des wichtigen abendländischen philosophischen Lehrgebäudes der Stoa verdienen es, hervorgehoben zu werden. Die stoische Philosophie der Antike bot eine Anleitung zur Lebensbewältigung in einer schon damals unruhigen Welt. Insofern können die Gedanken der Stoiker auch heute zu Gelassenheit, innerer Ruhe und Entspanntheit beitragen. Anders gesagt: Stoische Philosophie ist heutzutage höchst aktuell. Sorge impliziert selbstverständlich Achtsamkeit. Das belegen einige Zitate, die zudem deutlich machen, dass die abendländische Philosophie (neben dem Christentum und dem Neuen Testament, was an dieser Stelle aber nicht thematisiert wird) einen Bezug zur Achtsamkeit besitzt und dass das Nachdenken über eine gute und gesunde Lebensführung sich in der griechischen und römischen Antike nachweisen lässt. Die Philosophie der Stoa kann nach zwei Jahrtausenden nach wie vor befreiend wirken. Sie kann hier nicht in all ihren Facetten ausgebreitet werden. Aber mit Bezug zu unserem Thema soll zunächst an manche Lebensweisheiten Epiktets (50–135 n. Chr., Lebensdaten teils umstritten) erinnert werden, der zum Beispiel formuliert hat (Epiktet 2008):

»Niemand ist frei, der sich nicht beherrscht.«
»Der Weg zum Glück besteht darin, sich um nichts zu sorgen, was sich unserem Einfluss entzieht.«
»Das Kleinlichste auf Erden ist Habsucht, Vergnügungssucht und Großsprecherei, – das Größte: Großmut, Sanftmut und Wohltätigkeit.«

Epiktet, ein freigelassener Sklave, kam in Rom mit Philosophen in Kontakt. Ihm ging es neben anderem um das

Aufzeigen von Wegen zum Glück. Gelassenheit schien ihm dabei ein grundsätzliches Mittel zu sein. Man kann die drei Zitate auf Gelassenheit hin interpretieren. Epiktet meint, der Mensch mit seinen Trieben und seiner Gier sollte sich selbst zügeln. Dingen nachzustreben, die nicht in seiner Macht stehen, sieht er als genauso schädlich für den Seelenfrieden an wie ein »Nicht-genug-bekommen-Können«. Wer rafft und von Sucht angetrieben wird, schadet nicht nur sich selbst, sondern auch anderen, weshalb Epiktet Verhaltensweisen bevorzugt, die andere Menschen schützen und die Sorge um deren Wohl zeigen.

Schon vor Epiktet hat ein Römer Maßnahmen und Wege zu mehr Gelassenheit und innerer Ruhe aufgezeigt: Seneca der Jüngere (4 v. Chr. bis 65 n. Chr.). Seneca betonte die Bedeutung des Lebens im Hier und Jetzt für ein glückliches Leben. Die Erwartung nannte er das größte Lebenshindernis. Für ihn war alles Künftige ungewiss. Das, was in der Zukunft geschieht, hat niemand in der Hand. Vieles liegt vielmehr in der Hand des Schicksals. Deshalb soll man sich auch nicht in seinen Erwartungen vom Morgen abhängig machen, und so mahnte er, jetzt gleich zu leben (Seneca 1984). Dahinter verbirgt sich zudem ein Gedanke, der für die Stoiker eine ausschlaggebende Bedeutung besaß. Es ist die Fähigkeit, sich nicht von seinen jeweiligen Leidenschaften mitreißen zu lassen. Diese Fähigkeit, »*apatheia*« genannt, ist für sie die Grundlage eines guten Lebens.

Die Hinwendung zu Seneca lohnt auch deshalb, weil er die Freundschaft mit sich selbst betont, die der Freundschaft mit anderen vorangehen sollte. Damit kein Missverständnis entsteht im Sinne einer Vernachlässigung oder gar Geringschätzung anderer, sei Seneca sogleich zitiert: »Ein Mensch, der nur an sich denkt und in allem seinen

Vorteil sucht, kann nicht glücklich sein.« Seneca geht es nicht um Egoismus. Selbstfreundschaft schien ihm das Mittel zum Ausgleich der inneren Gegensätze und Widersprüche des Menschen zu sein, als Voraussetzung für inneren Frieden. Selbstfreundschaft bedeutet in erster Linie, dass sich der Mensch um sich selbst sorgt. Dahinter verbirgt sich vor allem die Überzeugung, man solle sein Leben nicht durch andere bestimmen oder den Umständen überlassen. Gibt Seneca zunächst zu bedenken, »weise Lebensführung gelingt keinem Menschen durch Zufall. Man muss, solange man lebt, lernen, wie man leben soll«, stellt er später fest: »Ich habe begonnen, mir selbst ein Freund zu sein. Damit ist schon viel gewonnen, denn man kann dann nie mehr einsam sein.« Auch wenn wir heute gänzlich andere gesellschaftliche und wirtschaftliche Rahmenbedingungen und eine völlig andere Kultur vorfinden als zu Senecas Zeiten, können wir seine Erinnerung, dass es im Leben mehr gibt als Geschäftigkeit und Erfolg, sehr ernst nehmen. Sich eine eigene Zeit zu bewahren, damit die Fähigkeit zur Muße und zum einfachen Genießen wahrzunehmen, dürfte für nicht wenige von uns Menschenkindern hilfreich sein. Wer nur strebt und hetzt und dabei die Endlichkeit des Lebens aus dem Blick verliert, kann seiner Seele Schaden zufügen. Wird einem die eigene Endlichkeit wegen einer schweren Krankheit oder eines Unfalls plötzlich bewusst, dann bemerkt man möglicherweise zu spät, dass man am Leben »vorbeigelebt« hat. Die Härte dieser Konfrontation lässt sich nicht mehr mildern. »Das Vorbei« klopft im übertragenen Sinn an die Tür, und machtlos trauert man all dem nach, was anders hätte sein können. Wenn deshalb die Seele leidet, ist das schon schlimm genug. Gegen das »anzuleben«, was das Eigentliche des jeweiligen Menschen ist, bzw. dieses Eigentliche zu ignorieren, dürfte gesundheitliche Konsequenzen haben. Diese Ignoranz, die sich auf ein Nachrennen und Nachhecheln von all dem stützt, was moderne Werbung suggeriert und was sogenannte Führungspersönlichkeiten und Meinungsmacher vorleben, dürfte ein weiterer Grund für das allseits verbreitete Burnout-Phänomen sein. Nicht mehr maßhalten zu können, immer noch etwas Weiteres hinzugewinnen zu müssen, kein Ruhen, sondern sich sofort auf das nächste Ziel stürzen und sich dabei von anderen vorschreiben lassen, was zu tun und noch weiter zu tun ist, all das dürfte die Seele leiden lassen.

Sollte dies so sein, kann nahtlos an den »Philosophen auf dem Kaiserthron« angeknüpft werden: Marc Aurel (121–180 n.Chr.). Er erklärt, Menschen, die nicht auf die Bewegungen der eigenen Seele achten, müssen unweigerlich unglücklich sein. (Aurel 1973). Auch dieser Stoiker ist mit seinen Gedankengängen hochaktuell. Er gibt zahlreiche Anleitungen zur »inneren Führung« für den modernen Menschen, mit der man vor allem eine Überforderung verhindern kann. Marc Aurel hielt bereits vor 2000 Jahren (!) fest (ebd., S.74): »Es ist eine Schande, daß in einem Leben, indem dein Körper (noch) nicht versagt, die Seele vorher versagt.« Selbst wenn eine solche Aussage aus antiker Zeit wegen der völlig anderen Umstände nicht überinterpretiert werden darf, scheint damals bereits manches an Erfahrung und Wissen vorzuliegen, was heute hochaktuell ist. Was Marc Aurel empfiehlt, entspricht zwar nicht unserer zeitgemäßen Sprache, dennoch ist es dann in seiner Klarheit sehr gut zu verstehen:

»Denn der Mensch zieht sich nach keiner anderen Stätte zu größerer Ruhe und Ungestörtheit zurück als in seine eigene Seele, vor allem derjenige, der in sich einen sol-

chen Seelengrund hat, dass er, wenn er in ihm untertaucht, sich alsbald in vollendeter Ruhe befindet. Unter ›Ruhe‹ verstehe ich nichts anderes als vollendete Harmonie … Und dann denk fortan an die Rückzugsmöglichkeit auf dies Fleckchen, das dir selber gehört, und vor allem, lass dich nicht hin und her zerren und sei nicht gar zu erpicht auf irgendetwas, sondern sei freien Sinnes und blicke auf die Dinge wie ein Mann, wie ein Mensch, wie ein Bürger, wie ein sterbliches Wesen.«

[© Marc Aurel (2008): Selbstbetrachtungen, 13. Aufl. Stuttgart (Kröner), S. 35–37.]

6.7 Soziologie oder: Resonanz und Schwingungen

2016 legte der in Jena lehrende Hartmut Rosa (Kapitel 1.2) eine »Soziologie der Weltbeziehung« (so der Untertitel) vor. Der Titel lautete: »Resonanz« (Rosa 2016). Rosa hatte zuvor bereits längstens auf sich aufmerksam gemacht. Schon sein 2005 vorgelegtes Werk »Beschleunigung« (Rosa 2005) hatte die Diskussionen um das Thema Zeit und Menschsein nachhaltig beeinflusst und passt insofern bestens in unseren für eine gesunde Lebenspraxis und Lebensführung so bedeutsamen Themenkomplex Achtsamkeit und Lebensrhythmus. Darin hatte Rosa sich kritisch mit der stark zunehmenden Geschwindigkeit des technischen Transports, der Kommunikation, der Produktion und ihren Wirkungen auf die individuelle und kollektive Lebensführung auseinandergesetzt. Mit der Einführung des Resonanzbegriffs hat er nun eine weitere, überaus bedenkenswerte soziologische Perspektive auf ein gutes Leben eröffnet, die konstruktive Wege aufzeigen und die negativen Entwicklungen für die Menschen überwinden helfen kann. Das Ungute für uns Menschen fasst er als Entfremdung auf. Wie muss man sich das vorstellen?

Hartmut Rosa erkennt eine neoliberale Konkurrenz- und Verwertungsgesellschaft, die sich fortwährend radikalisiert, den Menschen keine Geborgenheit vermittelt und zwischenmenschliche Beziehungen einfriert. Den auf diese Weise blockierten Menschen geht es nur noch um Optimierung, was zu einem Raubbau an ihren geistigen, emotionalen und körperlichen Ressourcen führt. Der Mensch, der nach Rosa (und etlichen anderen Kritikern) auf soziale »Grundbedürfnisse« wie gute Beziehungen zu anderen, Dialog und wechselseitiges Vertrauen vital angewiesen ist, erlebt das Gegenteil, fühlt sich letztlich als fremdgesteuertes Objekt ohne jede Selbstwirksamkeit. Diese ist jedoch unabdingbar für ein gutes Lebensempfinden und seelische Ausgeglichenheit. Im Zustand der Resonanz wäre der Mensch mit sich selbst, seinen Gefühlen, seinem Körper und mit anderen Menschen im Einklang und könnte im Einklang mit der Welt leben. Das wird durch die Entfremdung verhindert. Den Begriff der Entfremdung hatten Jean-Jacques Rousseau, Georg Wilhelm Friedrich Hegel und Karl Marx philosophisch beleuchtet; in der Theorie der Frankfurter Schule spielte er auch in den 1960er- und 1970er-Jahren eine grundlegende Rolle (Kapitel 1.2). Damit ist die politische Grundlage der Soziologie Rosas skizziert, der sich als Kapitalismuskritiker selbst angreifbar macht. So hat sich Dieter Thomä (*1959), Professor für Philosophie an der Universität St. Gallen, kritisch mit dem Resonanzbegriff auseinandergesetzt und angemerkt, dass man dieses Wort »mit äußerster Sorgfalt verwenden« sollte (Thomä 2016). Doch wie auch immer sich der Einzelne politisch verorten mag, ist für uns nicht entscheidend.

»Wenn Beschleunigung das Problem ist, dann ist Resonanz vielleicht die Lösung.« So steht es gleich zu Beginn des Klappentextes von Rosas Buch. Zweifelsohne eignet sich Resonanz zur Beschreibung von Beziehungsqualitäten: Wie setzt sich der Mensch mit anderen und der Welt in Beziehung? – Der aus der Physik entlehnte Begriff »Resonanz« dient Hartmut Rosa als Metapher. Die Physik beschreibt Resonanz zum Beispiel zwischen zwei schwingungsfähigen Körpern, von denen der eine Körper den anderen zum Mitschwingen in dessen Eigenfrequenz anregt (Kapitel 1.2). Resonanz kann in einem solchen Fall zur wechselseitigen Verstärkung der Schwingung führen. Sie lässt sich etwa beobachten, wenn man eine schwingende Stimmgabel auf ein Klavier aufsetzt. Dieses Phänomen wird nun auf den Menschen übertragen, der mit der Welt und mit seinesgleichen in Beziehung tritt. Sehr bedeutend ist: Stehen zwei oder mehr Menschen miteinander in Resonanz, so ist Sympathie und ein gegenseitiges Mitschwingen gegeben. Die Betreffenden haben im übertragenen Sinn die »gleiche Wellenlänge«. Ihre Gefühle füreinander sind positiv, Empathie realisiert sich, und die Freude an der Begegnung und am Dialog ist für sie spürbar. Wird der Mensch jedoch manipuliert, auf irgendeine Weise behindert und gehindert, unterbleibt die Resonanz. Antipathie wird erlebt, die Stimmung liegt am Boden.

Für eine gesunde Lebenspraxis kommt an dieser Stelle nachdrücklich ergänzend die Neurobiologie ins Spiel. Joachim Bauer (* 1951) erklärt dazu in seinem Buch »Prinzip Menschlichkeit« (Bauer 2007, S. 21; Copyright © by Hoffmann und Campe Verlag, Hamburg): »Wir sind – aus neurobiologischer Sicht – auf soziale Resonanz und Kooperation angelegte Wesen. Kern aller Motivation ist es, zwischenmenschliche Anerkennung, Wertschätzung, Zuwendung und Zuneigung zu finden und zu geben.« Bauer widerspricht darin des Weiteren entschieden der Auffassung, der Mensch sei vor allem egoistisch und auf Konkurrenz eingestellt, und unterstützt mit seinem Verständnis vom Streben des Menschen nach Zuwendung und Kooperation Rosas Überzeugung einer existenziellen Bedeutung von Beziehung und Begegnung. Diese Überzeugung wird unter einem weiteren Gesichtspunkt auch von anderen unterstützt. Einer der bekanntesten und renommiertesten Psychologen, der Kanadier Albert Bandura (*1925), unterstreicht die Selbstwirksamkeitserwartung des Menschen. Blockiert die Lebensumwelt und reagieren andere Menschen nur, indem sie zurückstoßen oder sich widersetzen, wird diese Erwartung enttäuscht, und das hat Folgen: Eine Entfremdung tritt ein, der Mensch, der seinen Selbstwert aus den Beziehungen zu anderen bezieht, wird nicht im Guten berührt und kann nicht mit anderen und der Welt mitschwingen. Dazu »gesellt« sich ein erhebliches Gefahrenmoment für die Selbstachtung. Gemäß dem deutschen Sozialphilosophen Axel Honneth (*1949) ist Selbstachtung des Menschen abhängig von seiner sozialen Anerkennung. Menschen benötigen Wertschätzung und wollen von ihren Mitmenschen respektvoll akzeptiert werden. Dies kann nicht gelingen, wenn sie vorrangig in wechselseitiger Konkurrenz stehen, ständig kontrolliert werden und sich zur Steigerung ihrer Leistungsfähigkeit selbst antreiben oder durch andere angetrieben werden. Hierzu passt die Sichtweise des deutschen Benediktinerpaters Anselm Grün (*1945), der sich entschieden für die Pflege und den Erhalt der seelischen Gesundheit des Menschen einsetzt. Laut Grün degeneriert eine Gesellschaft, die den Wert eines Menschen an dessen Leistung festmacht, zu einer würdelosen Gesellschaft. Diese Spur verfolgt auch Hartmut Rosa, der sich nur anders ausdrückt, was bei seiner soziologischen Perspektive nicht verwundert. Rosa beklagt die Unmöglichkeit von Resonanz in der immer extremer werdenden Leistungsgesellschaft, in der es pausenlos um noch mehr Moden, noch kürzere Produktzyklen und einen Wettkampf der Menschen geht mit dem Ziel, mithalten zu können und in einer global vernetzten und digitalisierten Welt dauerhaft erreichbar und verfügbar zu sein. Er hält solche Konkurrenz- und Wettbewerbssysteme für nicht vereinbar mit Resonanz. Mit seinem Resonanzbegriff kritisiert er das neoliberale System zwar, ruft jedoch nicht zum Umsturz auf, sondern wünscht sich im Sinne der Menschlichkeit eine Neujustierung der individuellen Werte, die das Leben eines Menschen bestimmen. Um das zu verstehen, sind wieder Sichtweisen aus dem Umfeld seelischer Erkrankungen hilfreich: So gibt es die Auffassung, dass bei jemandem, der unter einer Depression leidet, Resonanzräume verstummt sind und dass die Unfähigkeit, in Resonanz zu geraten, ein Kennzeichen von Burnout ist. Burnout-Patienten und von Depressionen geplagte Menschen sind emotional nur schwer erreichbar, sie können nicht mehr »mitschwingen«. Hilfslosigkeit, Bedeutungslosigkeit und Resignation haben die Macht übernommen, man fühlt sich abgetrennt von der Welt, innere Leere dominiert das Empfinden. Will man zufrieden mit seinem Leben sein, geht es natürlich auch um einen guten Beruf, um materielle Versorgung und darum, sich etwas leisten zu können. Das sind bedeutsame, aber nicht allein ausschlaggebende Faktoren. Wir wollen selbstverständlich unsere Individualität sichern und leben. Damit verbunden sind Abgrenzungen sowie die Beachtung von Unterschieden zu anderen. Wenn man so will, ist unser eigenes Wesen von grundsätzlicher Bedeutung für unser Wohlbefinden. Doch stehen wir in einer Wechselbeziehung mit der Welt. Wir sind daher – und zwar von Anfang an – auf andere Menschen bezogen und angewiesen. Der Austausch mit ihnen ist essenziell, wir benötigen Beziehung und Begegnung. Der Mensch will nicht nur uneingeschränkt frei, sondern zugleich auch verbunden sein. (Diese Polarität bzw. Antinomie ist in Kapitel 6.4 genauer vorgestellt und beschrieben worden.) Zwischenmenschliche Beziehungen, die sich durch Zuwendung, Zuneigung, Zugehörigkeit, Anerkennung, Geborgenheit, Empathie und Mitgefühl auszeichnen, sind bei aller Anerkennung von Wettbewerb und Egoismus (über)lebenswichtig. In derartigen Beziehungen habe ich das Gefühl, dass mir jemand antwortet. Ich fühle mich angesprochen und spüre: Hier kann ich ganz so sein, wie ich bin. Unter solchen Umständen schwingt man mit. Dieses (Welt-)Verhältnis beschreibt der soziologische Resonanzbegriff. Resonanz in diesem Verständnis ist ein Zustand im Hier und Jetzt, in dem sich der Mensch berührt und bewegt fühlt, womit wir wieder beim Thema Achtsamkeit angelangt wären. Gleichzeitig erlebt sich der Mensch als selbstwirksam. Noch einmal sei daher auf das Verhältnis von Resonanz und Selbstwirksamkeit eingegangen und wiederum ein Psychiater und Psychoanalytiker ins Spiel gebracht: Rainer Holm-Hadulla (*1951) erklärt zur Selbstwirksamkeit, einem Fachbegriff aus der Psychologie, dass Menschen im übertragenen Sinne nicht wachsen, wenn sie nicht gesehen und »beantwortet« werden. Sie drohen nicht nur zu verstummen, wenn Anerkennung ausbleibt. Auch ihre Neugierde, Motivation und Kreativität bleibt dann auf der Strecke: Sie wagen nichts Neues mehr. Die Erwartung an ein gutes Leben schließt offenbar auch Aspekte wie Selbstverwirklichung, Autonomie und Authentizität mit ein. Wahrscheinlich ist damit letztlich immer auch ein innerer

Wesenskern eines Menschen gemeint, der zum Vorschein und zur Verwirklichung kommen möchte. Wenn Hartmut Rosa nun Resonanz als menschliches Grundbedürfnis sieht und mit einer aus der Welt der Physik entlehnten Metapher die Bedeutung eines »schwingenden Drahts zur Welt« unterstreicht, verkennt er zwar nicht, dass es keine »Schwingungsgarantie« gibt und Resonanz nicht auf Knopfdruck herstellbar oder auf Wunsch verfügbar ist. Dennoch regt er sehr dazu an, nach Antworten auf die grundsätzliche Frage nach dem gelingenden Leben zu suchen. Resonanzräume finden sich allerdings nicht nur innerhalb zwischenmenschlicher Beziehungen. In dieser Hinsicht kann das Gemeinte vermutlich am besten verstehen und erfahren, wer verliebt ist. Dann »schwingt« etwas mit derartiger Lebendigkeit zwischen den Menschen, das nicht nur ein ungemein gutes Gefühl auslöst, sondern die Sinnfrage des Lebens mit einem Mal beantwortet. Anders: Man ist tief berührt, die Seele blüht auf, womöglich könnte man nicht nur den geliebten Menschen, sondern gleich die ganze Welt umarmen. Doch selbst beim Malen, Dichten oder Musizieren ist Resonanz möglich. Beim Singen oder der Handhabung eines Musikinstruments lassen sich die Schwingungen körperlich spüren. Und wer in die Natur hinausgeht, im Wald, auf Bergen oder an der Küste wandert, kann diese Resonanz ebenfalls erfahren. Es kann ein Verbundenheitsgefühl mit der Welt entstehen, das ungemein glücklich macht und zufriedenstellt. Nicht weniger bedeutsam sind religiöse Traditionen. Religion stellt einen Resonanzraum bereit, der die Lebensführung eines Menschen ungemein unterstützen und gar zur Heilung einer verwundeten Seele beitragen kann. Abschließend geht es noch einmal um Beziehungen zwischen Menschen: Der Begriff der Resonanz hat in die (Schul-)Pädagogik Eingang gefunden. Es wird bereits von einer Resonanzpädagogik gesprochen, deren Anliegen es ist, dass es im Klassenzimmer im günstigsten Sinne des Wortes »knistert« (Rosa & Endres 2016). Die Zukunft wird zeigen, ob eine solche Pädagogik mehr bewirkt als die seit etlichen Jahren ökonomisch angehauchten oder gar bestimmten Projekte zur Qualitätssteigerung von Schule und Unterricht, die auf der Grundlage von technokratischen Input-Output-Modellen zwar ungemein viel Aktionismus und Ressourcenverbrauch auslösen, den Beweis einer wirklichen Verbesserung aber bislang weitgehend schuldig geblieben sind. Vielleicht wäre es wirklich besser, an der weitaus schwieriger zu bearbeitenden Schüler-Lehrer-Beziehung anzusetzen und diese unter Resonanzaspekten in den Blick zu nehmen, als pädagogisch-didaktische Unzulänglichkeiten mit einer Ökonomisierung von Schule und Unterricht verbessern zu wollen.

6.8 Theologie oder: Am siebten Tag sollst du ruhen – Mit einem Blick auf das Kirchenjahr

Liebe Leser, bitte sehen Sie es mir nach. Ich hätte statt »Theologie« wohl besser »Religion« notiert. Diese ist aber nicht zu den Wissenschaften zu rechnen. Religion basiert auf Glauben, Wissenschaften auf Rationalität und sicheren Belegen und dem ständigen Prüfen von Wahrheiten, die nur als vorläufig gelten. Mit den nachfolgend angeführten Inhalten befasst sich aber auch die Theologie. Daher soll die gewählte Überschrift Geltung haben.

Lassen Sie uns zunächst einmal nicht mit der Bibel anfangen, sondern packen wir die Überschrift in einem ganz und gar weltlichen Sinne an. Die Älteren unter Ihnen, liebe

Leserinnen und Leser, werden die nachfolgenden Zeilen gleich einordnen können, und vielleicht fällt Ihnen sogar eine dazu passende Melodie ein: »Ich möchte am Montag mal Sonntag haben und ›Feierabend‹ vorm Aufstehen sagen … Und nicht mehr in drohenden Rechnungen graben. Ich möchte nach keiner Beförd'rung mehr streben und meinem Alltag den Abschiedskuss geben.« Die deutsche Schauspielerin, Autorin und Chansonsängerin Hildegard Knef (1925–2002) hat diese Zeilen Ihres Liedes »Ich möchte am Montag mal Sonntag haben« 1966 überaus erfolgreich auf Ihrem Album »Ich seh die Welt durch deine Augen« veröffentlicht.

Der Text bringt das zum Ausdruck, was in der Gegenwart wahrscheinlich für viele Menschen notwendig wäre, aber angesichts der wirtschaftlich-gesellschaftlichen Entwicklungen mehr und mehr in den Hintergrund geraten ist und nach der Auffassung mancher möglichst keine Rolle mehr spielen sollte: der Sonntag, der arbeitsfreie Tag, der für den Gottesdienst da sein soll, der einen Rückzug von all dem Hektischen, Lauten, Beanspruchenden, Kräfte- und Nervenzehrendem ermöglichen soll, ein Innehalten, ein Betonen der Pause. Im zweiten Buch Mose (Exodus) des Alten Testaments findet sich das klug gemeinte Gebot (2. Mose 23, 12): »Sechs Tage sollst du deine Arbeit tun; aber am siebenten Tag sollst du ruhen …« Ohne Frage besaß diese auf jüdische Wurzeln zurückgehende Weisheit eine doppelte Zielrichtung:

- Selbstverständlich umfasst sie zunächst eine zutiefst religiöse Funktion. Gemeint ist dann ein von Sonstigem freizuhaltender Tag, der für einen gemeinsamen Gottesdienst und zum Hören auf Gottes Wort zu nutzen ist. Fast jede Kultur und jede Religion kennt einen heiligen Tag, der arbeitsfrei zu sein hat. Für jüdische Gläubige

ist das der Sabbat, für Muslime der Freitag und für Christen eben der Sonntag.
- Die zweite Funktion ist unbedingt eine soziale. Es ist ein Schutztag, der der Erholung dienen und eine gemeinsame Zeit für Familie und Freunde sichern soll, wenn man so will: eine Auszeit vom Alltag und vom Takt der Ökonomie und der Technik, die unter der Woche das (Berufs-)Leben bestimmen.

Man mag beklagen, wie alles zwischenzeitlich gekommen ist. Zeitstrukturen oder besser: Zeitrhythmen haben sich stark verändert. Die Geschichte des Sonntags kann man allein in den letzten 30 Jahren als eine überaus bewegte, mit ordentlich viel Streit geführte nachvollziehen. Durchgesetzt haben sich scheinbar ökonomische Notwendigkeiten, religiöse Überlegungen mussten weitgehend das Feld räumen. Der Sonntag ist wohl kein besonderer Tag mehr. Mit Internet und Smartphone ist sowieso eine ständige Erreichbarkeit gewährleistet, E-Mails lassen sich auch an diesem Tag bearbeiten und versenden, das Büro kann nach Hause geholt werden, und so arbeitet man eben im Homeoffice, Einkaufsmöglichkeiten sind zur Genüge vorhanden, und sollte ein Geschäft geschlossen haben, kann man sowieso auf das Shoppen am Computer ausweichen und online bestellen. Den Online-Händlern dürfte das gefallen. Das Internet kennt keinen Sonntag, genauso wenig kennt es einen Tag und eine Nacht. Aktuell geht es in Deutschland einigen darum, möglichst viele verkaufsoffene Sonntage durchzusetzen. Zwar sind die Bremsen dazu noch angezogen. Zu vermuten ist, dass diese in nicht allzu ferner Zukunft abgenutzt sein und der Sonntag dann noch mehr zu einem normalen Wochentag werden wird. Die Rufe nach einer weiteren Liberalisierung der Ladenöffnungszeiten sind unüberhörbar und dürften letztlich ihre Wirkung nicht verfehlen. Das kann man so wollen. Der Druck einer globalisierten Wirtschaft wird die besonderen Feier- und Ruhezeiten an die Wand drängen. Die Kirchen werden ihren Zugriff auf den »siebten Tag« dann voraussichtlich völlig verlieren, eine christliche Prägung lässt sich bereits länger kaum mehr feststellen. Wenn schon die fortschreitende Säkularisierung der Gesellschaft die religiöse Komponente ausschaltet, sollte wenigstens die soziale Komponente des Sonntags nicht unterschätzt werden. Dabei geht es nicht um das Festhalten an einem überkommenen biedermeierlichen Bild, das die Familie beim Sonntagsspaziergang im Sonntagsstaat zeigt. Es geht vielmehr angesichts erwiesener Zunahmen depressiver Verstimmungen und weiterer psychischer Erkrankungen, deren Gründe unter anderem in permanenter Aktivität und permanentem Funktionieren liegen, um die erwähnte Schutzfunktion. Der menschliche Organismus benötigt Ruhezeiten, er benötigt Pausen, in diesem Sinne Strukturen für Auszeiten, die helfen, Distanz zu gewinnen, sich zu besinnen und Erholung sicherzustellen. Werden solche Zeitstrukturen aufgelöst, besteht die Gefahr weiterer Erkrankungen. Die Grenzen zwischen Arbeit und Privatleben sind längstens aufgehoben oder verschwommen. »Feierabend« – eher etwas für Ewiggestrige. Und so etwas wie ein »heiliger Sonntag«? – Anachronistisch oder etwa nicht? Man muss nicht in Kulturpessimismus versinken und alle Entwicklungen verdammen. Aber gehen wir durchaus behutsam und sorgsam mit dem Sonntag um. Eine ruhelose Gesellschaft sollte zumindest den Wert der biblischen Aussage »Sechs Tage sollst du arbeiten, am siebten Tag sollst du ruhen« nicht aus dem Auge verlieren. Wenn man so will, geht es um ein Rhythmisierungsgebot für ein gutes Leben.

Vergessen wir folglich nicht: Die Siebentagewoche mit einem Ruhetag ist durch eine sehr weise Erkenntnis unseres Eingebundenseins in viel weiter gefasste Zusammenhänge begründet. Es soll noch im Hinblick auf die gerade erwähnte »ruhelose Gesellschaft« und der offensichtlichen Ruhelosigkeit des Individuums, das es mit sich selbst nicht aushalten kann, erwähnt sein: Offenbar ist die Ruhelosigkeit nun gar nicht nur ein Problem der Gegenwart. Man kann sich durchaus fragen, weshalb der französische Mathematiker, Physiker und Philosoph Blaise Pascal (1623–1662) bereits im 17. Jahrhundert feststellte, das Unglück der Menschen komme daher, dass sie nicht in Ruhe in einem Zimmer bleiben können. Und um sich wenigstens wieder etwas der Gegenwart anzunähern, sei auf den österreichischen Neurologen und Psychiater, Sinnforscher und Begründer der Logotherapie, Viktor Frankl (1905–1997), verwiesen, der Ende der 1950er-Jahre das Phänomen des »Sonntagsblues« beschrieb, das heißt den Umstand, dass dieser Ruhetag eine für manche keineswegs ausgleichende und erholende Wirkung entfaltet, sondern im Vergleich zu anderen Wochentagen im Gegenteil negative Gefühle auslöst. Es wäre ein überaus interessantes Experiment, (anstelle der vielfach geforderten Erhöhung der Zahl der verkaufsoffenen Sonntage) wenigstens einmal einen Sonntag einzuführen, an dem wirklich alles im öffentlichen Leben zu ruhen hat bis auf Institutionen, die den Schutz und die Sicherheit der Bevölkerung gewährleisten: Kein Geschäft bliebe offen, keine Bahn und kein Auto führe (erinnern Sie sich vielleicht noch an die »autofreien Sonntage« in den 1970er-Jahren angesichts der Ölkrise?), es gäbe kein Fernsehen, kein Radio, kein Kino, kein Internet und kein Smartphone! Was würde wohl an einem solchen Sonntag geschehen?

Nun noch ein weiterer Aspekt in diesem Zusammenhang: Die Religionen und die Kirchen haben schon immer eine Form der Zeitstrukturierung vorgenommen, die den Menschen auf der Basis ihres Glaubens Orientierung und Sicherheit bieten sollte. In diesem Sinne kann das Kirchenjahr mit seinen Riten und Ritualen, das sich vom Kalenderjahr unterscheidet, als Rhythmisierung wahrgenommen werden. Es dürfte nicht schwerfallen, sich die durch das Kirchenjahr strukturierten Geschichten und praktizierten Abläufe einschließlich der dabei verwendeten liturgischen Farben als religiöse Formen der Achtsamkeit vorzustellen. Menschen, die einen Zugang zur Religion haben, können am Beispiel der kirchlichen Festtage und Lebensfeste die Sorge um sich selbst und die Sorge um andere erfahren und die Bedeutung des Hier und Jetzt vor dem Hintergrund von Geburt und Tod als Geschenk Gottes einschätzen. Im Unterschied zum Kalenderjahr orientiert sich das Kirchenjahr am Ritus. Unser Kalenderjahr basiert auf dem gregorianischen Kalender (benannt nach Papst Gregor XIII., 1502–1585, dessen Kalenderreform am 24. Februar 1582 in Kraft trat): Es beginnt am 1. Januar und endet am 31. Dezember. Das Kirchenjahr dagegen beginnt mit dem 1. Advent als Vorbereitungszeit auf Weihnachten und geht mit dem Christkönigssonntag (katholisch) bzw. dem Ewigkeitssonntag (evangelisch, auch Totensonntag genannt), dem letzten Sonntag vor dem 1. Advent, zu Ende. Es unterscheidet sich in Teilen zwischen katholischer und evangelischer Kirche und soll hier im Sinne eines Überblicks nur skizziert werden: Adventszeit, Weihnachten, Fastenzeit, Karwoche mit dem Palmsonntag als Beginn, Gründonnerstag, Karfreitag, Ostern (am ersten Sonntag nach dem Frühjahrsvollmond, immer zwischen dem 22. März und dem 25. April), Christi Himmelfahrt (40 Tage nach

Ostern), Pfingsten (am 50. Tag nach Ostern), Trinitatis (Sonntag nach Pfingsten), Fronleichnam, Mariä Himmelfahrt, Erntedankfest, Reformationstag (evangelisch), Allerheiligen und Allerseelen (katholisch), Ewigkeits- bzw. Christkönigssonntag. Wichtig und kennzeichnend für beide ist die Orientierung an Riten, weil sich darüber auch der Bezug zu Ritualen herstellen lässt. Ein Ritus ist eine vorgegebene Ordnung für die Durchführung zeremonieller, im Besonderen religiöser und liturgischer Handlungen. Damit sind feste Gewohnheiten verbunden, zumeist feierlich-festlich ablaufende Handlungen mit erheblichem Symbolgehalt. Sie bieten Ordnung, Sicherheit und bestimmen zwischenmenschliche Beziehungen. Religiöse Rituale ermöglichen eine Auseinandersetzung mit Grundfragen der menschlichen Existenz. Letztlich geht es um das Wissen und den Umgang mit der eigenen Sterblichkeit, um die Verehrung Gottes und die Hoffnung auf ein ewiges Leben. Nicht nur das Kirchenjahr unterliegt einem Rhythmus, auch die Ausführung der jeweiligen Kirchenfeste sind rhythmisiert und ritualisiert. Wer zu Ostern, Pfingsten oder Weihnachten in einem deutschen Dorf oder einer Großstadt oder im Urlaub in Österreich oder Italien in die Kirche geht, kann sich auf den gleichen Ablauf der Messe verlassen und findet gleiche oder sehr ähnliche Strukturen vor.

Neben den Festen und Gedenktagen des Kirchenjahres müssen die Lebensfeste Erwähnung finden. Bei diesen geht es um kirchliche Rituale in Übergangsphasen zwischen Lebensstadien und sozialen Zuständen. Der französische Ethnologe Arnold van Gennep (1873–1957) hat dafür den Begriff Übergangsriten (»rites de passage«) geprägt. Anzuführen ist als erstes Fest im Leben eines neugeborenen oder noch jungen Menschen seine Einführung in die Gemeinschaft der Kirche, die Taufe. Ihr folgt die Erstkommunion und die Firmung (katholisch) bzw. die Konfirmation (evangelisch). Bei der Eheschließung ist der Umwandlungsritus besonders deutlich, mit ihr ist eine neue Form des Zusammenlebens verbunden. Als Trennungsritus ist schließlich die Beerdigung anzusehen. Die Trauerfeier dient der Tröstung der Hinterbliebenen und der Vermittlung der Hoffnung, dass der Tod nicht das Ende bedeutet und Gott den Tod überwinden wird.

Beim Kirchenjahr wird häufig auch vom Jahreskreis gesprochen. Damit will man die Abfolge jahreszyklischer Ereignisse in ihrem Eingebundensein in religiöse Strukturen mit den Festen, Zeremonien und Ritualen zum Ausdruck bringen. Diese bieten nicht nur spirituelle Wege an, sondern verweisen durchaus auf Wege der Achtsamkeit: Die Teilnahme am Sonntagsgottesdienst oder an kirchlichen Festtagen ermöglicht Kontemplation im Alltag. Der Mensch kann sich vom üblichen Trubel vorübergehend verabschieden und auf eine andere Welt einlassen, in der es weder laut noch hektisch zugeht. Er kann die Stunde in der Kirche zur Besinnung nutzen, die außerhalb der Kirchenmauern nicht gelingt, weil dort zu vieles auf ihn einstürmt. Ein solches Innehalten ist unabdingbar für die Reflexion. Man kann während des rituellen Ablaufs seine Gedanken ordnen, sich mit sich selbst befassen und über sich nachdenken. Wenn man so will, kann der Mensch auf der Kirchenbank sitzend meditieren und auf diese Weise aufregende und belastende Gedanken beruhigen. Dabei können Rituale Halt und Anregung zugleich bieten. Man kann ein Gebet sprechen und damit einen sanften Weg für eine Bitte oder eine Hoffnung gehen. Man taucht ein in einen entschleunigenden Rhythmus und bremst das immer schnellere Leben, das die Seele nicht mehr nachkommen lässt. In diesem Sinne verliert man auch keine Zeit, denn in der Phase der Ruhe, für die man sich entschieden hat, kann sich etwas setzen und reifen. Dazu findet sich mit Verweis auf den heiligen Franz von Sales (1567–1622) eine sehr kluge Anregung: Er gab den Rat, man möge sich jeden Tag eine halbe Stunde Zeit zum Gebet nehmen. Falls man allerdings zu viel zu tun hat, dann empfiehlt er, sich eine Stunde Zeit zu nehmen. Der Mensch kann seine Aufmerksamkeit fokussieren, zum Beispiel auf die Worte des Priesters oder Pastors (achtsames Zuhören) und die frohe Botschaft innerlich reflektieren. Dass dadurch eine Verbindung von Achtsamkeit und Spiritualität gelingen kann, ist als weitere Chance für eine gute Lebensführung zu sehen.

Achtsamkeit ist im Leben von Ordensschwestern und -brüdern ganz besonders wichtig. Der Tagesablauf im Kloster ist stark strukturiert und rhythmisiert. Dabei kommt Dankbarkeit für das Hier und Jetzt ins Spiel. Mönche und Nonnen vollziehen die Wertschätzung des Augenblicks ganz bewusst. So hat zum Beispiel der heilige Benedikt von Nursia (480–547), der Begründer des westlichen Mönchtums, gelehrt, sich den Tod immer wieder vor Augen zu halten. Nicht, um sich in Depression zu stürzen und zu resignieren. Im Gegenteil: Wer sich die eigene Sterblichkeit bewusst macht, weiß die ihm zur Verfügung stehende Lebenszeit zu schätzen. Der Mensch erkennt so die Kostbarkeit der Zeit und fühlt sich bereichert, dass er jetzt atmen und sich spüren kann. So kann jeder Augenblick begrüßt und bewusst gelebt werden. Der Mensch kann die Gegenwart auf diese Weise auskosten und muss nicht ständig an seine Pläne denken, sich Sorgen machen, was noch unbedingt bewältigt werden muss, oder sich darüber aufregen, wer ihm demnächst wieder einmal in die Suppe spuckt. Leben im Hier und Jetzt, mit Dankbarkeit und

Freude und der Sicherheit, angenommen zu sein, vor allem das Wissen um den Sinn des von Gott geschenkten Lebens – wer Zugang zu einer Religion findet, besitzt ein Fundament für eine gesunde und gelingende Lebensführung.

6.9 Sonstiges mehr oder: Was nur knapp skizziert werden soll

Zugegeben, es gibt weitere Erkenntnisse der Wissenschaften, die Grundlagen für die Themenfelder Lebensrhythmus und Achtsamkeit darstellen. Insofern handelte es sich bisher in diesem Kapitel um eine Auswahl. Wichtig erschien es mir, einen fachübergreifenden Überblick zu erstellen, der deutlich macht, wie verschiedene Wissenschaftsdisziplinen sich mit dem Thema dieses Buches auseinandergesetzt haben und wertvolle Hinweise liefern für die Bedeutung eines Lebens, das achtsam geführt und unter Beachtung von Lebensrhythmen gesund ausgerichtet wird. Auf die Musikwissenschaft wurde in diesem Kapitel nicht mehr Bezug genommen, da manche ihrer Beiträge an anderer Stelle in diesem Buch behandelt werden (z.B. Kapitel 4.4). Aus der naturwissenschaftlichen Blickrichtung könnte auch die Chemie Erwähnung finden. Und dass die Mathematik sehr viel mit Sorgfalt und Rhythmen zu tun hat, wissen viele aus ihrer Schulzeit, vorausgesetzt sie hatten einen guten Mathelehrer. Mitunter dürften die Erfahrungen oder Erinnerungen an den Mathematikunterricht nicht allzu positiv sein. Das ist schade, denn bei einer guten didaktischen Aufbereitung lässt sich die Mathematik durchaus als schöne und formvollendete Wissenschaft, die unser Leben entscheidend bestimmt, darstellen. Vernachlässigt wird des Weiteren ebenso das ästhetische Rhythmusverständnis, das eine kunstvoll strukturierte Architektur zum Ausdruck bringt. Manch weitere Kunstwissenschaften sind hintangestellt worden. Literatur und Film könnten hier ohne Weiteres entfaltet werden. Es wäre sogar möglich, einen engen Rhythmuszusammenhang zwischen Architektur und Stadtsoziologie mit deren Wirkungen auf Menschen herauszuarbeiten, der seinerseits einen Blick auf Sorgfalt und Achtsamkeit im sozialen Zusammenleben eröffnen könnte. Wer kennt nicht die Redewendung vom »Puls der Stadt«? Wer denkt bei einer Urlaubserinnerung zum Beispiel an ein südspanisches Dorf nicht an dessen »gemächlicheren Rhythmus«, um sogleich den Unterschied zu dem abendlichen Besuch in Sevilla förmlich zu spüren, eine Stadt, die vor Lebendigkeit und Fröhlichkeit zu mancher Stunde geradezu schwingen kann? In der Literatur gibt es etliche Werke, die sich den Stadtrhythmus zum Gegenstand gemacht haben, was sich manchmal auch in einem Film niedergeschlagen hat. Der österreichische Schriftsteller Stefan Zweig (1881–1942) hat zum Beispiel auf eindrucksvolle Weise den faszinierenden Rhythmus von New York beschrieben (Zweig 1955, S. 264): »Noch verstehe ich ihre Stimme nicht, ahne kaum ihre Formen. Aber schon fühle ich, und in jeder wachen Sekunde deutlicher, ihren Rhythmus, diesen unwiderstehlichen, stürmisch erregten Rhythmus der amerikanischen Metropolis.«. Beim österreichischen Schriftsteller und Theaterkritiker Robert Musil (1880–1942) kann in seinem Roman »Der Mann ohne Eigenschaften« zumindest zu Beginn Gedankenvolles zum Rhythmus der Stadt Wien erfahren werden. Verallgemeinernd schreibt er dann gar (Musil 2018, S. 10): »Wie alle großen Städte bestand sie aus Unregelmäßigkeit, Wechsel, Vorgleiten, Nichtschritthalten, Zusammenstößen von Dingen und Angelegenheiten, bodenlosen Punkten der Stille dazwischen, aus Bahnen und Ungebahntem, aus einem großen rhythmischen Schlag und der ewigen Verstimmung aller Rhythmen gegeneinander, und glich im ganzen einer kochenden Blase, die in einem Gefäß ruht, das aus dem dauerhaften Stoff von Häusern, Gesetzen, Verordnungen und geschichtlichen Überlieferungen besteht.« Wem Literatur die Rhythmisierung nicht ausreichend sinnlich erfahrbar machen kann, findet diese wirkungsmächtig womöglich im Film. Als besonders hervorzuhebende Darstellung eines Stadtporträts gilt Walter Ruttmanns (1887–1941) Dokumentationsspielfilm »Berlin. Die Sinfonie der Großstadt« aus dem Jahr 1927. Der deutsche Regisseur und Vertreter des abstrakten Experimentalfilms gab damit den Anstoß für andere Filmemacher, die sinfonisch strukturierte Stadtporträts drehten. Die musikalische Struktur einer Sinfonie wurde damals erstmals auf das Medium Film übertragen, Bilder und Musik wurden rhythmisch verknotet. (Weitere Beispiel waren Robert Floreys »Skyscraper-Symphonie«; Robert Weinbergs »City-Symphonie«; Adalberto Kemenys und Rudolfo Rex Lustigs »Sao Paulo. Sinfonia da Metrópole«.)

Lassen wir es an dieser Stelle dabei bewenden. Einerseits kann eine Bearbeitung der wissenschaftlichen Grundlagen des Themas Lebensrhythmus und Achtsamkeit kaum erschöpfend geleistet werden. Andererseits gibt die Darstellung der in diesem Buch aufgezeigten diversen Blickrichtungen die Bedeutung der Lebensführung und der Lebensbeeinflussung wider. Achtsamkeit und Lebensrhythmus zu ignorieren oder sie als Esoterik abzutun, wäre grob fahrlässig. Wer für sein Leben und das der anderen Sorge tragen möchte, sollte sich zumindest von Zeit zu Zeit Klarheit über die von Achtsamkeit und Rhythmen ausgehenden Impulse für eine gute Lebensführung verschaffen.

Und wer manche dieser Impulse für die eigene konkrete Lebensführung übernimmt, darf sich ziemlich sicher sein, substanziell zu einem Leben beizutragen, für das das Motto »Fit, vital und ausgeglichen« gilt. Wie bedeutungsvoll das alles sein kann, damit die Seele lacht, soll im folgenden Kapitel gezeigt werden.

7 Damit die Seele lacht – Rhythmus und Achtsamkeit als Schutz vor Balanceverlust

7.1 Worüber man sich nicht wundern muss – Panikattacken und Burnout

Eigenartig ist es schon: Seit etlichen Jahren wird über zunehmenden Stress, über Erschöpfungsdepressionen oder – nahezu immer Aufmerksamkeit erregend – über Panikattacken und im Besonderen über Burnout berichtet. Obwohl gut bekannt ist, wie es zu diesen Übeln kommt und, vor allem, wie man ihnen beikommen kann, scheinen diese Erkrankungen sich unaufhaltsam auszudehnen. Der Weg vom Wissen zum Handeln ist offenbar mit Schwierigkeiten gepflastert, sonst müsste die Erkenntnis einer überreizten, überkomplexen, sich zunehmend beschleunigenden und von Multitasking bestimmten Welt Konsequenzen haben. Hektik und Nicht-zur-Ruhe-Kommen, kraft- und energieraubendes Konkurrenzgeschehen, dazu eine in der Zwischenzeit bedenkliche Entwicklung hin zu einem Optimierungsdruck, den viele Menschen spüren, bewirken Störungen und schaden. Der Optimierungswahn breitet sich in manchen Familien bereits auf die Kinder aus. Was für eine Kindheit soll das sein, in der Fremdsprachenlernen und andere Bildungsprozesse bereits im Kindergarten etabliert werden, damit die heute Vierjährige oder der Fünfjährige sich im Kampf um erste Plätze bewähren kann, und nicht wenigen Eltern ein Studium im Kopf herumspukt, das für ihre Kinder angeblich unabdingbar ist, um den vermeintlichen Platz an der Sonne zu erklimmen? – Damit kein Missverständnis entsteht: Selbstverständlich muss es in der Erziehung und Frühförderung von Kindern um deren Wohl und sorgsame Entwicklung gehen. Dazu gehört vorrangig das Unterstützen der Sprachentwicklung. Was sich aber mitunter beobachten lässt, hat mit »dem Besten«, das man seinem Kind angedeihen lassen möchte, nicht mehr viel zu tun. Schon frühzeitig auf Leistung zu trimmen, schon im Kindergartenalter ein Konkurrenzgefühl entwickeln zu lassen, schon Ziele für das Kind zu verfolgen, die 15 oder mehr Jahre entfernt in einer fantasievoll ausgeschmückten Zukunft liegen – das halte ich nicht mehr für normal. Wenn die Praxen der Kinder- und Jugendpsychiater immer voller werden, so dürfte das nur der Niederschlag von Auswüchsen sein, die eine kindgemäße Entwicklung verhindern. Manche sehen in solchen Tendenzen die richtige Vorbereitung auf das Leben. Mir scheint, allzu rasch versäumt man dabei, heute zu leben, und das heißt im Hinblick auf die Kindheit: Spielen, Muße, Zeit vertun, ohne Leistungsmaßstäbe die Welt entdecken und das Ganze mit möglichst viel Liebe, die nicht fordert, sondern den jungen Menschen so annimmt, wie er ist. Wenn Menschen von klein auf mit toughen Glaubenssätzen erzogen werden und aufwachsen, dann muss sich niemand wundern, wenn auch die nächste Generation gegenüber psychischen Leiden sehr anfällig sein wird. Das damit einhergehende Credo »Du sollst funktionieren!« (Schirach 2016) ist dann wirklich schlimm, wenn der Wert und die Würde des Menschen nur noch von seiner Leistungsfähigkeit abhängig gemacht werden. Der Weg in eine würdelose Gesellschaft dürfte dann vorgezeichnet sein, und vor einer solchen sollte man sich hüten. Dass der für ein Kind unbedingt zu beachtende Lebensrhythmus geradezu mit Füßen getreten wird, muss nicht besonders hervorgehoben werden. Wenn der Alltag unseres Nachwuchses durchweg verplant wird und schon Vorschulkinder sich Leistungsmaßstäben unterwerfen müssen, dann tun mir solche Kinder leid. Ein gesunder Lebensrhythmus findet unter solchen Umständen bereits im Kindesalter sein Ende. Eltern sollten sich gut überlegen, worin das Beste, das sie für ihre Kinder nur wollen, tatsächlich bestehen sollte.

Heutzutage soll so vieles »gemanagt« werden. Das schlägt sich auch in Angeboten zum Selbstmanagement nieder. (Zeitmanagementkurse steigern in der Regel das Übel nur, weil sie auf weitere Optimierung und damit noch mehr Verschleiß abheben. Davon ist in den zugehörigen Anpreisungstexten selbstverständlich keine Rede.) Eine strategische Lebensplanung und -gestaltung müsste ein individuelles Gesundheitsmanagement umfassen. Soweit dieses Berücksichtigung findet, ist ein erster guter Schritt getan, dass man seine Substanz an körperlicher und seelischer Energie nicht mehr aufbraucht. Ein zweiter Schritt können dann Überlegungen zum Aufbau »emotionaler Energieversorgungsmöglichkeiten« sein. Das betone ich. Warum? – Wir begeben uns recht früh in Zwänge und Abhängigkeiten. Derartiges ist zielorientiert und wird vom Verstand und – so glauben wir jedenfalls – von Vernunft geleitet. Wir wollen etwas erreichen und legen uns zurecht, was dafür notwendig sein soll. Dabei beachten wir eher selten den wichtigen Unterschied zwischen Wünschen und Bedürfnissen. Wir wünschen uns zum Beispiel ein Hochklettern auf der Karriereleiter und bedenken nicht, dass wir eher ein ausgeprägtes Bedürfnis nach harmonischen Beziehungen haben. Oder jemand, der nach Macht strebt und nicht bedenkt, wie er auf dem Weg nach oben einsam werden kann, vernachlässigt gar seine Familie, kommt in der Tat »oben« an, bemerkt aber, wie er sein Bedürfnis nach Zugehörigkeit und sozialem Eingebundensein ignoriert hat. Vielleicht sehen wir uns selten als »ganzer Mensch«. Wir orientieren uns beim angeblichen Vernunftdenken an einem einseitigen Menschenbild, das René Descartes im Jahr 1644 mit seinem ersten Grundsatz prägte: »Ich denke, also bin ich« (im lat. Orig.: »[ego] cogito, ergo sum«). (Dahinter verbarg sich ein Zweifel an der eigenen Erkenntnisfähigkeit, was hier aber nicht weiterverfolgt werden soll.) Wichtig ist die Einseitigkeit dieser Definition des Menschseins. Es dauerte Jahrhunderte, bis ein portugiesischer Neurowissenschaftler dieses einseitige Menschenbild ergänzte und vervollständigte. Spielten Gefühle über Jahrhunderte keine oder nur eine marginale, teilweise sogar eine zutiefst gering geschätzte Rolle, so arbeitete erst António Damásio die Bedeutung von Gefühlen und Emotionen klar heraus (Kapitel 3.3). Es war der Schritt weg von einem Abtun der Gefühle als primitiv und dumm und ein großer Schritt hin zu der Überzeugung, dass Gefühle eine eigene Form von Intelligenz besitzen. Endlich setzte sich die Einsicht durch, dass ein Mensch ohne Gefühle kein Mensch wäre. Einer breiten Öffentlichkeit zugänglich machte diese Erkenntnisse der US-amerikanische Psychologe Daniel Goleman mit seinem Buch »Emotionale Intelligenz« (Kapitel 3.3). Seither ist Descartes' erster Grundsatz nahezu zwingend mit: »Ich fühle, also bin ich« zu ergänzen. Beide Aussagen haben ihre unbedingte Berechtigung und sind die Basis eines ganzheitlichen Menschenbildes. Trotzdem wird diese so bedeutsame Erweiterung des menschlichen Seinsbegriffs entweder ignoriert oder zur Seite geschoben.

Meine These lautet deshalb: Gefühle und Emotionen werden vernachlässigt. Sie stören eher, als dass man sie als wertvolles Korrektiv für die Lebensführung wahrnimmt.

Ihr Verdrängen oder »Nicht-wahrhaben-Wollen« zugunsten des Rationalen geht so lange gut, bis es zu seelischen Erkrankungen kommt. Dann melden sich psychosomatische Beschwerden, depressive Verstimmungen, Angstzustände und können bei fortgesetzter Missachtung in einem Burnout münden. Eine tragende Säule des Lebens wird so lange beschädigt, bis sie schließlich zusammenbricht. Im Sinne eines Haltverlierens deute ich Panikattacken. Der Mensch will zu viel. In seinem Streben nach Vorankommen, nach mehr und noch mehr, nach Optimierung vernachlässigt er seine emotionale Seite. Dieses Nichtbeachten rächt sich irgendwann. Lebendige Organismen, wie Menschen, orientieren sich an rhythmischen Prozessen. Für den Organismus ist es wichtig, das auf sich wirken und einwirken zu lassen. Wenn endogene Rhythmen immer wieder oder beständig gestört oder beschädigt werden, muss sich niemand über das sich dann ergebende psychische Ungleichgewicht und Leiden wundern. Dazu ein eklatantes Beispiel, das gar nicht so selten vorkommen dürfte. Bei der Vorstellung der Wirtschaftsdaten des zurückliegenden Geschäftsjahres verkündete der Vorstandsvorsitzende einer weltweit agierenden Aktiengesellschaft im Frühjahr 2018 mit Stolz eine 12-prozentige Umsatzsteigerung. Der Applaus war ihm sicher. Dieser fiel noch deutlicher aus, als der Topmanager erklärte, nun strebe man für das laufende Geschäftsjahr gar eine Umsatzsteigerung in Höhe von 20 Prozent an. Ich möchte nicht wissen, was die Konzernmitarbeiter von einer solchen Aussage halten. Es kann einem wirklich angst und bange werden: Da wird die Messlatte hochgesetzt – und wenn das Ziel erreicht ist, schiebt man sie noch weiter in die Höhe. Zwei ungeheuerliche Tatbestände verbergen sich hinter einem solchen Geschehen: Erstens ist genug nie genug. Optimierung kennt keine Grenzen. Es gibt keine Ziellinie, der Zielhorizont verschiebt sich immer weiter. Es gibt ein »Immer-noch-Weiter«, ein »Immer-noch-Mehr«, ein »Immer-noch-höher-Hinaus«. Für den Menschen bedeutet dies alles: noch mehr Anstrengung, noch eine, zwei, drei Schippen mehr auflegen, seine Zeit noch effizienter und effektiver nutzen, sich so ausquetschen und ausbeuten, damit das bisher Erreichte nochmals überboten werden kann. Wenn man so will, ist damit die Steigerungslogik beschrieben, die Wirtschaftswachstum zum Fetisch erklärt und ein inneres Wachstum des Menschen, der Anerkennung und Zuneigung genauso benötigt wie ganz allgemein stabile Beziehungen und Mitmenschlichkeit, ignoriert. Es kann eigentlich nur schiefgehen. Als Zweites ist die Angst zu beachten. Meine These lautet, dass Panikattacken eine Ursache in der Angst haben, zurückzufallen, nicht mehr mithalten zu können, nicht mehr mitzukommen. Gier mag die Ursache sein, die die Menschen zu einem »Noch mehr« und »Immer noch mehr« antreibt. Sie schaut gewissermaßen nach vorne, in die Zukunft, und lässt Menschen nicht zur Ruhe kommen. Angst dagegen schaut auf das Erreichte und sieht die Gefahr des Verlierens und Auflösens und des Zurückfallens in frühere Zeiten, als weniger Geld, weniger Vermögen, weniger Statussymbole, weniger Macht und Einfluss usw. vorhanden waren. Die Vorstellung eines solchen Rückfalls wirkt extrem beängstigend. Folglich strengt man sich an, kämpft noch intensiver, geht an die Grenze des Zumutbaren. Und – überschreitet diese Grenze, manchmal mit voller Absicht. »Ich muss nur noch …« Diese Rhetorik suggeriert ein Weitermachen um jeden Preis. »Wenn ich erst mal …« ist ein weiterer Irrtumssatz, der antreibt. Beschleunigung und Flexibilität werden bizarr. Der Mensch spürt und weiß es: »Mir geht es schlecht! Ich schlafe schlecht. Mir ist immer wieder kotzübel. Mir bricht der Schweiß aus, einfach so. Ich werde zunehmend aggressiv. Schon das Klingeln des Telefons erschreckt mich. Und morgens quäle ich mich aus dem Bett.« – Wer trotz dieser Alarmzeichen so weitermacht wie bisher, bekommt die Quittung. Körper und Seele verweigern irgendwann den Dienst. Wer glaubt, ein Wellnesswochendurlaub wird es schon wieder richten, irrt gewaltig. Denken Sie lieber an einen mehrwöchigen Aufenthalt in einer psychosomatischen oder psychiatrischen Klinik, der weder lustig noch einfach ist. Der Preis, der zu zahlen sein wird, ist ziemlich hoch.

Ich bin nicht weltfremd und weit davon entfernt, irgendjemandem etwas vormachen zu wollen. Es geht mir auch nicht um die Flucht in eine biedermeierliche Idylle und darum, das bisherige Leben »auf den Kopf zu stellen«. Ich beschreibe, was die Menschen stresst und unter Umständen in den Burnout führt. Ich stelle gewissermaßen die Diagnose. Dieser muss, so Änderungen oder qualitative Entwicklungen erreicht werden sollen, eine Therapie folgen. Therapie ist des Guten zu viel, eine solche kann ein Buch nicht leisten. So verbleiben mir Ratschläge und Empfehlungen, die aber nicht seicht und läppisch-erbaulich daherkommen. Daher werde ich hier sehr grundsätzlich, bevor wir uns als Nächstes mit dem Thema Zeit beschäftigen: Entwicklung und Änderung sind nicht zum Billigpreis zu haben. Man muss »investieren«. Dabei geht es weniger um Geld als vielmehr um Disziplin und Übung, Willensstärke und Selbstüberwindung. Man kann es jedenfalls hinbekommen – das Praktizieren von Achtsamkeit und das Beachten von Lebensrhythmen sind Fundamente, die jeder legen kann, damit die Seele lacht.

7.2 Sehen wir es wirklich nicht? – Gedanken zum Thema Zeit

»Zeit ist Geld.« – Einem der Gründerväter der Vereinigten Staaten, Benjamin Franklin (1706–1790), wird dieser Ausspruch zugeschrieben. Er passt »wunderbar« zu unserer Gegenwart und hat bis zum heutigen Tag eine massive Wirkung in vielfältige Lebensbereiche hinein entfaltet. Etwa hundert Jahre später, wir befinden uns im letzten Drittel des 19. Jahrhunderts, wobei manche Zeitgenossen tatsächlich noch von der »guten alten Zeit« sprechen, formulierte der deutsche Dichter und Zeichner Wilhelm Busch (1832–1908) (Busch 1877): »Einszweidrei, im Sauseschritt/Läuft die Zeit; wir laufen mit. –«

So gut dürfte diese Zeit kaum gewesen sein. Das Industriezeitalter hatte sich längstens durchgesetzt, und mehr und mehr bestimmte der Maschinentakt das Leben der Menschen. In das 19. Jahrhundert fällt zudem die vollständige Verbreitung und Durchsetzung der Uhr. Fortan übernahm ein Zeitmessgerät die Herrschaft über den Alltag der Menschen, die sich bis dahin nach natürlichen Rhythmen gerichtet hatten. Dies eröffnete der Durchrationalisierung ganzer Lebensbereiche Tür und Tor, und was Wilhelm Busch als überaus aufmerksamer Zeitgenosse bereits registrierte, ist in der Zwischenzeit offensichtlich für nicht wenige ziemlich aus dem Ruder gelaufen. Das Rad der Zeit wurde zum Hamsterrad (Wellensiek 2016), aus dem kaum jemand auszusteigen vermag, und – wenn es ganz schiefläuft – werden Hektik, Dauererreichbarkeit, höchstmögliche Flexibilität und das damit zusammenhängende Rennen erst durch das Burnout-Phänomen oder einen Nervenzusammenbruch beendet. Eigentlich müsste man Mitleid haben, ist es doch offenkundig, dass ein derartiges Leben gegen natürliche Rhythmen unangenehme Folgen haben muss. Doch die allermeisten machen mit. Mir scheint, manche machen sich wichtig oder genießen es, wenn sie von ihrem »Zeitbudget« oder einem »Zeitfenster«, das sich gerade noch am Wochenende für ein Stündlein öffnet, reden. »Keine Zeit zu haben« verweist auf Beschäftigung und (großmäulige) Bedeutung. Zwar dürften sich manche bereits der Erschöpfung nähern, das darf aber keinesfalls ein Abbremsen der krank machenden Dynamik bedeuten. Allzu rasch wäre man »verbrannt« oder einer, der dem Druck nicht standhält, der nicht multitaskingfähig ist, der Schwäche zeigt und augenscheinlich nicht mehr mithalten kann. Nein! Nur keine Blöße zeigen. »Ich bin stark«, »Ich bin perfekt« und »Ich funktioniere störungsfrei« sind die nach außen zu vermittelnden Eigenschaften, damit über mich nicht gelacht wird und mir die Konkurrenz keine lange Nase drehen kann. Jedoch: So sehr man sich bemüht, seine Außenwelt vom Bild des Heroen zu überzeugen, so entscheidend rumort es in der Innenwelt des Menschen, und dort sind die erwähnten Glaubenssätze und das Credo einer durchgetakteten, ökonomisierten Lebenswelt mit nicht nur einer Brise Sozialdarwinismus Stressoren, die nicht zur Gesundheit beitragen. Im Gegenteil: Der beklagenswerte Zustand, »Nie richtig Zeit zu haben, da sie mir davonläuft«, und ständiger »Zeitdruck« entfalten ihre unguten Wirkungen. Hinter solchen Formulierungen verbirgt sich Lebensfeindliches – nicht sofort und nicht dann, wenn sie nur ab und an geäußert werden, aber mit Sicherheit dann, wenn sie regelmäßig zutreffen oder sich gar dauerhaft in das Leben eingeschlichen haben. Da ein Ausstieg aus dem Hamsterrad kaum möglich ist, reagieren die betroffenen Menschen noch verschärfend. Sie wollen ihr Selbstmanagement optimieren, arbeiten dadurch noch schneller und noch mehr, versuchen ihre Leistung weiter zu steigern, stehen unter permanenter Anspannung und wundern sich, wieso trotzdem keine Zeit bleibt, schon gar nicht für Zeitintensives wie Freundschaft oder Liebe. Die Flucht ins Wellnesswochenende oder die kurze Auszeit auf einer einsamen Insel oder im Kloster bringen nicht die erhofften Ergebnisse – wie auch, wenn sich am Montagmorgen das Hamsterrad bereits wieder dreht oder gar die Auszeit effizient und effektiv gestaltet werden muss, damit sie bloß nicht ungenutzte und damit »vertane« oder »verlorene« Zeit ist.

Die gesamte Entwicklung hängt mit dem Entstehen einer »Optimierungsgesellschaft« zusammen. In den 1970er-Jahren kam mehr und mehr ein Managementtraining auf mit der Zielsetzung, die eigene verfügbare Zeit ständig zu optimieren. Es ging und geht darum, Zeit zu gewinnen, aber nicht, um auszuruhen oder einfach mal nichts zu tun. Im Gegenteil: Die To-do-Listen explodieren. Man will immer noch mehr rausholen und wundert sich, weshalb die empfundene Zeitknappheit sich immer mehr verschärft. Diese Optimierung beschränkt sich längstens nicht auf gestresste Führungskräfte, die glauben, sie könnten auch Zeit managen. Es lässt sich eine Alltagsoptimierung beobachten, die »stille Zeiten« ausklammert. Sie beginnt beim Einkaufen und macht selbst im Freizeitbereich nicht halt: Rasch noch vor 20 Uhr in den Supermarkt gehetzt, und die Stunde Tennis schieben wir noch ruckzuck zwischen anstrengendem Geschäftsende und Familienpflichten ein. Feiertage oder Sonntage ohne Hektik und Verpflichtungen? Um Gottes willen! Lieber noch ein paar verkaufsoffene Sonntage mehr. Warum nicht am heimischen Computer die neuesten E-Mails aus der Firma abrufen und möglichst gleich bearbeiten? Für viele Zeitgenossen gilt dasselbe im Urlaub. Das Smartphone liegt immer bereit. Wer kann es noch abschalten? Für einen Tag oder gar für eine Woche? Wer fragt denn im Urlaub nicht, kaum im Hotel angekommen, wie man sich ins WLAN einloggt? Wie soll sich der Mensch dann noch entspannen? Wie zur Ruhe kommen? Selbst im Urlaub muss die zur Verfügung stehende Zeit verplant werden. Bloß nichts auslassen. Alles muss mitgenommen werden. Es gibt schließlich derart viele Erwartungen zu erfüllen. Der Preis: Hetze und Druck selbst in den wertvollen Wochen, die nun wirklich einzig der Regeneration und Erholung dienen sollten. Das selbst auferlegte Lebenstempo wird selbst in den Zeiten, in denen früher zumindest einigermaßen Ruhe erzwungen wurde, rasant: In einem religiösen Verständnis war der Sonntag eine sinnvolle Auszeit (»Am siebten Tage sollst du ruhen«, Kapitel 6.8), die nicht nur dem Kirchgang und dem Gebet diente. Und solange es weder Handys noch Internet gab (gefühlt muss das in grauer Vorzeit gewesen sein, tatsächlich liegt diese Zeit kaum ein Vierteljahrhundert zurück), begann für die meisten Menschen der Feierabend gegen 17 Uhr.

Als der Betriebsratsvorsitzende von Porsche, Uwe Hück, im Dezember 2017 forderte, nach Feierabend oder in der Freizeit versendete dienstliche E-Mails grundsätzlich zum Schutz der Arbeitnehmer löschen zu lassen, blieb die Reaktion nicht aus. Sie war wenig verständnisvoll, schließlich benötigt die globalisierte Wirtschaft doch Flexibilität und Dauerverfügbarkeit der Menschen. Also reden diejenigen, die mit diesem Vorschlag zur Löschung von E-Mails nicht einverstanden sein können, davon, dass Derartiges keine Relevanz besitze, oder gleich abwertend von Populismus. Das Problem dieser dienstlichen E-Mails ist nicht ihr Versenden außerhalb der Arbeitszeit, sondern das ausgeprägte

Gefühl der Arbeitnehmer, sie möglichst umgehend bearbeiten zu müssen. Dann geht man eben zwei Stunden später ins Bett oder checkt zumindest vor dem Zubettgehen noch die neuesten Mails.

All das hat sehr viel mit Rhythmus zu tun. Oder besser: mit der Störung oder Zerstörung von Rhythmen. Alles Lebendige hat einen Rhythmus, dessen Missachtung Probleme nach sich ziehen wird. Das kann zum Beispiel dann vorkommen, wenn man das Maximale aus sich selbst oder anderen Menschen herausholen will. Und so diese Grundhaltung in private Lebensbereiche einsickert, wird auch diese Zeit im privaten Lebensraum hektisch, »maschinenhart« und von der (Stopp-)Uhr bestimmt. Leistungssteigerung ist dann nicht nur das bestimmende Element für den Takt der Maschinen und Roboter, sondern auch für all das, was unsere menschlichen Beziehungen und die Beziehung zu uns selbst ausmacht. Falls Leistung und ihre Maximierung die Grundlage unseres Menschseins wird (was schon sehr häufig der Fall sein dürfte), dann wird auch der Wert des Menschen derart eindimensional definiert, dass einem angst und bange werden kann. Ein »Anleben« gegen biologische Rhythmen, das heißt zum Beispiel ein Ignorieren des natürlichen Schlaf-Wach-Rhythmus oder schon das Nichtbeachten von Pausen und damit von Entspannungs- und Regenerationszeiten, die »überbrückt« werden mit Espresso, Nikotin, Alkohol oder pharmazeutischer »Hilfestellung«, oder das Nichtbeachten des Eingebundenseins des Menschen in den Tag-Nacht-Rhythmus werden ihren Preis haben. Damit ich nicht missverstanden werde: Es geht mir um eine Begrenzung der zunehmenden Auswüchse und um ein Bewusstmachen ihrer Wirkungen, damit – und jetzt ist wiederum Achtsamkeit aufzurufen – bei allem Streben und aller Wohlstandsmehrung eine grundsätzliche Selbstfürsorge eine Rolle spielt, die mahnend und Einhalt gebietend den Menschen davor bewahrt, sich selbst latent Gewalt anzutun, womit nicht nur der Verlust der eigenen Lebensqualität einhergeht, sondern ebenso häufig auch die der anderen sowie der Verlust von Umwelt und Natur. Eine Wirtschaft, die sich einseitig ausrichtet auf einen eindimensionalen, linearen Zeitbegriff, bei dem es darum geht, aus einer gegebenen Zeiteinheit immer mehr herauszuholen oder ein definiertes Ergebnis in immer kürzerer Zeit zu erreichen und der zudem wie selbstverständlich eine Entgrenzung von Arbeitszeiten voraussetzt, verwirklicht das ökonomische Prinzip in letztlich allen unseren Lebensbereichen. Dies ist nicht nur für jeden Einzelnen abträglich, sondern birgt Gefahren für das Zusammenleben der Menschen, weil es das Soziale in den Hintergrund drängt und Beziehungen geopfert werden, wenn Freundschaften, Partnerschaften oder Ehen nicht effizient und effektiv genug funktionieren. Denn für diese Beziehungen benötigt man Zeit, die man (anscheinend) nicht hat bzw. in die man nicht »investieren« will, da man dadurch nicht vorankommt und keine Rendite erzielt. Es soll Menschen geben, die in ihrem Terminkalender einen Termin für die eigene Partnerschaft reservieren (»Donnerstag habe ich noch ein Zeitfenster von 11.30 bis 12.15 Uhr«) oder für den eigenen Nachwuchs (»Entweder sprechen wir am Dienstagabend gegen 20.00 Uhr, oder es geht erst wieder in der nächsten Woche«). Ich kann da nur »Viel Spaß!« wünschen und möchte nicht wissen, wohin ein solches Gebaren führen wird.

Was ich beschrieben habe, ist keine Definition der Zeit. Zeit, wenn man sie von der Uhr löst, ist wohl gar nicht zu fassen. Lassen Sie Ihre Armbanduhr, wenn Sie noch eine tragen, und alle anderen Zeitgeber einmal für 3, 4 Tage weg: nicht mehr aufs Ziffernblatt schauen, nicht mehr angespannt reagieren, wenn irgendeine festgelegte Zeit abzulaufen droht, nicht mehr die letzte erreichbare U-Bahn im Hinterkopf haben oder auch den Terminkalender nicht mehr regelmäßig durchsehen mit all den Terminen, die Sie gespeichert haben, damit Sie auf keinen Fall aus Versehen eine Verabredung vergessen. Leben Sie einfach mal ohne Uhr und Terminkalender, nur als Test. Ich vermute, dass manche sich sehr wundern werden, wie sich ihr Lebensgefühl ändert und wie sie ihren eigenen Rhythmus wieder spüren und erfahren. Ich kann das Phänomen Zeit nicht genauer erklären und muss mir Hilfe bei dem Philosophen und Theologen Augustinus von Hippo (354–430 n. Chr.) holen, der sich – wie schon viele vor ihm – Gedanken über die Zeit machte. Das Individuelle, ja Subjektive des Erlebens und des Verständnisses von Zeit formulierte Augustinus bereits vor rund 1600 Jahren mit seinem Ausspruch:

> *»Was also ist die Zeit?*
> *Wenn niemand mich danach fragt, weiss ich's,*
> *will ich's aber einem Fragenden erklären, weiss ich's nicht.«*

Obwohl sich seitdem viele kluge Menschen intensiv mit dem Phänomen der Zeit beschäftigt haben – von Albert Einstein als dem Begründer der Relativitätstheorie über Martin Heidegger (1889–1976) mit seinem Hauptwerk »Sein und Zeit« von 1927 bis hin zum französischen Philosophen Henri Bergson (1859–1941), der empfahl, das Wort »Zeit« zu streichen und durch das Wort »Dauer« zu ersetzen, sowie zu den modernen Physikern und ihren Erkenntnissen, die das klassische Zeitbewusstsein endgültig zurückweisen – hat Augustinus damals den Nagel auf den Kopf getroffen.

So bleibt mir abschließend nur übrig, auf einen Ausspruch des böhmischen Feldherrn und Politikers Wallenstein zu verweisen, den Friedrich Schiller 1799 sagen ließ: »Dem Glücklichen schlägt keine Stunde.« Dahinter verbirgt sich: Wie Zeit individuell ganz unterschiedlich wahrgenommen wird, hängt von der jeweiligen Lebens- und Gefühlslage eines Menschen ab. Und darüber hinaus darf bemerkt werden: Der Umgang mit der Zeit ist ein für ein gelingendes Leben bedeutsamer Faktor. Wenn ich der Zeit häufig hinterherrenne und sie mir immer wieder durch die Finger rinnt, ist das etwas ganz anderes als die Mußestunde, die ich mir regelmäßig gönne, oder das Weglegen von Armbanduhr und Smartphone, verbunden mit der Fähigkeit, die Absender von eingehenden E-Mails in dieser Woche automatisch wissen zu lassen, dass ihre Nachrichten weder gelesen noch bearbeitet werden. Zudem sei im Übrigen für diejenigen, die glauben, das nicht zu können oder nicht auszuhalten, oder die vielleicht schon so weit gehen, dass sie ein solches Verhalten kritisieren, gesagt: Wirkliche Fortschritte bis hin zu den großen Leistungen der Menschheit sind nicht deshalb zustande gekommen, weil jemand Zeit sparen wollte, sondern weil jemand die Zeit vergaß. Ich verweise gern auf meine Kindheit und die der älteren Generation, in der Kinder ohne schlechtes Gewissen »die Zeit vergaßen« und doch glücklich, zumindest zufrieden waren! Ich empfehle daher: Es lohnt sich, wenigstens ab und zu wieder Kind zu sein (nicht »kindisch«, das ist etwas anderes). Eventuell ist das ein Weg, diese glückliche blaue Stunde wiederzuentdecken. Einfach so sein, einfach da sein, auf den ersten Blick unnütz, vertan, aber doch so wertvoll, weil wir (plötzlich) unseren eigenen Rhythmus wieder spüren, eine innere Qualität unseres Menschseins wahrnehmen, die völlig unabhängig ist von einer definierten, getakteten Zeit, die uns von außen standardisiert »die ganze Zeit« aufgezwungen wird.

7.3 Eine erste entscheidende Frage: Wie ist es um Ihre Veränderungsmotivation bestellt?

Erlauben Sie mir an dieser Stelle eine Behauptung, die wir sehr ernst nehmen müssen: Der Mensch ist ein Gewohnheitstier. Ich könnte auch den allseits bekannten »inneren Schweinehund« anführen, der in jedem von uns irgendwie seine Heimat hat und unsere hehren Vorsätze allzu gerne torpediert. Natürlich sind das Metaphern, um uns von einem Umstand ein Bild machen, den wir sonst nicht richtig fassen können. Warum scheitern denn die Silvestervorsätze oft schon am ersten Tag des neuen Jahres? Weshalb enden so viele Diäten geradezu im Gegenteil, was freundlich als Jo-Jo-Effekt bezeichnet wird? Wieso rauchen Menschen wie Schlote, obwohl allseits bekannt ist und die Bilder auf der Zigarettenschachtel sehr deutlich machen, zu welchen katastrophalen Erkrankungen die Nikotinsucht führen kann? Eine Erklärung bietet die Hirnbiologie (Roth 2013, S. 200 ff.). Unsere Abermillionen Nervenzellen bilden neuronale Schaltkreise aus, die sich nicht einfach auflösen lassen. Was wir denken und wie wir handeln, ist häufig »eingespurt«, und unangenehme und zutiefst ungesunde Verhaltensweisen laufen oft genug automatisch ab. Unsere Willenskraft, die solches Verhalten stoppen könnte, ist oft zu schwach, um sich durchzusetzen. Zudem haben wir in unserem Gehirn ein Belohnungszentrum. Das Problem dabei ist, dass kurzfristige Belohnungen in der Regel weit mehr geschätzt werden als langfristige: Die Zigarette beruhigt den Raucher sofort, das Glas Wein oder deren zwei sorgen umgehend für Entspannung, das Hineinstopfen von Süßigkeiten befriedigt Lustgefühle jetzt gleich. Wir denken in diesen Momenten nicht daran, wie viel gesünder und lohnender es wäre, auf die Zigarette zu verzichten, den Alkohol zu meiden und anstelle der kaloriengeladenen Süßigkeiten auf eine Schüssel Salat umzusteigen. Man kann diese Gewohnheiten oder neuronale Schleifen nicht einfach löschen. Der Erfolg versprechende Weg besteht darin, andere, neben den alten neue Schleifen auszubilden.

Als erster Schritt auf diesem Weg ist Motivation erforderlich, die unterstützt werden muss von einem zielgerichteten Willen (Roth & Ryba, S. 201 ff.). Das ist zwar rasch formuliert, in der praktischen Umsetzung aber alles andere als einfach. Nur mal die Idee zu haben, man könne achtsamer leben, oder weil man Sinnreiches über Lebensrhythmen gelesen hat, sich vornehmen, in dieser Richtung etwas zu tun, dürfte nicht besonders erfolgreich sein. Es bedarf schon eines entschiedeneren Anstoßes, der gefühlsmäßig wie rational untermauert ist. Ehrlichkeit sich selbst gegenüber spielt eine Rolle sowie Klarheit über die Mühe, die notwendig sein wird. Und damit komme ich zu einer ersten Empfehlung: Vereinbaren Sie etliche Termine mit sich selbst. Diese kleine Auszeit soll aber nicht zum bloßen Ausruhen genutzt werden, sondern zum Nachdenken über sich selbst, zum Beispiel anhand der folgenden Fragen:

- Wie zufrieden bin ich mit meinem bisherigen Leben?
- Warum habe ich den Eindruck, dass etwas in meinem Leben nicht stimmt?
- Bezogen auf Beruf und Arbeitswelt: Mit welchen Motiven bin ich angetreten und was ist aus ihnen gewor-

den? – Und dann noch: Wann ist es genug? Und was folgt dann?

- Welches sind die leitenden Werte in meinem Leben?
- Was ist mir wirklich wichtig?
- Worauf könnte ich verzichten, was ist für mich unabdingbar, und warum ist das so?
- Was ist für mich ein attraktives, nicht materielles Ziel in meinem Leben?
- Was gibt mir im Leben wirklich Sinn?
- Wenn ich so weitermache, weiterwirtschafte wie bisher, welcher Mensch werde ich dann in 3, 4 Jahren sein?

Wer glaubt, diese Fragen ruckzuck beantworten zu können, macht sich etwas vor. Hier wird wieder die Mangelhaftigkeit des schnellen Lösungsfindens und Antwortgebens sowie Effektivitätsdenken und das Sich-nicht-aushalten-Können sichtbar. Mit sich selbst und den wichtigsten Lebensfragen in Berührung kommen: Das haben offenbar nicht wenige verlernt. Wenn ich von mehreren Terminen gesprochen habe, ist das sehr ernst gemeint. Viele werden bemerken, wenn sie sich auch nur eine der Fragen vornehmen, wie rasch eine Antwort formuliert ist oder wie rasch sie abschweifen. Wir sind ein solches Nachdenken über uns nicht mehr gewohnt. Manche halten die notwendige Stille nicht aus, schalten Radio und Fernseher ein oder setzen sich gleich Kopfhörer auf, aus denen die Musik dudelt. Etwas Abhilfe verschafft dann vielleicht ein Spaziergang oder gar eine Wanderung in ruhiger Umgebung. Dies wird später noch als eines von zahlreichen Lebenselixieren behandelt (Kapitel 8.5). Und man sollte sich zu Beginn eine deutliche Anlaufzeit für das Nachdenken geben; denn unser Gehirn kann nicht einfach umschalten, nur weil wir uns eine Reflexionszeit vorgenommen haben. »Gut Ding braucht Weile.« Der Volksmund weiß Bescheid und sollte Beachtung erfahren.

7.4 Eine zweite, ganz entscheidende Frage: Kann man Achtsamkeit lernen? – Dann könnte man auch auf Lebensrhythmen achten

Die Antwort vorneweg, auch wenn es dann nicht mehr spannend sein sollte: selbstverständlich! Der Mensch ist lernfähig, und zwar bis ins hohe Alter. Wer den idiotischen Glaubenssatz »Was Hänschen nicht lernt, lernt Hans nimmermehr« im Hinterkopf hat, ist einer Fehlinformation aufgesessen. Die Neurobiologie hat längstens die Neuroplastizität des Gehirns entdeckt. Neuroplastizität heißt nichts anderes, als dass wir in der Lage sind, neue neuronale Schleifen, neue Verknüpfungen und Vernetzungen von Nervenzellen aufzubauen – oder schlicht: Wir sind in unserem Denken und Verhalten nicht ein für alle Mal festgelegt, sondern chancenreich entwicklungsfähig. Goethe hat das übrigens schon vor fast 200 Jahren in seinem zweiteiligen Drama »Faust« so ausgedrückt: »Wer immer strebend sich bemüht, den können wir erlösen«, singen die Engel (in Kapitel 63 in der Tragödie zweitem Teil). Achten Sie auf die Formulierung, der Geheimrat war ein schlauer Denker: »Wer immer strebend sich bemüht …« Wer diesen Satzteil bewusst liest, ist sich klar darüber, dass die Sache nicht ganz einfach ist. Strebendes Bemühen – das darf man sich getrost vor Augen führen. Dann stehen die Chancen für eine Erfolgsgeschichte gut. Ist die Motivation für eine Entwicklung oder Selbstveränderung vorhanden sowie der Wille, sich auf Neues und Ungewohntes einzulassen, sollte man Tag für Tag ein wenig Zeit zum Üben finden. Die Übungen sind es, die neuronale Schleifen aufbauen und stabilisieren. Bis sie derart ausgeprägt sind, dass gewissermaßen ein Automatismus gegeben ist. Es gibt zahlreiche Beispiele für diese Form des Lernens: Menschen, die lange keinen Sport getrieben haben und irgendwann angefangen haben, zu joggen oder zu schwimmen. Wenn sie Jahre später dann nur einmal aussetzen müssen, werden sie ganz unzufrieden. Joggen, Schwimmen oder was auch immer gehören jetzt zum Leben dazu. Wer angeblich nie musikalisch war, dann aber doch ein Instrument geschenkt bekam und anfing, Musikstunden zu nehmen, der bedauert irgendwann die Abende, an denen er nicht Klavier oder Gitarre spielt.

Schauen Sie also optimistisch und hoffnungsfroh in eine etwas andere Zukunft. Sie müssen allerdings wählen und manches »loslassen«, was bisher gängiges Programm gewesen ist. Loslassen ist schwieriger, als es gemeinhin dargestellt wird. Es geht dabei um Verzicht, und wer loslässt, kann durchaus den Halt verlieren. Wiederum: alles nicht so einfach. Und doch machbar! Ich empfehle den Besuch eines MBSR-Kurses zur Stressreduktion (Kapitel 6.6), eines Seminars zur »Achtsamkeits-basierten kognitiven Therapie« (»mindfulness-based cognitive therapy«, MBCT) oder zu »Achtsamem Selbstmitgefühl« (»mindful self-compassion«, MSC) von seriösen Anbietern. Wenn Sie gerade denken, »Das nutzt mir erst einmal nichts«, darf ich Ihnen zunächst einige kleine Übungen vorschlagen, die Sie ebenfalls voranbringen können (den Besuch eines der genannten Kurse unter professioneller Anleitung halte ich nichtsdestoweniger für wertvoll und grundsätzlich bedeutsam):

Fangen Sie morgens an – bevor Sie aus dem Haus gehen – und nehmen Sie sich 2, 3 Minuten Zeit, um sich noch einmal zu setzen. Schließen Sie Ihre Augen (Radio und Fernseher sind ausgeschaltet) und versuchen Sie sich zu sammeln. Manchmal hilft es, an etwas Schönes zu denken – fokussieren Sie auf diesen Gedanken. Am Schluss atmen Sie einige Male tief ein und aus und machen sich dann auf den Weg zur Arbeit.
Bauen Sie in Ihren beruflichen Tagesablauf wenigstens eine oder zwei kleine Auszeiten ein. Es geht nur um vielleicht jeweils fünf Minuten. Hauptsache, Sie lernen, alles andere auszublenden. Stellen Sie sich vor ein Bild, oder schauen Sie aus Ihrem Fenster, selbst wenn sie nur die kahle Betonwand des gegenüberliegenden Gebäudes sehen. Versuchen Sie nichts zu denken. Das ist ganz schön schwierig und benötigt viel Übung. Aber sicher ist auch: Ihre lärmenden Gedanken werden mehr und mehr von friedlichen Lücken unterbrochen.
Gehen Sie (vielleicht in der Mittagspause) spazieren, schauen Sie, ob es auf Ihrem Weg eine besonders schöne Pflanze oder ein architektonisch interessantes Bauwerk gibt. Halten Sie inne. Wenn die Umgebung nicht allzu laut ist, vertiefen Sie sich im Anschauen. Lassen Sie zum Beispiel den Bau auf sich wirken. Bitte nicht bewerten, nicht herumkritisieren. Versuchen Sie in Ruhe und Gelassenheit wahrzunehmen, was Sie sehen und was da ist.
Falls es draußen keinen ruhigen Ort geben sollte – weil zum Beispiel Ihr Arbeitsplatz mitten in der Stadt liegt – suchen Sie eine Kirche auf. Eine solche gibt es meistens an ganz zentralen Plätzen. Sie müssen nicht religiös sein. Sie ziehen sich einfach aus dem allgemeinen Trubel heraus und gönnen sich fünf Minuten Verschnaufen. Setzen Sie sich auf eine Kirchenbank, schließen Sie die Augen und hören Sie intensiv die Geräusche Ihrer Umgebung. Sie werden staunen, was das bewirkt.
Gehen Sie einmal allein essen, nicht mit Kollegen, weil dabei das übliche »Bürogeschnatter« oft fortgeführt wird. Nehmen Sie keine Zeitung mit. Bestellen Sie ein einfaches Gericht (keinen Alkohol dazu), und dieses genießen Sie jetzt mindestens 30 Minuten lang, Bissen für Bissen. Schmecken Sie intensiv den Aromen nach. Nicht ein-, zweimal Kauen und hinunterschlucken. Nein, langsam, ganz langsam kauen. Das macht ziemlich Mühe. Sie werden sehen, aber der Strudel hektischer Gedanken wird sich auf jeden Fall nach mehrmaligem Üben beruhigen. Manche kom-

men durch dieses »Slow-Food« wieder auf den Geschmack, weil sie sonst alles nur kurz und bündig in sich hineinstopfen.

Durchwandern Sie in Gedanken Ihren Körper. Diesen »Bodyscan« machen Sie am besten daheim oder auf einer Dienstreise im Hotel. Spüren Sie Ihren Empfindungen in den verschiedenen Körperteilen und Organen nach. Wo drückt etwas? Wo fühlt es sich nicht gut an? Wo ist alles entspannt? Nehmen Sie die Empfindungen war, aber bewerten Sie sie nicht. Nicht ärgern, wenn etwas leicht schmerzt, nicht aufregen, wenn sich etwas Unzufriedenes meldet. Einfach registrieren. Verbinden Sie mit der Übung keine Erwartungen. Es geht nur darum, wieder ein Körpergefühl zu entwickeln und seinen Körper erst einmal so anzunehmen, wie er ist.

Für den späten Abend: Führen Sie Tagebuch. Halten Sie Stift und Papier bereit, bevor Sie zu Bett gehen. Schreiben Sie auf, was Sie erlebt haben, was weniger gut war, vor allem aber was gut war. Lesen Sie abschließend alles in Ruhe durch. Falls Sie eine gute Begebenheit erlebt und festgehalten haben, nehmen Sie die Gedanken daran mit ins Bett.

Damit erst einmal genug der Übungen. »Ein Meister ist, wer übt«, besagt ein asiatisches Sprichwort. Nehmen Sie sich einmal einen Monat lang vor, Tag für Tag zu üben. Es geht nur um 10–20 Minuten von 24 Stunden! Wenn die nicht mehr »drin sind«, läuft etwas schief. In Kapitel 8 zu den »Lebenselixieren« folgen weitere Empfehlungen und Übungsanleitungen. Und ganz zum Schluss werden in Kapitel 10 zwei weitere Achtsamkeitsübungen vorgestellt, auf die Sie sich vielleicht einlassen wollen.

Nun soll nochmals – weil das als besonders entscheidend erachtet wird – auf die Fragen eingegangen werden, was sich im Leben lohnt oder was ein gutes Leben ausmacht. Die Beantwortung kann selbstverständlich nur individuell erfolgen. Immerhin kann aber darüber nachgedacht werden, ob sich äußeres Wachstum, Erfolg, Leistungsstreben und -erfüllung nicht zumindest in Teilen relativieren lassen. Denken Sie dabei vorrangig daran: Wirklich

Wichtiges tragen Sie in sich. Es ist erstaunlich, wie wenig Glück und Zufriedenheit tatsächlich von äußeren Umständen abhängen. Ihr Lebensgenuss hängt nicht unbedingt von noch mehr Geld, einem noch größeren Fahrzeug, einem noch pompöseren Urlaub und einer noch höheren beruflichen Position ab. Schön, wenn man das alles hat. Wenn man dafür aber vor allem kämpfen muss, wenn man immer Konkurrenzkämpfe zu bestehen hat, wenn man manches, was man gerne machen würde, vernachlässigt, dann zahlt man womöglich einen hohen, einen allzu hohen Preis. Für ein glückliches oder erfülltes Leben sind weder ein dickes Auto noch ein Pool vor dem Haus in Halbhöhenlage notwendig. Verlegen Sie Ihr angebliches Glück nicht in eine ungewisse Zukunft! »Wenn ich erst einmal ...«, »Nach meiner nächsten Beförderung ...«, »Noch diesen Auftrag, dann aber ...« Das sind Redensarten, die das Glücklich- oder zumindest das Zufriedensein im Hier und Jetzt verhindern. Ein oder zwei Schritte zurück machen Sie nicht arm und lassen Sie nicht am Hungertuch nagen, sondern schenken Ihnen oft genug einen Reichtum, der nicht materieller, sondern ideeller Art ist. Als kleiner Merkposten soll dazu noch eine Geschichte offeriert werden. Sie ist traurig und soll als möglicher Weckruf verstanden werden:

Ein Mann lag im Sterben. An seinem letzten Tag kamen zahlreiche Besucher, die er zu kennen meinte. Obwohl sein Verstand noch gut funktionierte, war er sich nicht sicher, um wen es sich bei diesen Besuchern handelte. Er versuchte sich zu erinnern. Der Mann wusste zwar, dass er ihnen auf jeden Fall begegnet war, irgendwann in seinem Leben, er konnte die Besucher aber nicht identifizieren. Kurz vor seinem Tod fingen diese dann an zu weinen, sie setzten sich auf sein Bett, hielten ihm die Hand und streichelten seinen Kopf. Der Mann wusste, es geht mit ihm zu Ende, er wollte aber noch wissen, mit wem er es zu tun habe. Also fragte er mit letzter Kraft: »Wer seid ihr denn? Ich weiß, ich bin euch irgendwann begegnet, aber ich erinnere mich nicht richtig.« Daraufhin lächelten die Besucher sanft, sie streichelten ihm umso mehr über Hände, Arme und sein schütteres Haar. Dann antwortete einer mit Tränen im Gesicht: »Wir sind deine Träume. Erinnerst du dich, wovon du geträumt hast? Früher einmal. Aber du hast anderes bevorzugt und uns hintangestellt. Wir haben uns ab und zu gemeldet, aber du hast uns wohl bei all deinem Ehrgeiz und Streben vergessen. Es wäre zu schön gewesen, hätten wir in Erfüllung gehen dürfen. Jetzt ist es zu spät. Leider. Wir haben keine Chance mehr und müssen nun mit dir sterben.«

8 Rhythmus und Achtsamkeit im Alltag: Lebenselixiere

8.1 Welch großartige Schwingungen: Liebe als Lebenselixier

Besser wäre es, die Überschrift dieses Kapitels ganz anders zu beginnen: »Welch schwieriges Kapitel!« Tatsächlich zögerte ich zunächst. Fast hätte ich es weggelassen. Wenn man »Liebe« bei Google eingibt, erfährt man, dass es ungefähr 290 000 Einträge gibt. Wie soll da ausgewählt oder gar durchgeblickt werden! Jedoch: Wenn uns etwas in Schwung bringt, wenn wir wahrhaft Schwingungen spüren, dann ist das doch die Liebe. Gehen wir einmal auf eine Anfangsstufe: Wer von uns war noch nie verliebt? – Und: Wie ging es Ihnen dabei? Plötzlich erscheint die Welt rosarot. War gestern noch alles fad und langweilig, könnte man heute vor Glück in die Luft springen. Ist Liebe also ein Gefühl? Sicherlich, aber sie geht darüber hinaus. Abgesehen von den Schwingungen und der Resonanz hat sie vor allem auch einen Bezugspunkt zur Achtsamkeit. Wenn lieben bedeutet, etwas in sein Herz zu schließen, dann darf man einen wichtigen Satz, den der Fuchs in der Erzählung »Der kleine Prinz« sagt, nicht außer Acht lassen (Saint-Exupéry 1998, S. 73; © 1950 und 2015 Karl Rauch Verlag, Düsseldorf): »Du bist zeitlebens für das verantwortlich, was man sich vertraut gemacht hat.« Es geht in dem Gespräch zwischen dem Fuchs und dem kleinen Prinzen zwar um Rosen, aber der französische Schriftsteller und Pilot Antoine de Saint-Exupéry (1900–1944) wird nicht umsonst gerade diese Königin unter den Blumen für den auszudrückenden weisen Gedanken gewählt haben. Eine rote Rose und die Liebe – beide gehören zusammen. Übrigens steht dieser Gedanke in dem Zusammenhang des oft zitierten Satzes (ebd.): »Es ist so einfach: Man sieht nur mit dem Herzen gut. Das Wesentliche ist für die Augen unsichtbar.« Aber bleiben wir bei der Rose bzw. der Liebe (ebd.): »Die Zeit, die du für deine Rose verloren hast, sie macht deine Rose so wichtig.« Diese klugen Sätze des Fuchses verweisen auf eine besondere Dimension der Liebe. Es ist die Zeit. Liebe benötigt Zeit. Und wenn sie sich heutzutage schwer tut und gar weh tut – es gibt sogar ein lesenswertes und wichtiges Buch von der israelischen Soziologieprofessorin Eva Illouz (*1961) mit dem Titel »Warum Liebe weh tut« –, dann liegt ein Grund dafür in dem stolzen Blick der Menschen auf ihre eigene Geschwindigkeit. Wer es zu etwas oder weit bringen will, der muss schnell sein. Geschwindigkeit ist zu einem Machtfaktor geworden. Wer etwas langsam angehen lässt, wer Geduld aufbringt, wer sich sorgt und mit anderen gar sanftmütig umgehen will, der entspricht nicht dem Zeitgeist. Das Hetzen, der schnelle Wechsel, das flexible Reagieren und das »Nicht-schnell-genug-gehen-Können« sind unter anderem die Widersacher, Behinderer und Zerstörer der Liebe. Deshalb muss in diesem Buch unbedingt zu Zeit, Langsamkeit und Geduld Stellung bezogen werden. Wird dies außer Acht gelassen, dürfte die Konkurrenz des romantischen Konzepts der Liebe übermächtig werden. Es scheint schon jetzt, als verändern sich unsere Vorstellungen von Liebe und Beziehungen. Viele Paare scheitern an den Unvereinbarkeiten, mit denen sie sich in ihrem Liebesleben irgendwann konfrontiert sehen. Moderne Zeiten scheinen Beziehungen eher zu zerstören. Es geht immer um Neues, um Weiterentwicklungen, um ein »Noch-besser-Werden«, um einen

Aufbruch zu neuen Ufern. Das Alte? – Hat ausgedient. Erlaubt keinen Entwicklungsschub mehr. Das heißt, man muss bisherige Beziehungen aufgeben, eine Tendenz, die überdeutlich ist. Der Mensch gibt die Beziehung auf in der Annahme und Hoffnung, es geht jetzt voran, und das »Sich-weiter-Verbessern« – auch mit der noch größeren neuen Liebe – wird angestrebt. Vielleicht ist oder kommt das so. Aber man zahlt einen hohen Preis dafür, dass es keine zuverlässigen Beziehungen mehr gibt. Wenn man so will: Die Kosten sind immens hoch. Mit der Liebe ist nämlich eine tiefgreifende Sinnfrage verbunden. Anders formuliert: Liebe vermittelt eine starke Erfahrung von Sinn! Deshalb: Auch wenn konventionelle Zweierbeziehungen durch andere Arrangements abgelöst werden, bleibt die Sehnsucht des Menschen nach Liebe doch ein beständiger und maßgeblicher Faktor. Zwar sieht auch die Soziologin und Präsidentin des Wissenschaftszentrums Berlin für Sozialforschung, Jutta Allmendinger (*1956), die Ehe als einstmals starke Norm in Auflösung begriffen. Doch eine von Liebe getragene Partnerschaft in anderen Formen tritt an ihre Stelle. Sollen die Schwingungen aufrecht erhalten werden, dann muss sich das im Alltag erweisen. Damit werde ich nun manchen einer Illusion berauben, wobei nur der Fokus ein wenig verschoben wird: Liebe ist eben nicht immerwährende Harmonie, sondern sie ist immer wieder einmal Harmonie, aber eben nicht nur. Liebe bildet die Polarität des Lebens ab. Diese kann mit der Atmung deutlich gemacht werden. Ein- und Ausatmen – beides gehört unbedingt zusammen. Das eine gibt es nicht ohne das andere. Zum Existieren, zum Wohlbefinden, zum Energiegewinnen, zum Entspannen, zum Engagieren, zum Loslassen, zur Freude, zum Weinen gehören immer Gegensätze. Wenn diese Idee der Gegensätze in die Deutung der

Liebe hereingenommen wird, ist der Mensch nicht nur vor Enttäuschungen geschützt. Er weiß dann um die Phasen überschäumenden Glücks, der Euphorie, des unglaublichen Begehrens, die abgelöst werden von Distanz, Ernüchterung und manchmal sogar Hass. Ja, zumindest vorübergehend hält Liebe sogar Hass aus. Wir wünschen uns natürlich das Romantische, sollten aber nicht vergessen, dass sich die Liebe im Alltag bewährt. Dieser Alltag ist nicht unbedingt romantisch. Im Gegenteil. Wenn Menschen an der romantischen Liebe festhalten, dann vor allem wegen der (oft) kalten und zweckrationalen Zeit, womit wir wieder bei der Zeitdimension wären. Die Welt ist nicht nur aufgrund der Erkenntnisse der Wissenschaft entzaubert worden. Alles muss technisch und wirtschaftlich funktionieren. Auch der Mensch muss nach den Regeln der Marktwirtschaft funktionieren. Das geht nicht unbedingt gut, denn diese Regeln eines nicht kontrollierten kapitalistischen Wirtschaftssystems passen nicht ohne Weiteres zum System Mensch, der daran krank werden kann. Vor diesem Hintergrund ist das Festhalten an romantischen Vorstellungen verständlich. Man schafft eine Gegenwelt, in der Wärme, Zuneigung, Sorge und Sicherheit dominieren. Für ein Festhalten an der Liebe ist zudem wichtig zu sehen, dass der Mensch ein energetisch bedürftiges Wesen ist. Wer schon einmal einen liebenden Menschen beobachtet hat (das kann man am besten an sich selbst wahrnehmen), wird das Phänomen der Energie zweifelsohne bemerkt haben. Liebe hält aufrecht, gibt Kraft, sorgt für eine gute Grundstimmung, über die Kleinigkeiten manch täglichen Unbills kann hinweggegangen bzw. hinweggesehen werden. Das meiste erscheint in anderem, nämlich besseren Licht. Da ist Schwung, da ist Fröhlichkeit und vielleicht ein innerer Friede, der einen die

Anforderungen und Herausforderungen des Alltags leichter bewältigen lässt.

Wie anfangs erwähnt: Die Vielzahl dessen, was über Liebe geforscht, herausgefunden und veröffentlich worden ist, kann schwindelig machen. Man muss auswählen, sich bescheiden. Dass Liebe in engster Beziehung zum Lebensrhythmus und zu Achtsamkeit steht, habe ich in ersten Ansätzen deutlich zu machen versucht. Vielleicht erwarten Sie auch, liebe Leserin und lieber Leser, Ausführungen zum wichtigen Themenfeld Erotik und Sex. Dahinter stecken Kräfte und Energien, die sich bespiellos entfalten können, aber, um nochmals auf die Polarität hinzuweisen, auch Aggressionen und Gewalt. Es wird Sie hoffentlich nicht allzu sehr enttäuschen, wenn ich auf dieses Thema nicht weiter eingehe. Was jedoch nicht versäumt werden darf, ist ein Hinweis auf die Selbstliebe. Ich verweise dabei auf die Rede »As I Began to Love Myself« (»Als ich mich selbst zu lieben begann«), die Charlie Chaplin (1889–1977) angeblich anlässlich seines 70. Geburtstages am 16. April 1959 vortrug. (Es ist allerdings umstritten, ob diese Gedanken tatsächlich von Chaplin stammen oder doch einem anderen Autor zugeschrieben werden müssen. Dies tut aber nichts zur Sache, geht es doch um die inhaltlichen Dimensionen, und diese sind sehr bedenkenswert.) Chaplins Rede lässt sich wie folgt zusammenfassen:

- Es geht darum, dass man sich selbst vertraut, womit auch ein Vertrauen darauf eingeschlossen sein soll, dass alles, was geschieht, richtig ist.
- Man darf nicht gegen die jeweils eigene Wahrheit leben. Geschieht dies, melden sich Schmerzen und Leid als Warnungen. Ein Leben gemäß der eigenen Wahrheit gewährleistet die Möglichkeit, authentisch zu sein.
- Kritisch sieht es der Autor des Textes, sich nach einem

»anderen« Leben zu sehnen. Er plädiert dafür, das Leben so zu nehmen, wie es eben ist, und die Chancen für persönliches Wachstum, die damit einhergehen, zu sehen und als solche zu akzeptieren. Darin sieht er ein Zeichen von Reife.

- Ehrlichkeit geht damit einher, dass man sein Leben nach seiner eigenen Art und Weise lebt und zudem auf das Tempo achtet, das zu einem passt. Grandioses Entwerfen von Zukunftsprojekten haben damit nichts zu tun. Zudem soll darauf geachtet werden, sich nicht selbst seiner freien Zeit zu berauben.
- Der Autor bringt ausdrücklich auch die Selbstliebe ins Spiel, von der er zunächst meinte, sie wäre ein »gesunder Egoismus«. Gesundheit ist für ihn sehr maßgeblich, denn er erklärt, dass er sich von allem Ungesunden befreit hat, als er lernte, sich selbst zu lieben.
- Demut erkennt er darin, nicht immer Recht haben zu wollen. Damit verbindet er die Chance, sich weniger zu irren.
- Unterstrichen wird das Leben im Augenblick. Nur so ist Bewusstheit zu erreichen. Diese wird verhindert, wenn man in Gedanken in der Vergangenheit verbleibt oder sich um die eigene Zukunft Sorgen macht.
- Der Verstand ist selbstverständlich wichtig. Er bedarf allerdings einer Ergänzung, sonst besteht die Gefahr, dass das Denken armselig bleiben und krank machen kann. Gemeint sind Herzenskräfte. Zusammen mit dem Verstand ergeben diese Herzensweisheit.
- Ganz am Schluss wird ausgeführt, man müsse sich nicht vor Auseinandersetzungen und Problemen fürchten. Diese gehören zum Leben und machen es aus.

Prinzipiell verweisen diese Gedanken auf Bausteine für ein gutes, vor allem seelisch stabiles Leben. Selbstliebe hängt gemäß dieser Ausführungen zusammen mit Vertrauen, Authentizität, Reife, Ehrlichkeit, Demut, Bewusstheit, Herzensweisheit und der Anerkennung des Lebens, das auch Ungutes bereithalten mag. Diese Selbstliebe ist all denen vor Augen zu führen, die allzu gerne an sich herumkritisieren, die sich mit dieser Selbstkritik herabwürdigen und gar selbst bestrafen (Kuhl 2010, S. 406). Selbstkritik ist mitunter sicherlich berechtigt und wirkt als wichtiges Regulationsinstrument. Wenn sich der Mensch aber damit selbst entwertet, kommt es zu destruktiven Wirkungen. Das hat dann gar nichts mehr mit Selbstfürsorge zu tun. Im Gegenteil werden interne Ressourcen (körperliche und seelische Kräfte, Wissen, Fähigkeiten und Kompetenzen), die uns für die Lebensbewältigung zur Verfügung stehen, angegriffen und unter Umständen reduziert oder sogar zerstört. So vergibt man Chancen, die das Leben bietet. Denn fehlt zum Beispiel das mit der Selbstliebe einhergehende Vertrauen, ergreift man Möglichkeiten des Erlebens und Handelns nicht. Kommt es ganz bitter, dann entwickelt sich eine Abwärtsspirale, die einem guten Leben entgegenwirkt. Die Rede »Als ich mich selbst zu lieben begann« besteht aus kraftspendenden Überlegungen. Überlegen Sie bitte, inwieweit sie Ihnen helfen oder Sie etwas damit anfangen können. Jedenfalls vertrete ich die These: Erst wenn ich Selbstliebe praktiziere, kann ich andere Menschen lieben. Es ist ein grundlegender Resilienzfaktor (Schutzfaktor im Sinne einer Fähigkeit, auch mit widrigen Umständen und Situationen umgehen zu können; Frey 2016, S. 157 ff.) und von kaum zu unterschätzender Bedeutung, dass der Mensch lernt (falls er dies noch nicht getan haben sollte), sich so zu akzeptieren und zu mögen, wie er ist (was das Arbeiten an seinen Defiziten allerdings mit einschließt). Selbstannahme, ob das nun die eigene Geschichte, das eigene Naturell oder eben das eigene Äußere betrifft, ist die Grundlage der Lebensfreude. Wie soll ich mich freuen und vergnügen, wenn ich die ganze Zeit mit meinen Mängeln beschäftigt bin? Hilfreich ist, was die schweizerisch-US-amerikanische Psychiaterin Elisabeth Kübler-Ross (1926–2004) dazu festgestellt hat. Sie erinnert uns daran, dass wir uns selbst nicht vergessen dürfen. Wenn sie von der bedingungslosen Liebe spricht, dann unterstreicht sie, dass diese nicht nur andere einschließen soll, sondern ebenso uns selbst.

Dieser Gedanke ist untrennbar mit folgender Erkenntnis verbunden: Ich kann nicht anderen geben, was nicht in mir ist oder was ich mir selbst verwehre. Vielleicht erscheint es manchen schwierig, sich selbst wertzuschätzen, sich selbst als einzigartig und wertvoll zu sehen. Es geht dabei nicht um Egoismus oder Narzissmus. Es geht um Selbstannahme und das Anerkennen, dass der Mensch etwas unendlich Wertvolles und Positives aus ureigenem Recht ist. Dazu gehört auch die Erkenntnis, dass eine Zeit, die den Wert eines Menschen vorrangig oder nur mit seiner Leistungsfähigkeit gleichsetzt, zu einer würdelosen Zeit verkommt. Anders ausgedrückt: Mein eigener Lebensrhythmus ist harmonischer, ausgeglichener und sanfter, wenn ich der Selbstliebe Raum gebe. Ohne diese Basis dürften Aggressionen, Ängste, Wut und Zweifel in vielen Lebenssituationen mein Verhalten bestimmen. Dann muss ich mich nicht wundern, wenn mein Leben öfters aus dem Takt gerät, als mir lieb ist, und nichts Rhythmisches zustande kommen kann. Daher empfehle ich ernsthaft: Lächeln Sie sich öfters selbst an. Zwinkern Sie sich zu, und freuen Sie sich, dass es Sie gibt. Und: Bitte seien Sie nicht zu streng mit sich. Wie soll innere Harmonie aufkommen, wenn der kritische Blick immer die Oberhand gewinnt? Deshalb, falls Sie sich angesprochen fühlen: Lernen Sie, ein wenig milder mit sich umzugehen. Sie haben sich ja schließlich nur einmal!

»Und was ist des Strebens wert, wenn es die Liebe nicht ist!« Der deutsche Literat und Publizist Heinrich von Kleist (1777–1811), nicht nur, aber durchaus auch der damaligen romantischen Strömung der Kunst zuzurechnen, hat mit dieser Frage immerhin auch ein »Sich-Anstrengen«, ein »Sich-Bemühen« mitformuliert (von Kleist 1993, S. 766). Wenn ich nach etwas strebe, muss ich mich einsetzen, mich engagieren, ich muss Energie aufbringen und Kraft einsetzen. Anders: Streben ist mit Arbeit, Fleiß *und* Disziplin verbunden. Und das soll etwas mit Liebe zu tun haben? Ich meine nachdrücklich: Ja! Ganz entschieden sogar! Ein harmonisches Miteinander hat auf alle Fälle etwas mit Disziplin zu tun. Deshalb darf man sich nicht gehen lassen. Wird in einer Liebesbeziehung diese Richtung eingeschlagen, kann allzu rasch die Routine Einzug erhalten. Sich gehen zu lassen wirkt sich zum Nachteil des Partners aus, die Bedürfnisse des (einst?) geliebten Menschen werden nicht mehr wahrgenommen oder gar bewusst zurückgewiesen. Sollte dann noch im Zusammenleben die Routine einkehren und letztlich den Alltag bestimmen, gerät die Liebe erst recht in Gefahr. In Zahlen ausgedrückt, bedeutet das zum Beispiel für das Jahr 2016 eine Scheidungsrate von knapp 40 Prozent, wobei sich nach einer Mitteilung des Statistischen Bundesamtes (Nr. 231 vom 11. 07. 2017) ein zweifacher Trend abzeichnet: Paare, die sich scheiden lassen, werden immer älter, und Scheidungen nach langjähriger Ehe werden zunehmend häufiger. (Das Durchschnittsalter einer Ehe bei der Scheidung liegt heute bei 15 Jahren.) Es darf sicherlich unterstellt werden, dass die meisten gescheiterten Ehen einmal aus Liebe geschlossen wurden. Wenn nun diese einstmals wunderbaren Beziehungen endgültig zerbrechen, liegen bei der Mehrzahl etliche Jahre des Streits, des Sich-Auseinanderlebens, der gegenseitigen Verletzungen, des Sich-Anödens hinter den Partnern. Bezieht man all die ohne Trauschein zusammenlebenden Paare mit ein, kann man einigermaßen ermessen, welches Maß an Streitigkeiten und Enttäuschungen allein durch diese belasteten zwischenmenschlichen Beziehungen gegeben ist. Alle nach langjährigen Beziehungen Geschiedenen oder dauerhaft Getrennten, vor allem wenn Beziehungen zu Dritten (Fremdgehen) ursächlich für das Ende der Beziehung waren, werden weder einen sich günstig bemerkbaren Lebensrhythmus spüren, noch irgendwelche Harmonieschwingungen. Im Gegenteil! Machen wir uns nichts vor. Der (seelische) Schaden, der angerichtet und zugefügt wird, ist mit »Disharmonie« allzu sanft umschrieben. Wird man deutlicher, muss von Schmerz und Leid die Rede sein, und das nicht nur, aber eben auch, weil Achtsamkeit keine Rolle mehr gespielt hat. Vielmehr wurde diese für die Liebe so notwendige Achtsamkeit, die immer Disziplin mit einschließt, über Bord geworfen. Es triumphierte mehr und mehr Distanz, Kälte, Ablehnung, zuletzt vielleicht sogar Abwertung und – wenn es ganz schlimm kam – ein »Nicht-mehr-ertragen-Können« des einstmals geliebten Menschen. All das hat viel mit Unachtsamkeit, Ignoranz, Bequemlichkeit und Faulheit zu tun, oft genug noch gepaart mit Ahnungslosigkeit bezüglich der Tatsache, dass es in der Liebe nie nur um einen selbst geht.

Nun sei aber wieder positiv auf die Liebe geblickt. Wer sie erfährt, weiß, dass sie auch deshalb so guttut, weil beide

Liebenden Anerkennung, ja, nicht selten gar vorbehaltlose Anerkennung erfahren, und dies stabilisiert und steigert das Selbstwertgefühl. Dabei scheint der viel zitierte Satz »Liebe macht blind« eine nicht geringe Bedeutung zu haben. Denn der Verliebte sieht beim anderen all das nicht (oder will es nicht sehen), was stören könnte. Die damit verbundene Anerkennung des verliebten Menschen, den der Partner in der Phase der Verliebtheit meist von jeglicher Kritik verschont, gibt diesem einerseits Sicherheit, und zudem sieht er sich in seiner Einzigartigkeit und in seinem Wert bestätigt. Dies mobilisiert positive emotionale Energie und garantiert Schwung und Freude der Verliebten. Alles scheint einfacher als sonst, Optimismus und Zuversicht dominieren, motiviert packt man Probleme an, und über den Sinn des Lebens muss nicht mehr nachgedacht werden. Verliebten ist der Sinn des Lebens gewissermaßen automatisch bewusst. Das wiederum dürfte ein ganz großes Pfund für die Sicherung und Erhaltung seelischer Gesundheit sein.

8.2 Und weil das so eine Sache ist mit der Liebe: Lob, Anerkennung und Wertschätzung als Lebenselixiere

Im vorangegangenen Abschnitt habe ich die Bedeutung von Anerkennung für uns Menschen im Zusammenhang mit Verliebten bereits ins Spiel gebracht. Diese Kategorie ist aber in zwischenmenschlichen Beziehungen jedweder Art sehr ausschlaggebend. Wer liebt und geliebt wird, ist in Schwung. Wer sich in diesem Zustand befindet, wird die Schwingungen spüren können. Damit gehen mehr als nur gute Gefühle einher. Glücklich also ist, wer liebt. Doch es muss nicht um Liebe gehen, um diese schwunghaften Gefühle zu erfahren. Lassen Sie uns ein wenig wegkommen von der Liebe und etwas nüchterner werden, das heißt, ich »zoome« einmal herunter und finde trotzdem hervorragende Möglichkeiten und Chancen, günstig auf das Lebensgefühl eines Menschen zu wirken und dessen Selbstwertgefühl zu stärken. Menschen benötigen unbedingt Anerkennung und Wertschätzung. Erfahren wir sie, dann empfinden wir Glücksgefühle, wir kommen (noch mehr) in Schwung, unsere Motivation (gerade im beruflichen Umfeld) nimmt zu, wir fühlen uns stark und wertvoll, und um unsere seelische Gesundheit müssen wir uns kaum Sorgen machen. Liebe kann man nicht erzwingen, man kann sich nicht bewusst verlieben und schon gar nicht sicher sein, dass die Liebe erwidert wird. Liebe ist in diesem Sinne nicht »machbar«. Es sind Zufälle, glückliche Umstände, etwas Besonderes wie der richtige Zeitpunkt und die zufällig sich ergebende Begegnung. Anerkennung und Wertschätzung hingegen haben wir in der Hand. Damit können wir umgehen. Wir können Anerkennung und Wertschätzung bewusst geben, und damit halten wir einen Schlüssel für das Wohlbefinden anderer Menschen *und* für uns selbst in der Hand. Wie das schiefgehen bzw. wie dümmlich darüber gedacht werden kann, soll an einem schwäbischen Ausdruck deutlich gemacht werden, mit dem ich gewissermaßen aufgewachsen bin. Als ich – Student in einem Praktikum – am sehr späten Abend nach stundenlanger Recherche einen Programmierfehler entdeckt und mit dessen Behebung eine einwandfrei funktionierende Buchhaltung sichergestellt hatte, sagte ich dem äußerst distanzierten Prokuristen, dafür könne er »ja einmal loben«. Doch dazu sah der sich außerstande: »Net g'schempft, isch g'lobt gnug.« Hochdeutsch heißt das: »Nicht geschimpft ist gelobt genug.« Eine Auffassung, die offenbar nach wie vor weit verbreitet ist. Im Frühjahr des Jahres 2012 sorgte das Ergebnis einer Gallup-Studie für Aufmerksamkeit: »Chefs loben zu wenig.«[18] Vier Jahre später stellte dasselbe Beratungsunternehmen wiederum fest: »Lob, Anerkennung und offene Ohren für Mitarbeiter sind in deutschen Büros und Werkshallen noch immer selten.«[19] Und Ende 2016 wurde im Online-Magazin der Wochenzeitung *Die Zeit* erklärt, weshalb Chefs viel mehr loben sollten.[20] Für diejenigen, die sich vorrangig von betriebswirtschaftlichen Maßstäben leiten lassen, darf angeführt werden: Lob ist kostengünstig: Es kostet gar nichts! Auf der anderen Seite hat das Loben im beruflichen Kontext massive Vorteile: Es steigert die Innovationskraft der Mitarbeiter ebenso wie deren Motivation, Kreativität, Engagement und Initiative. Auch die verstärkte Unternehmensbindung ist von unschätzbarer Bedeutung. Statt »innerlich zu kündigen« gehen Beschäftigte, die zu Recht Anerkennung und Lob erfahren, motiviert an ihre Aufgaben heran und identifizieren sich mit ihrem Unternehmen. Und jetzt lassen Sie uns einmal in die Klassenzimmer der Schulen blicken und auf das, was Lehrer während ihrer Ausbildung lernen. Vielerlei gilt es dort zu erproben und zu praktizieren. Man spricht von »Methodenvielfalt«. Vielfältige didaktische Tipps und

---

18 Verfügbar unter: https://www.welt.de/newsticker/dpa_nt/infoline_nt/wirtschaft_nt/article106092382/Deutsche-Chefs-loben-zu-wenig.html (Zugriff: 22.08.2018).

19 Verfügbar unter: https://rtlnext.rtl.de/cms/studie-deutsche-chefs-loben-zu-wenig-1065360.html (Zugriff: 22.08.2018).

20 Verfügbar unter: http://www.zeit.de/karriere/2016-12/lob-mitarbeitermotivation-fuehrungskraft-kreativitaet (Zugriff: 22.08.2018).

Tricks werden durchbuchstabiert. Das mag alles seine Berechtigung haben, um Schüler zu motivieren und zum Lernen zu bewegen. Aber eigentlich geht es weitaus einfacher. Meine These: Bemerkt ein junger Mensch, dass sein Lehrer ihn mag, das heißt ihn anerkennt, schätzt und durchaus immer wieder einmal für seine Leistungen lobt, dann darf man das umfangreiche Methodenrepertoire getrost vergessen. Es geht doch auch bei Sieben- oder Siebzehnjährigen darum, dass sie wahrgenommen werden. Und dass den Kindern und Jugendlichen Wertschätzung entgegengebracht wird, auch wenn sie nicht die Leistungsträger einer Klasse sind und vielleicht sogar durch ihr Verhalten als Störenfriede auffallen. Strafarbeiten? Notenbüchlein? Druck machen? – Alles ziemlich aussichtslose und bestenfalls kurzfristig wirksame Reaktionen. Gerade weil der Lehrerberuf in besonderer Weise ein »Beziehungsberuf« ist, kann die Bedeutung von Lob, Anerkennung und Wertschätzung in der Schule nur doppelt unterstrichen werden. Solche Bestätigung stärkt den Selbstwert des jungen Menschen, motiviert und macht auch einen verschlossenen Schüler zumindest aufgeschlossener. Es ist im Grunde häufig einfacher, als man denkt: Man muss als Erwachsener eben in der Lage sein, zu ermuntern, zu ermutigen *und* zu loben. Das ist in der Theorie einfach, in der Praxis nach meinen Erfahrungen aber für manche ziemlich schwierig. Jeder, der sich damit schwertut, führe sich seine eigene Situation und seine eigene Reaktion vor Augen, wenn er Anerkennung und Lob erfährt: Da muss jemand schon ziemlich abgebrüht sein, wenn sich bei ihm nicht automatisch ein Lächeln und ein wenig Stolz einstellt, wenn nicht rasch dem Partner oder Freund darüber mit Freude berichtet wird, wenn man – später im Bett liegend – vor dem Einschlafen dieses Lob nicht nachklingen lässt und genießt.

Der Mensch wird »aufgebaut«, er ist motiviert, er weiß um seine Bedeutung und will auch zukünftig zeigen, was er kann. Ob jung oder alt: Wir alle benötigen Lob, Anerkennung und Wertschätzung immer wieder einmal. Derartige Erfahrungen verbessern nicht nur unser Lebensgefühl, sondern unsere Gesundheit, weil damit eine Sinnausrichtung verbunden ist. Wer sein Umfeld, ob berufliches, privates oder schulisches, als sinnentleert erlebt, verliert nicht nur die für ein gutes Leben bedeutsame Grundfreude, sondern gerät in eine desillusionierende Abwärtsspirale, die ins Unerträgliche führen kann. Wir Menschen benötigen sinnstiftende Strukturen. Einen entscheidenden Beitrag leisten dazu (neben anderen) Eltern, Vorgesetzte und Lehrer – im Prinzip all diejenigen, die eine Führungsfunktion ausüben –, wenn sie die ihnen anvertrauten Menschen in ihrer Ganzheit mit ihren persönlichen, professionellen und spirituellen Bedürfnissen sehen. Es geht dann nicht mehr bloß um Profit oder herausragende Zensuren. Eine um sich greifende Tendenz ist die »Funktionalisierung« des Menschen, der nur etwas gilt, wenn er sich in der Leistungsgesellschaft bewährt. Das kann bereits Kinder und Jugendlichen in ihren Familien betreffen, deren Eltern ihre Erziehung einseitig ausschließlich auf Leistungsorientierung und Leistungserbringung ausrichten. Dann fehlen humane Wertmaßstäbe. Die Lebendigkeit eines Menschen beruht wesentlich auf dessen Sinnerfahrung. In Familien kommt Vertrauen als maßgebliche Bedingung hinzu. Ist das Vertrauen gewährleistet, besteht eine Grundvoraussetzung für Lernen, die Entwicklung von Selbstverantwortung und für ein kooperatives Miteinander. Schaut man heutige Organisationsformen und Führungskonzepte in der Praxis (nicht theoretische Abhandlungen der sogenannten wissenschaftlichen Literatur) an, dann scheint es, als sei noch viel zu tun. Hierarchien, präzise Arbeitsanweisungen, strikte Planung und ausgefeilte Kontrollmechanismen sind nach wie vor verbreitet. Wenn sich der Mensch in einem solchen Arbeitsumfeld zu fragen beginnt, »Wozu mache ich das?« oder »Was soll das Ganze überhaupt?«, dann ist der Weg zu Sinnverlust und damit zu Demotivation und Orientierungslosigkeit vorgezeichnet. Das Gegenstück, nämlich sinnerfülltes Lernen und Arbeiten, lässt eine Funktionserfüllung nicht außer Acht. Aber gleichzeitig wird der Wert des Menschen an sich anerkannt und der Mensch in Kranken- und Krisenzeiten unterstützt. Irgendwo habe ich einmal in einem Führungsseminar den Satz aufgeschnappt: »Führung führt durch Krisen.« Dies bringt etwas sehr Wahres zum Ausdruck. Wer in der Lage ist, jemandem – ob Schüler oder altgedienter Arbeitnehmer – in einer Krisenzeit beizustehen, praktiziert eine menschengerechte, werteorientierte Führung, die den Menschen in seiner Ganzheit anerkennt und Wertschätzung auch dann aufrechterhält, wenn dieser Mensch nicht (mehr) »funktioniert«. Voraussetzung dafür ist die Fähigkeit, den anderen achtsam wahrzunehmen und ihm mit Achtsamkeit zu begegnen. Das soll nicht als »soziales Gesülze« verstanden werden. Sondern im Gegenteil als große Herausforderung, die nur gemeistert werden kann, wenn man über viele Handlungsmöglichkeiten verfügt und die Führungsverantwortung auf ethisch-moralischen Kategorien basiert, die Kosten-Nutzen-Denken weit übersteigen. Lob zu erteilen fällt vielen Zeitgenossen schwer, obwohl jeder weiß, wie beglückend es sein kann, ein Lob zu bekommen. Lob, das ehrlich, authentisch und im rechten Maß erteilt wird, wirkt den Gefahren einer konkurrenz- und leistungsorientierten Gesellschaft entgegen. Es dürfte jedoch auch Fälle geben, bei denen sich eine negative Wirkung im Sinne von Abhängigkeit bis hin zur Selbstgefälligkeit einstellt. Doch es wäre verfehlt, deshalb auf positives Feedback und Bestätigung zu verzichten. Man würde »das Kind mit dem Bade ausschütten« und sich einer wunderbaren Möglichkeit begeben, dem Leben anderer Menschen Schwung zu verleihen und nicht selten sogar für ein Glücksmoment zu sorgen. Es ist – oder besser – es wäre so einfach. Jeder hat es in der Hand. Wie anfangs erwähnt: Lob kostet nichts und bringt unter Umständen sehr viel. Kennen Sie eine bessere Investition?

8.3 Freude, Schutz und Heilung: Musik, Singen und Tanzen als Lebenselixiere

Schon in Kapitel 4.4 hatten wir uns mit der heilsamen Wirkung von Musik und mit Rhythmus befasst. An dieser Stelle soll nun nicht nur für das aktive Musizieren mit einem Instrument »geworben« werden, sondern auch für andere, damit zusammenhängende Ausdrucksformen, die dem Menschen guttun können. So ist zwischenzeitlich unbestritten, dass aktives Musizieren in jeglicher Form das Gehirn trainiert und dadurch nicht nur die intellektuelle Entwicklung fördert, sondern auch die Sozialkompetenz und Kreativität verbessert. Allgemein kann guten Gewissens behauptet werden: Es lohnt sich, ein Musikinstrument zu lernen, Singen zu lernen und Tanzen zu lernen – in welchem Alter auch immer. Deutlich zeigt sich in der Musik das rhythmische Prinzip. Der Mensch wird in seiner Ganzheit angesprochen. Verstand, Vernunft und Gefühle sind beteiligt. Musik »bewegt« im wahrsten Sinne des Wortes, wenn man sich auf den zugrunde liegenden Rhythmus einlässt, weil dieser unser Inneres in Schwingungen versetzt.

Lassen Sie uns zum Thema Singen ein paar Gedanken verlieren. Manche Zeitgenossen äußern ziemlich rasch und überzeugt, sie könnten nicht singen, und wischen damit die Sache vom Tisch. So kann man sich auf persönliche Art distanzieren. Ob das stimmt, wäre aber in jedem Einzelfall zu diskutieren, und manch einer würde wohl darüber staunen, wozu er tatsächlich mit ein wenig Stimmtraining und Lieder-Üben in der Lage wäre. Schwierig wird es, wenn ideologische Argumente das Singen verhindern. Maßgeblich hat dazu der Soziologe Theodor Adorno (vgl. Kapitel 1.2) beigetragen, der 1956 in seinem Traktat »Kritik des Musikanten« erklärte (Adorno 1969, S. 62 ff.; Lehmann 2012, S. 230): »Nirgends steht geschrieben, daß Singen not sei.« Adornos abschätziges Urteil hängt mit seinem neomarxistischem Fundament und der daraus entwickelten Gesellschaftstheorie zusammen. Anknüpfungspunkt waren die schrecklichen Erfahrungen im Dritten Reich. Die Nationalsozialisten ideologisierten Musik und Gesang und instrumentalisierten sie für ihre Propaganda und Hetze gegen Feindbilder; davon waren in besonderem Maß junge Menschen in den NS-Jugendorganisationen wie Hitlerjugend und Bund deutscher Mädel betroffen. Dieses verzerrte, zweckorientierte Musikverständnis verdient Kritik, ebenso jedoch die generalisierte Ächtung von Singen und Gesang in einem demokratischen Rechtsstaat. Adornos und weitere kritische Stimmen haben allerdings ihre Wirkung nicht verfehlt: Die Alltagskultur des Singens hat darunter sehr gelitten, und genügend Chöre beklagten seitdem, dass sie keinen ausreichenden Nachwuchs gewinnen können und eine wenig singfreudige Generation heranwachse.

Singen kann als menschliches Urverhalten, ja als Urbedürfnis angesehen werden. Singen gehört (wie Musik) nach meiner Überzeugung unbedingt zum Menschen und sollte gepflegt werden. Selbstverständlich kann sie nicht pauschal als Allheilmittel angepriesen werden. Das wäre eine unangemessene Verklärung. Doch aktives Singen (vor allem in Gemeinschaft, also in einem Chor oder Gesangsverein) stellt eine tragfähige Komponente des sozialen Miteinanders, eine Möglichkeit, sich auszudrücken sowie Gefühle anzusprechen, und einen Weg zur Verständigung zwischen Menschen dar. Singen kann als sozialer Kitt wirken! Der weltberühmte Violinvirtuose und Dirigent Yehudi Menuhin (1916–1999) erkennt im Singen gar die eigentliche Muttersprache des Menschen. Singen gehört zum Feiern und zum Leben. Der Gebrauch der Singstimme mag vielleicht ganz wenigen Menschen nicht möglich sein (eventuell aufgrund eines sehr vereinzelt auftretenden genetisch bedingten Unvermögens zu singen). In den allermeisten Fällen dürfte die Feststellung, nicht singen zu können, eher eine Schutzbehauptung sein. Weil man zu bequem ist, sich geniert oder einfach selbst falsch einschätzt. Das Rhythmusgefühl, das sich beim Singen einstellt, kennt jeder Laie – auch wenn er nur einmal im Jahr an Weihnachten singt oder vielleicht bei einer ausufernden Feier in den Gesang einstimmt, der eventuell alles andere als schön klingt, aber Schwung gibt und – in aller Regel – Freude bereitet und Zusammengehörigkeit vermittelt. Viel ausgeprägter kann das erleben, wer im Chor singt! Wenn Sie einmal einen Chorwettbewerb besuchen, werden Sie unschwer erkennen, wie alle vom Rhythmus erfasst, manchmal geradezu mitgerissen werden und sämtliche Gesichter eine Freude zum Ausdruck bringen, die sich auf das Publikum überträgt. Auch die Zuhörer erleben eine Veränderung ihrer Stimmung, der Rhythmus überträgt sich und – wenn der Funke im wahrsten Sinne des Wortes überspringt – singt nicht mehr nur der Chor, sondern der ganze Saal stimmt ein, und alle Anwesenden werden mitgenommen, wovon sie noch Tage später schwärmen. Singen befriedigt menschliche Bedürfnisse.

Wenn es um Musik und Singen geht, kann der Blick zum Tanzen nicht ausbleiben. Fangen wir einmal vorsichtig an: Musik und Bewegung gehören zusammen. Wer von Musik erfasst wird, wird von ihr bewegt, und zwar innerlich wie äußerlich. Vielleicht wippt man zunächst nur mit den Füßen, dann klatscht man mit, danach kommt der Oberkörper in Schwung, und mit einem Mal verleiht der ganze Körper dem Rhythmus der Musik Ausdruck. Musik löst offensichtlich eine Art von Resonanz im Menschen aus, die zu rhythmischen Bewegungen führt. Und schauen Sie sich dabei die Gesichter an. Im Regelfall erkennen wir Freude und Strahlen, oft ein unbändiges Lebensgefühl, ja, der Mensch kann sich ganz vergessen, der äußere Rhythmus der Musik hat sich auf einen inneren Rhythmus übertragen. Es ist gerade so, als dringe der Musikrhythmus wie ein starker Impulscharakter in uns ein. Dieser innere Rhythmus setzt Kräfte und Energie frei, er setzt im Menschen körpereigene Opiate, sogenannte Endorphine (abgeleitet von *»endogenen Morphinen«*), frei, das heißt, der Musikrhythmus, der in einen Bewegungsrhythmus übersetzt wird, beeinflusst die Biologie des Menschen in ungemein günstiger Weise. Diese Glückshormone entfalten Wirkung. Es geht dem Menschen gut, er fühlt sich ausgesprochen lebendig, je nach Situation und Naturell vollführen Tanzende elegante, überaus harmonische und schwungvolle Figuren oder ekstatische, wilde Bewegungen, die ihrem Glücksgefühl heftig Ausdruck verleihen. Dies alles geht mit starken Emotionen einher. Tanzen ruft einerseits durch die Bewegungen des Körpers Emotionen hervor, andererseits drücken Tanzende mit den Bewegungen ihre momentane Emotionalität aus. Der an der Universität Ulm lehrende und forschende Psychiater Professor Manfred Spitzer (*1958) notiert dazu (Spitzer 2014, S. 200): »Unser Körper produziert nicht nur eine Reihe von Rhythmen, er ist auch fähig, zu einem vorgegebenen Rhythmus mitzuschwingen: ... Man geht davon aus, dass ein äußerer Rhythmus uns deswegen so leicht bewegen kann, da er einen inneren, bereits vorhandenen Rhythmus lediglich zu synchronisieren braucht. Wir werden dann von der äußeren Schwingung gleichsam eingenommen und synchronisiert.«

Abgesehen von diesem mit dem Tanzen verbundenem Gefühlserleben soll hier die erzieherische und soziale Dimension des Tanzes unterstrichen werden. Musik und Tanz sind vor allem für jene Lebenshelfer, die benachteiligt sind und sozial abzudriften drohen. Lassen wir den Choreografen und Tanzpädagogen Royston Maldoom zu Wort kommen, dem »Ghetto-Kids« am Herzen liegen und der mit dem Dirigenten Sir Simon Rattle für die in Kapitel 4.4 bereits erwähnte Dokumentation »Rhythm is it« verantwortlich zeichnete. Maldoom geht es mit seinen Tanzprojekten immer auch darum, junge, in prekären Verhältnissen aufgewachsene Menschen ihr Können unter Beweis stellen zu lassen. »Du kannst etwas«, »Ich traue dir etwas zu«, so lauten seine Ermutigungen für Kinder und Jugendliche, denen er aber auch Konzentration und Disziplin abverlangt. Lernschwierigkeiten, Verhaltensauffälligkeiten, katastrophale familiäre Hintergründe – alles Umstände, die auf ein Leben ohne Chancen verweisen: All das nimmt Maldoom mit seiner empathischen Art zum Anlass, diesen »Problemkindern« einen Ausweg anzubieten. Seine sozial-kreativen Tanzprojekte sind für viele das erfolgreiche, ja rettende Angebot. Maldoom dazu:

»Ich verlange immer nur, das zu tun, was das Stück, den Tanz, am besten macht. Das ist das ganze Geheimnis. Ich kümmere mich nicht darum, wo die Kinder herkommen und was sonst in ihren Leben alles los ist; sie wollen auch nicht daran erinnert werden. Sie wollen was Neues, Aufregendes. Und der Tanz ist aufregend. Da beginnen die sozialen Beziehungen, und zwar in Abhängigkeit von dem, was die Choreographie verlangt. Und das entlastet die Kinder von ihren Problemen. Sie müssen was riskieren, und sie schaffen etwas, sie schaffen es sogar gut, und dadurch machen sie sich ein neues Bild von sich. Wow, ich kann das, ich bin viel besser, als ich dachte.«

[Interview mit Royston Maldoom
in *Spiegel online*, 18.11.2008][21]

Für nicht wenige dieser ausgesuchten Kinder und Jugendlichen waren Maldooms und Rattles großartiges Musik- und Tanzprojekt im wahrsten Sinne des Wortes der Schritt in ein anderes, menschenwürdiges und gutes Leben, in der Tat ein Lebenselixier, ohne das eher das Scheitern dieser jungen Menschen vorgezeichnet gewesen wäre.

Kehren wir nun zurück zum herkömmlichen Tanzen der jungen und älteren Generation. Auch wenn das Wissen über die Wirkungen des Tanzes aus psychologischer, neurobiologischer und physiologischer Sicht noch nicht umfangreich und gesichert ist, so sind die günstigen Wirkungen auf Geist und Gemüt doch allgemein bekannt. Die Bewegungen des Körpers, der damit verbundene und ein-

---

21 Verfügbar unter: http://www.spiegel.de/spiegelspecial/a-590829.html (Zugriff: 04.10.2018).

hergehende Rhythmus wirken positiv auf das Wohlbefinden. Körper und Geist beziehen sich aufeinander und bilden eine harmonische Einheit. Der Mensch hat ein Bedürfnis nach oder zumindest eine Neigung zu rhythmischer Bewegung. Beim Tanzen kann er diesem Bedürfnis Rechnung tragen. Er sollte sich also nicht genieren und dieses Lebenselixier – aus welchen Gründen auch immer – nicht ausklammern, sondern diesem wahrscheinlich natürlich in ihm angelegtem Bedürfnis Raum und Zeit geben.

8.4 Bitte nicht übertreiben, dann gilt: Sport ist ein Lebenselixier

Haben Sie schon einmal von einem »runner's high«, dem Hochgefühl von Läufern, gehört? Es handelt sich um ein Phänomen, das Freizeit- und Leistungssportler kennenlernen können. Dahinter verbirgt sich die Erfahrung: Sport macht glücklich! Ja, Sie lesen richtig. Beim Sport geht es nicht nur um Fitness und körperliche Gesundheit. Sport scheint darüber hinaus wie eine »Glücksdroge« oder ein Schmerzmittel zu wirken. Konstruieren wir ein Beispiel, das Freizeitsportler schon oft erlebt haben: Es ist kalt und nieselt. Nicht besonders einladend. Und da gibt es eine Frau, die gerne joggt und das Laufen als Ausgleich zu ihrem stressigen Berufsalltag benötigt. Sie schlüpft in ihre Sportkleidung, überlegt zwar, ob es nicht besser wäre, bei diesem Wetter lieber zu Hause zu bleiben. Doch sie gibt ihrem »inneren Schweinehund« nicht nach. Vor der Tür spürt sie den kalten Wind, nach hundert Metern laufen kratzt es ein klein wenig in ihrer Gurgel. Alles nicht so gut. Der »innere Schweinehund« meldet gar, wie dumm das alles sei, wie viel schöner es doch im warmen Wohnzimmer wäre. Aber unsere Joggerin hält ihn in Schach. Sie ist schon einen Kilometer unterwegs. Der Nieselregen macht nun wirklich auch keinen Spaß. Sie ist Brillenträgerin und die Gläser beschlagen. Wieder meldet sich eine Stimme, die die Vorzüge des gemütlichen Bads und des Kuschelsofas ins Spiel bringt. In der Tat hält das schlechte Wetter die Freude am Laufen zunächst in Grenzen. Jedoch: Jetzt hat unsere Läuferin schon zwei Kilometer zurückgelegt. Zwar stören der kalte Wind und die Regentropfen noch ein wenig. Doch offenbar hat der »innere Schweinehund« den Rückzug angetreten. Die Stimmen, die das Joggen bremsen und zu einem Ende bringen wollen, sind tatsächlich verstummt. Nach einem weiteren Kilometer ist die Frau in ihrem Element. Sie läuft und läuft, ja sie kann das Laufen genießen, und keine Gedanken an das schlechte Wetter und die ungünstigen Rahmenbedingungen stören. Nach einer Dreiviertelstunde kommt die Joggerin wieder zu Hause an. Sie ist durchnässt, spürt jetzt auch die Kälte, die sie seit weit über einer halben Stunde gar nicht mehr wahrgenommen hatte. Sie wischt sich über das nasse Gesicht, zieht die Kapuze vom Kopf und – ist fast euphorisch. Es geht ihr ungemein gut. Sie schließt in bester Laune die Haustür auf, geht singend ins Bad, und der Gedanke an die heiße Dusche steigert ihr Wohlgefühl noch mehr.

Was ist da geschehen? – Trotz misslicher Umstände hat die Bewegung gute Laune bewirkt. Als wir im vorangegangenen Kapitel 8.3 bereits die günstigen Wirkungen des Tanzens beschrieben haben, konnten wir schon einen deutlichen Zusammenhang mit den praktizierten Bewegungsabläufen feststellen. Der Schritt zum Sport ist da nicht weit. Schließlich spricht man ja auch von Tanzsport. Wenn wir uns jetzt mit Sport im Allgemeinen beschäftigen, kann die biologische und biochemische Ebene in diesem Zusammenhang noch deutlicher angesprochen werden. Ich beziehe mich dabei nicht auf Leistungssport (der seinen Platz hat) und schon gar nicht auf Sport, der krank machen kann. So ist übertriebenes Bodybuilding, gegebenenfalls noch unterstützt durch das »Einwerfen« aller möglichen muskelaufbauenden Substanzen, schädlich. Wer verbissen trainiert und nicht auf körperliche Begrenzungen Rücksicht nimmt, dürfte damit alles andere als glücklich werden. Alles Übertreiben ist auf dem Feld des Sports ungesund. Wer schon etwas älter ist und mit Sport anfangen möchte, weil er dieses Lebenselixier vielleicht etliche Jahre vernachlässigt hat, tut gut daran, zunächst beim Arzt seine körperliche Fitness klären zu lassen und zu prüfen, welche Belastung dem Körper am Anfang zugemutet werden kann.

Abgesehen davon kann beim Sporttreiben ein Glücksgefühl entstehen. Das hat seine Gründe in den Bewegungsabläufen, die die Ausschüttung körpereigener Opiate anregen. Dabei kommen wie beim Tanzen (Kapitel 8.3) Endorphine und andere Botenstoffe wie Dopamin und Serotonin ins Spiel. Dopamin gilt als »Glückshormon«, das unser Belohnungssystem anregt und den sogenannten Flow-Effekt auslöst (Kapitel 6.5). Serotonin kann sich positiv auf das Herz-Kreislauf-System und das Nervensystem des Menschen auswirken (Rockstroh 2011, S. 61 f.; Pinel & Pauli 2009, S. 120). Es entspannt offenbar nicht nur die Muskulatur, sondern beruhigt und steigert auch die Zufriedenheit. Allgemein kann festgehalten werden: Körpereigene Opiate wirken mildernd auf Schmerzempfindungen, sorgen für gute Laune, verbessern die Konzentrations- und Leistungsfähigkeit und tragen zu einem guten Schlaf bei. Wir können zu diesen vielfältigen, überaus positiven Wirkungen folglich selbst beitragen. Ob Ausdauersport oder Krafttraining oder beides zusammen, ob einzeln oder in einer Gruppe oder Mannschaft – die allermeisten Menschen können Sport betreiben und halten folglich einen Schlüssel für ihr Wohlbefinden in der Hand. In der Regel dürfte die Bequemlichkeit, den Platz auf dem Sofa zu bevorzugen, verhindern, dass wir für unsere Gesundheit und unser Glück, zumindest für unser Wohlbefinden sorgen.

Beim Sport geht es immer auch um Rhythmus. Sportlehrer in der Schule haben vor allem die Aufgabe, die Rhythmisierungsfähigkeit zu schulen. Neben den koordinativen Fähigkeiten ist Rhythmisierung für erfolgreiche Bewegungsabläufe Voraussetzung. Ob nun in der Schule, im Sportverein oder im Privaten: Man muss den Rhythmus finden, ihn motorisch aufnehmen und darstellen können. Wenn man eine Sportart lernt, geht es zunächst um dieses Erfassen und Fühlen des Rhythmus, der dann gefestigt werden muss. Rhythmusfestigung geht vor Temposteigerung. Welche Disziplin auch immer gelernt werden soll – ob Weitsprung, Seilspringen, Hürdenlauf, Boxen, Joggen, Kugelstoßen, Aikido, Handball, Geräteturnen oder Skispringen usw. –, sie alle setzen Rhythmisierungsfähigkeit voraus. Das kann für Anfänger in einer Sportart recht schwierig sein. Man kann dann Bewegungen und Bewegungsformen mit selbst gemachten Rhythmen koppeln: Klatschen, Schnippen, Stampfen oder Sprechen können als körperliche oder akustische »Übersetzer« für Rhythmus dienen. Der Rhythmus ist dann verinnerlicht, wenn nicht mehr »mitgezählt« werden muss. Alle, die Tanzen gelernt haben, können das ohne Weiteres nachvollziehen. Anfangs muss man sich mit Zählen behelfen. Irgendwann jedoch wird der äußere Rhythmus der Musik automatisch in den inneren Rhythmus des Körpers übersetzt sein, und ohne

Nachdenken führt man elegant, fließend und geschmeidig die Tanzbewegungen aus. Der entscheidende Bewegungsrhythmus ist einerseits biologisch-physikalisch zu verstehen. Die biologische Ausprägung von Rhythmus ist in uns Menschen körperlich verankert. Schließlich sind viele menschliche Funktionen (Herztätigkeit, Atmung usw.) rhythmisch organisiert. Dieser Rhythmus in uns wird durch Bewegung bzw. Sport unmittelbar angesprochen. Atem- und Herzrhythmus reagieren bei einem gesunden Menschen unmittelbar auf Sport und nehmen den Bewegungsrhythmus in das innere System auf. Die Atmung wird beschleunigt, das Herz schlägt rascher und kräftiger, der Puls steigt an, und der Blutdruck wird angepasst. Sobald man sich entspannt oder aufhört mit den Bewegungen, reduzieren sich die Rhythmen. Alles Körperliche beruhigt sich wieder, die Organe »schalten« gewissermaßen in einen anderen Rhythmus. Der Rhythmus beim Sich-Bewegen hat aber auch eine psychologische, individuelle Erscheinungsform, die im Bewusstsein des Menschen entsteht. Dieser nimmt das Sich-Bewegen wahr, beschäftigt sich nicht nur körperlich, sondern auch geistig damit und verarbeitet es gedanklich. Dabei werden Gefühle angesprochen und ausgelöst. Lust oder Unlust, Anstrengungs- und Lernbereitschaft oder Resignation, durchaus auch Freude und Spaß, aber ebenso Ärger oder gar Wut aufgrund von Misslingen spielen eine Rolle. Das Individuelle des Bewegungsrhythmus manifestiert sich in der Tatsache, dass beim Ausführen und Wahrnehmen eigener Bewegungen individuell unterschiedliche Wahrnehmungsqualitäten eine Rolle spielen. Selbst wenn alle Menschen den gleichen Bewegungsrhythmus ausführen, so wird dieser doch unterschiedlich erlebt.

Zusammengefasst gilt jedoch: Alle Studienergebnisse zu Sport und Rhythmus – wenn in Maßen betrieben –, zeigen in aller Deutlichkeit, dass Menschen ungemein profitieren, wenn sie sich bewegen. Wir tun etwas Wertvolles für unsere Gesundheit und können dabei sogar Glücksgefühle empfinden. Fit, vital und ausgeglichen! – Was will man mehr? Sport ist ein Lebenselixier, und der gute Vorsatz, endlich damit anzufangen, sollte mit Freude umgesetzt werden. Anstrengung, Schwitzen und das anfängliche »Schnaufen wie eine Dampflok« dürfen nicht als lästig empfunden werden oder gar abschrecken. Sie gehören als wichtige Elemente dazu, wenn der Rhythmus der äußeren Bewegungen und die inneren Rhythmen des Menschen aufeinander bezogen werden und ineinandergreifen.

8.5 Sensationell einfach und großartig in der Wirkung: Naturerfahrung und aktive Entspannung als Lebenselixiere

Über Bewegung ist gerade einiges ausgeführt worden. In diesem Abschnitt soll ergänzend noch ein Bezug zum Themenkomplex Natur hergestellt werden. Die Natur ist überaus bedeutungsvoll, lassen sich doch sowohl unter Achtsamkeitsaspekten wertvolle Zusammenhänge entdecken als auch deutliche Verbindungen zum Lebensrhythmus herstellen. Dazu ein Beispiel aus einem Führungsseminar, das unorthodox und ungewöhnlich, dafür jedoch für die Praxis von Vorgesetzten außerordentlich hilfreich erscheint. In aller Regel geht es bei solchen Seminaren auch um Kommunikation und Konfliktmanagement. Da gibt es viel zu sagen, man kann allerlei Übungen anbieten und vor allem Rollenspiele, die Lernerfahrungen ermöglichen. In diesem Führungsseminar ging es um sehr schwierige Mitarbeitergespräche, die – so die Empfehlung einschließlich praktischer Übungen – beim Spaziergang in Wald und Wiesen geführt werden sollten. Kommunikation und Konflikt, umrahmt und eingebunden in die Natur! Und das soll hilfreich sein? – In vielen Fällen ist das der Fall. So ungewöhnlich es zunächst erscheinen mag, etliche der Teilnehmer haben bei späteren Zusammenkünften von positiven Erfahrungen gesprochen. Gewiss kann nicht jeder Manager mitten in einem Ballungszentrum einfach zur Wanderung einladen. Aber selbst in Großstädten finden sich Möglichkeiten, die Natur zu erfahren, und sei es nur, indem der städtische Park aufgesucht wird. In einer früheren Berufstätigkeit hatte ich das Glück, von meinem Büro aus nach nur einem gut fünfminütigen Spaziergang buchstäblich mitten im Wald zu stehen. Der Weg führte dann weiter an einem stillen Bach entlang, auf etwas unebenem, weichem Waldboden, auf der einen Seite Nadelbäume, auf der anderen der bedächtig dahinfließende Bach, und nach einigen Metern mit sumpfigem Gelände und einer sattgrünen Wiese folgte ein weiterer Abschnitt im Wald. Die nächste Straße war weit entfernt, Verkehrslärm drang nicht bis hierhin durch den Wald. Wenn man mitten in solch schöner Natur stehen bleibt, die Augen schließt und für etliche Sekunden innehält, hört man nur die Geräusche der Natur. Diesen zu lauschen ist etwas Besonderes. Viele Wanderer halten bewusst immer wieder inne, stehen nur da und lauschen. Der Waldboden, die Pflanzen, die Bäume verbreiten einen Duft, erdig und irgendwie frisch, manchmal auch modrig, aber immer angenehm. In dieser Umgebung spazieren Sie nun mit einem Mitarbeiter, den sie mit einer kritischen Entwicklung konfrontieren müssen, der vielleicht ein Versäumnis erklären oder sich wegen irgendeines Vorwurfs rechtfertigen soll. Das kann selbstverständlich auch im Büro stattfinden. Doch diese Umgebung hat eine ganz und gar andere Wirkung. In der Natur ist eher die Chance gegeben, dass Aggressionen zurückgedrängt oder zumindest gedämpft werden. Es besteht die Chance, beim Wahrnehmen und Empfinden der Natur Gemeinsamkeiten festzustellen, welche die Menschen – ohne dass darüber im Einzelnen gesprochen werden muss – verbindet, die eine größere Offenheit und ein besseres Sich-Verstehen möglich machen. Die Wirkungen, die von der Natur ausgehen, können tatsächlich ganz erstaunlich sein. Schwierige Themen lassen sich dort einfacher ansprechen. Zorn oder Eifer, die in einem zweckrational eingerichteten Büroraum energisch kontrolliert werden müssten, werden gedämpft. Das Nebeneinander-Hergehen scheint zu beruhigen. Manch eine verstockte, unlösbare oder belastende Situation hat sich durch einen solchen Spaziergang am stillen Bach, wenn nicht auflösen so doch immerhin einfacher bearbeiten lassen.

Das alles soll nun nicht romantisierend als einfaches Lösungsschema für Konfliktgespräche vorgestellt werden. Meines Wissens gibt es noch keine wissenschaftlichen Untersuchungen, die meine These bestätigen, Konflikte könnten in der Natur besser geklärt und bewältigt werden. Offenbar gibt es generell ein Forschungsdefizit hinsichtlich der Wirkung der Natur auf den Menschen, die aufgrund unseres Erfahrungswissens sehr positiv sein dürfte. Immerhin wissen wir aus einer von der Bundesregierung in Auftrag gegebenen Umfrage, dass die Natur für 94 Prozent der erwachsenen Deutschen zu einem guten Leben gehört (Bundesministerium für Umwelt, Naturschutz, Bau und Reaktorsicherheit 2016, S. 61 f.). Dafür finden sich sehr schnell viele weitere Hinweise und Belege: In der Zeitschrift *Mobil,* dem Magazin der Deutschen Bahn, sind immer ein paar Seiten für »Lieblingsorte« von Lesern reserviert: Wer möchte, kann ein Bild und eine Kurzbeschreibung seines Lieblingsortes einreichen, die dann vielleicht in einer der nächsten Ausgaben veröffentlicht werden. Wenn Sie diese Lieblingsorte studieren, werden Sie feststellen, dass die allermeisten Leser als Lieblingsorte Orte in der Natur angeben: Seen, Berge, Wälder, Wiesen und Hügel, ein Bachlauf usw. In der Minderzahl sind Bilder aus städtischer Umgebung oder geschlossenen Ortschaften. In der Natur scheinen die Menschen durchatmen und regenerieren zu können. Draußen in der Natur zu sein – vom Berggipfel herunterzuschauen, sich auf das Gras einer Obstbaumwiese zu legen, die Schönheit eines Wasserfalls zu betrachten, die unterschiedlichen Grüntöne eines Waldes in sich aufzunehmen, an der Küste dem Wellengang des Meeres zuzusehen oder den Wellen zu lauschen, bei Nacht den Mond und die Sterne zu beobachten, das Grasen der Rehe auf einer Waldlichtung zu verfolgen oder dem Gezwitscher der Vögel, die sich um die Beeren eines Gebüschs streiten, zuzuhören – all das »macht etwas« mit dem Menschen.

Dem dürfte eine Art von Resonanzwirkung zugrunde liegen. Der Blick in eine weite Wiesenlandschaft, das Durchatmen auf einem erklommenen Berggipfel, das Eintauchen in einen Naturbadesee, das Beobachten heranrollender Wellen und die Veränderung der Muster im Sandstrand, das Übernachten im Zelt irgendwo am Waldesrand oder auch ein nur einstündiger Waldspaziergang scheinen im Menschen ein weites Spektrum von positiv wirkenden, unterstützenden inneren Vorgängen anzustoßen: Natur kann beruhigen, sie wirkt ästhetisch und beeinflusst unser Schönheitsempfinden, sie kann Respekt einflößen, aber auch ein Gefühl der Dankbarkeit auslösen, sie regt die Fantasie an und trägt dazu bei, dass wir »den Kopf freibekommen«, das heißt, sie kann entlastend wirken, indem sie Sorgen kleiner erscheinen lässt und die Chance für kreativere Lösungen bietet. In gewisser Weise scheint das »System Mensch« auf die Natur zu antworten. Diese Resonanz und dieses Mitschwingen hat jeder schon einmal erfahren, der nach einer Zeit harter Arbeit und dem damit einhergehenden Stress in eine Auszeit in der Natur eintaucht, und sei es nur, dass er am Wochenende zu einer mehrstündigen Wanderung durch Wald und Flur aufbricht. Es lösen sich Verspannungen, ein eingefahrenes Denken öffnet sich, man spürt beim Durchatmen förmlich die Beruhigung, Ängste können gedämpft werden, und ich meine, ohne es nun übertreiben zu wollen, dass in schwierigen Lebenslagen von diesem Leben in der Natur zumindest in Ansätzen so etwas wie eine günstige therapeutische Wirkung ausgehen kann. Das alles ist keine neue Erkenntnis, war doch zum Beispiel der deutsche Dichter und Romantiker Ludwig Tieck (1773–1853) bereits vor 200 Jahren überzeugt davon, dass der Mensch erst zum Menschen unter dem Blätterwald wird. Und ein Protagonist moderner Aussteigerbewegungen, der US-amerikanische Schriftsteller und Philosoph Henry David Thoreau (1817–1862), dessen Kultbuch »Walden« vor 160 Jahren geschrieben wurde (Thoreau 2007; in der Zwischenzeit gibt es in Deutschland gar eine Zeitschrift mit dem Titel »Walden«), hat darin erklärt, weshalb er in die Wälder ging: Er wollte überlegt leben, intensiv leben, damit er in seiner Todesstunde nicht zu dem Schluss kommt, er habe nicht gelebt. Übrigens, da gerade die Zeitschrift *Walden* erwähnt wurde: Dieses 2015 erstmals veröffentlichte Outdoor-Magazin findet auch deshalb Anklang, weil es sich auf das Hinausgehen in die Natur und das Leben in der Natur konzentriert, das jeder für sich ohne großen Aufwand und große finanzielle Mittel realisieren kann. Es bedarf nicht einer weiten Flugreise, es muss keineswegs viel Geld investiert werden, nein – so der Tenor der Zeitschrift – die Natur liegt vor unserer Haustür. Es geht um Rad- und Wandertouren, die sich meist einfach am Wochenende oder an einem freien Tag verwirklichen lassen, man erfährt, wie ein Lagerfeuer zweckmäßig und einfach entfacht oder wo ein Zelt an einem Seeufer am besten errichtet wird. *Walden* ist nur ein Beispiel für ein ganzes Spektrum an Zeitschriften und Magazinen, die allesamt in den letzten Jahren die Natur in den Blick genommen haben und deutlich machen, wie viele Leser sich für diese Blickrichtung interessieren. Ob nun *LandLust, LandIdee, LandHäuser, LandZauber, Mein schöner Land* und etliche andere mehr – es wird Wert auf ein Hochglanzformat gelegt, das seinen Preis hat und offensichtlich die Nachfrage der Leserschaft gut bedient. Und wenn man dann noch Bücher bedenkt wie zum Beispiel das Sachbuch »Das geheime Leben der Bäume« (Wohlleben 2016) oder der wunderbare Roman »Die Geschichte der Bienen« (Lunde 2017), die die Bestsellerlisten gestürmt haben, dann wird ein weiteres Mal überdeutlich, welches Interesse breite Bevölkerungskreise an der Natur besitzen.

Dieser »Naturboom« kann als Schwärmerei oder mit deutlichem Zynismus als »gefühlsduselig« kritisiert werden. Es dürfte nicht wenige geben, die den Naturliebenden mit Spott begegnen. Aber dabei wird meines Erachtens etwas verkannt: Es geht nicht um einen Rückfall in die Zeit der Romantik, die manch entschiedenes Entgleisen des vernünftigen Denkens mit sich gebracht hat. Genauso wenig geht es um Sentimentalität, obwohl sicherlich Gefühle im Spiel sind. Es ist ja von Bedeutung, wie bei diesem neuerlich erwachten Naturzugang bei allen Lebewesen Gefühle entdeckt werden. Wenn heute selbst Bäumen emotionale

Qualitäten zugewiesen werden, wäre das vor einiger Zeit noch als Spinnerei der Lächerlichkeit preisgegeben worden. Ganz im Gegenteil wollen dagegen Millionen Leser von Peter Wohlleben (* 1964) in aller Ernsthaftigkeit darüber Genaueres erfahren. Vermutlich ist das »Comeback« der Natur maßgeblich nicht nur durch neue Erkenntnisse und Fortschritte der Biologie begründet. Es wird schon lange gemahnt, wie verletzlich Pflanzen- und Tierwelt und die Natur im Allgemeinen sind und dass deren Niedergang oder gar Auslöschung aufgrund der Abhängigkeit der Menschen (die selbst Teil der Natur sind) von und ihrer Verwobenheit mit der Natur selbstschädigend für unsere Gattung ist. Um unser eigenes Überleben zu sichern, bedürfen wir einer Solidarität mit der Natur, die – soweit intakt – einen grundlegenden Beitrag für unser gutes Leben sichert. Dabei geht es nicht nur um reine Luft, um Maßnahmen zur Eindämmung des Anstiegs des Meeresspiegels, um besseren Klimaschutz oder um die Verhinderung des Artensterbens. Es geht ohne Idealisierung vor allem um Schönheit, das heißt um eine Wirklichkeitssicht, die anerkennt, welche beeindruckende Vielfalt an mannigfachen Formen und Farben die Natur für unser menschliches Dasein bietet. Ob das der schroffe, schneebedeckte Gebirgszug, die sattgrüne Almwiese, der sich mit jeder Ebbe und Flut verändernde Dünenstrand oder ein Himmel voller leuchtender Sterne in einer klaren Nacht ist oder eine grandiose Tierwelt, die – sollte sie in Mitleidenschaft gezogen werden – eine Verarmung unseres eigenen Lebens bedeuten würde: Es scheint um eine neue Art der Verbundenheit mit der Natur zu gehen, die die Zerbrechlichkeit alles Lebenden anerkennt und aus Solidarität deren Pflege aus Sorge um deren Existenz auslöst. Denn man weiß, dass nichts nur für sich selbst existiert und eine Lebensform ohne die anderen nicht überleben kann. Nein, die Weltsicht, die sich verbreitet, ist die Anerkennung der gegenseitigen Abhängigkeit – das menschliche Leben kann offenbar nur dann blühen, wenn der Natur dieses Recht zu blühen ebenfalls eingeräumt oder verschafft wird. Das ist ein sehr weitreichender Gedanke, dessen Verwirklichung jedoch Voraussetzung für ein gutes und gesundes Leben ist. Mit hier ausnahmsweise benutztem Pathos kann dazu festgehalten werden: Die Sehnsucht des Menschen zu blühen lässt sich erst dann vollkommen stillen, wenn er die Verwobenheit mit der Natur und das Miteinander mit ihr anerkennt, was im Besonderen einschließt, dass auch sie blühen darf bzw. durch menschliches Zutun zum Blühen gebracht werden kann. Ein solcher freundlicher Umgang mit der Natur ist dann nichts anderes als der Verzicht auf schädigende Maßnahmen und schädigendes Verhalten, die am Ende immer eine Form der Selbstsabotage und Selbstschädigung darstellen. Sie bemerken, liebe Leserinnen und Leser: Wir sind wieder beim Stichwort Achtsamkeit angekommen. Es geht eben nicht nur um eine Verwirklichung von Achtsamkeit mir und meinen Mitmenschen gegenüber, sondern auch um Achtsamkeit in einem weiteren Sinn, das alles Leben und Lebenswerte einschließt. Ein Blick in die Natur kann auf einfachste Art und Weise ein positives Erleben stärken. Das allein schon steigert unsere Lebensqualität und ist ein nicht zu unterschätzender (kostenloser) Stresspuffer.

Wichtig ist mir nun folgende Bemerkung, die ich ausdrücklich hervorhebe: Es ist schwierig, auf seriöser, wissenschaftlicher Grundlage Kausalzusammenhänge zwischen Natur und Mensch eindeutig nachzuweisen. Die Forschung hat hier ein weites Feld zu bestellen. Aufgrund vielfältiger Erfahrungen vieler Menschen können aber die unterstützenden und hilfreichen Wirkungen der Natur auf den Menschen überzeugend postuliert werden. Biologen und Hirnforscher haben bereits herausgefunden, dass durch ein Verweilen in der Natur sehr beanspruchte Hirnareale wieder beruhigt werden können; Nervosität und Konzentrationsschwächen werden dadurch wieder ausgeglichen. Ob man seinen Blick absichtslos über einen Gebirgszug schweifen lässt, die an einem Bach lebenden Tiere beobachtet oder nur einen einstündigen Spaziergang durch Wald und Flur unternimmt: Die Natur wirkt auf den Menschen, sie beeinflusst unser Seelenleben, und nicht wenige lässt das Staunen über die Schönheit und Vielfalt der Natur die Idee erkennen, Teil dieses Ganzen zu sein. Damit verbunden sind Respekt und Wertschätzung der Schöpfung, die vielleicht demütig, aber auch glücklich machen können. Wir Menschen sind Teil der Natur. Die Rhythmen, die sich dort finden, entfalten vielleicht deshalb Wirkung, weil sie unserem natürlichen System entsprechen. Unser Körper und die in ihm ablaufenden biologischen Prozesse reagieren vorteilhaft auf all das, was die Natur »aussendet«. So kommt es wahrscheinlich zu einem Resonanzgeschehen. Der Mensch fühlt sich im wahrsten Sinne des Wortes der Natur verbunden und findet in ihr Chancen des Ausgleichs, wenn manche menschliche Lebensweise heute eben keine natürliche mehr ist und sich eher gegen wichtige Prozesse in unserem Körper und in unserer Seele richtet. Das allseits zu bemerkende Burnout-Phänomen scheint mir im Kern durch eine widernatürliche Lebensweise verursacht zu sein. Der Mensch überbeansprucht die ihm gegebenen inneren Ressourcen, er lebt schier rücksichtslos gegen seinen eigenen Rhythmus, wenn er die Nacht zum Tag macht oder seinen Schlaf durch Kaffee und andere Aufputschmittel bekämpft. Oder wenn er ständig »auf Hochtouren« läuft, weil die Arbeit mit dem unverzichtbaren Multitasking nie zu Ende geht, sondern eine Herausforderung allzu rasch von der nächsten abgelöst wird. Vernachlässigt werden dann oft Beziehungen, von Sport als möglichem Ausgleich zur Dauerbeanspruchung ganz zu schweigen. Die Natur ist in diesem Sinne »klüger«. Sie lebt ressourcenschonend. Würde der Mensch die Natur in seiner Unbekümmertheit und Rücksichtslosigkeit nicht maßlos ausbeuten, sondern erkennen, was er ihr (und damit sich selbst!) antut, hätten wir nicht solche horrenden Zukunfts- und Menschheitsprobleme wie den Klimawandel oder die Luftverschmutzung oder das gravierende Plastikmülldesaster in den Weltmeeren. Natürlichen Rhythmen zu folgen wäre *das* Vorsorgeprogramm gegen Burnout. Vielen Menschen blieben Pillen, Spritzen und Aufenthalte in psychosomatischen Kliniken so erspart.

Die Natur und das »Sich-Bewegen« in ihr sind zweifelsohne Lebenselixiere. Wer sich der Natur öffnet, macht auch einen Schritt in Richtung Achtsamkeit. Der Wanderer bleibt stehen und staunt über die Blütenpracht der Wiese. Der Rastende in der Berghütte hört aufmerksam auf all die natürlichen Geräusche um ihn herum. Er versucht das Rascheln im Gebüsch zu identifizieren, konzentriert sich auf den Vogelgesang und schließt die Augen, um das leise Plätschern des nebenan fließenden Gewässers noch besser wahrzunehmen. Jemand, der sich in einem Boot auf dem ruhigen Meer treiben lässt, genießt eine eigentümliche Stille, die viele Menschen überhaupt nicht mehr gewohnt sind. Natur lädt zum Meditieren ein. Sie vermag Gefühle der Dankbarkeit, der Verbundenheit, der Liebe auszulösen und anzusprechen. Wer normalerweise »seinen Lebenspanzer umgeschnallt hat«, öffnet sich der Landschaft und lässt sich von deren Weite und Großartigkeit innerlich bewegen. Natur fördert die Erholung, sie dient der Regeneration, sie kann zur Beruhigung beitragen und gewährleistet das Abschalten und damit die Chance, auf andere Gedanken zu kommen. So simpel das sein mag, aber der in manchen Situationen wichtige und gut gemeinte Satz »Geh mal nach draußen, das wird dir guttun!« verweist auf diese unterstützenden Wirkungen. Ich möchte fast sagen, es ist doch so einfach! Naturerleben kostet nicht viel oder sogar gar nichts. Es ist manchmal in nächster Nähe zu haben oder doch rasch zu erreichen. Dieses Lebenselixier gilt es zu nutzen und vor allem zu begreifen, dass wir als Teil der Natur mit der Umweltzerstörung uns oder auf jeden Fall den nächsten Generationen die Lebensgrundlage entziehen. Wer die Natur ausbeutet, die natürlichen Ressourcen um eines kurzfristigen Vorteils willen vergeudet, zerstört sie. Naturzerstörung bedeutet letztlich – oft genug mit zeitlicher Verzögerung – immer auch Menschenzerstörung. Schützen wir die Natur, kümmern wir uns um sie. Das ist ziemlich eigennützig. Klimaschutz ist doch nichts anderes als Menschenschutz. Die Natur ist unsere Lebensgrundlage, wir sollten ihren Rhythmus beachten und immer wieder versuchen, nach diesen natürlichen Rhythmen zu leben. Das hat etwas mit Achtsamkeit sich selbst gegenüber und damit mit Selbstfürsorge zu tun. Wie gesagt: Eigentlich ist es doch so einfach, zumindest in der Theorie. Und in der Praxis?

8.6 Nicht zu unterschätzen: Rituale – Sinnvolle Unterbrechungen im Alltag als Lebenselixiere

Erlauben Sie mir zu Beginn eine Blickrichtung, die eventuell mancher nicht mag, weil Religion und Glauben dabei eine Rolle spielen. Das ist nicht jedermanns Sache, jedoch lässt sich daran erkennen und ablesen, welche Bedeutung Ritualen zukommt – und das eben auch jenseits von Glaubens- und Religionsfragen. Es ist eindeutig, und mit am besten kann dies am klösterlichen Leben studiert werden: Gebet, Einkehr, Kirchgang, strukturiert »eingebaut« in einen Tagesablauf, tragen zu einem gesunden Lebensrhythmus bei. Dies sind Rituale mit inhaltlicher Bedeutung und keine zwanghaften Automatismen, die mehr oder weniger gedankenlos ablaufen. Rituale sind eine Möglichkeit zur Rhythmisierung, die – mit Verantwortung und Bedacht praktiziert, sodass sich das Thema Achtsamkeit wie von selbst anschließt – in einem hektischen und arbeitsreichen Alltag kleine Oasen des Zurücknehmens und der Ruhe schaffen, aus denen neue Kraft und vor allem Zuversicht erwachsen können. Sie sind feste Bräuche, die der Mensch selbst wählen und praktizieren kann und die ohne Zweifel einen Geschenkcharakter aufweisen. Wer Rituale ausführt, dem wird eine sinnvolle Unterbrechung des Alltagsgeschehens geschenkt, die ein Atemholen ermöglicht und der Seele eine Atempause gönnt. Eine bemerkenswerte Definition von Ritualen sind und Beispiele ihrer Wirkungen kann man bei Antoine de Saint-Exupéry nachlesen, der den Fuchs zum kleinen Prinzen sagen lässt (Saint-Exupéry 1998, S. 70; © 1950 und 2015 Karl Rauch Verlag, Düsseldorf): »Es ist das, was einen Tag vom anderen unterscheidet, eine Stunde von den anderen Stunden.« Der Fuchs weiß sehr gut um die Bedeutung dieser »Unterbrechungen«, die in vielen Kulturen eine Rolle spielt. An anderer Stelle verweist Antoine de Saint-Exupéry auf die Möglichkeiten von Kontrolle und Geborgenheit, auf einen Moment der Ruhe und auf die Bedeutung als Kraftquelle: Für ihn ist ein Ritual in der Zeit das, was im Raum eine Wohnung ist. Nun geht es nicht nur um die Kultur des

Kirchenjahres mit seinen verschiedenen Festen (einschließlich der Bedeutung des Sonntags als Ruhetag). Unsere Moderne hält von all dem vielleicht nicht mehr allzu viel. Die Frage, ob damit aber ein Angriff auf Lebensrhythmen einhergeht, sollte aufgeworfen werden. Ohne Rituale wird das Leben jedenfalls ärmer. Nicht im monetären Sinne, sondern im Sinne eines Balanceverlusts und einer Vernachlässigung der Pflege unserer Seele, mit dem das Ignorieren einer wesentlichen Ressource für das Leben einhergeht. Die ritualisierten regelmäßigen Handlungen helfen im Alltag. Sie wirken als Anker und können auch in einem manchmal tristen oder herausfordernden Alltag zumindest für kleine Freuden sorgen. Wem das alles zu schwammig oder zu pathetisch formuliert erscheint, möge nur einmal nachlesen oder nachfragen, weshalb Menschen in einen Burnout geraten sind. Höchstwahrscheinlich werden Sie von den meisten Betroffenen hören, dass sie sich »verheizt« haben, nicht mehr abschalten konnten und das richtige Maß von Anspannung und Entspannung »grandios« aus den Augen verloren haben. Rituale beugen dem nicht nur vor, sondern schützen uns im Alltag vor einer Überwältigung durch die Herausforderungen und Zumutungen, die uns widerfahren. Rituale lösen Menschen für eine kurze, aber wertvolle Zeit aus dem üblichen Raum- und Zeitgeschehen und schaffen einen Ruheraum, der zugleich Distanz gegenüber all dem schafft, was auf sie hereinprasselt. Beim Einhalten des richtigen Maßes handelt es sich um eine der Kardinaltugenden (Kapitel 3.1), die durch Rituale geübt wird. Rituale leben von der Kraft der Wiederholung, sie besitzen eine Regelmäßigkeit, lösen den sie praktizierenden Menschen in diesen Momenten von vielleicht verbissenen oder verkrampften Lebenshaltungen und verweisen ungesunde Lebensweisen in ihre Schranken. Bei der

Vielzahl möglicher Rituale muss aber ausgeschlossen werden, dass es sich um zwanghafte, vielleicht gar angsteinflößende Wiederholungen handelt oder bei denen es um irregeleitete Ansprüche geht, denen man genügen soll. Denn Rituale können menschenunwürdig sein – denken Sie nur an die in den letzten Jahren im Zusammenhang mit den Bundeswehrskandalen bekannt gewordenen Initiationsriten oder an verbrecherische Rituale religiös-radikal Verblendeter. Ein inneres »Ja-Sagen«, Freude, ein befreiendes Gefühl und der Gedanke an ein achtsames Leben für sich und andere sowie Mitgefühl für sich und andere (Kapitel 9) gehören unbedingt dazu. Dann sind Rituale ein Instrumentarium, das uns hilft, besser zu leben.

Angemerkt sei noch die spirituelle Dimension von Ritualen. Der Religions- und Glaubensbezug ist bereits angesprochen worden. Doch kann die spirituelle Dimension auch ohne einen solchen Bezug gegeben sein. Das ist dann der Fall, wenn Rituale mir ermöglichen, mich in meiner Einzigartigkeit zu erkennen und zu spüren, gleichzeitig aber auch die Erfahrung fördern, dass ich Teil eines größeren Ganzen bin, und mich die Polarität des Lebens erkennen und akzeptieren lassen. Damit sind wir bei einem überaus schwierigen Thema. Denn das Verständnis meines Seins als Teil eines größeren Ganzen bedeutet nicht nur, Gegensätze anzuerkennen (Gesundheit und Krankheit, Erfolg und Misserfolg, Vorankommen und Scheitern, Glück und Unglück usw.), sondern befördert auch die Liebe zum Leben im Sinne einer Unterstützung all dessen, was das Leben ausmacht. Diese Liebe ist dann weitaus mehr als nur eine Sorge um mein eigenes Wohlsein.

Abschließend soll noch eine weitere Perspektive für ein Ritual aufgezeigt werden, das ein religiöses oder zumindest spirituelles Fundament haben kann: Erinnern! Erinnerungen benötigen Ankerplätze. Nun gibt es etliche Möglichkeiten für eine Rückschau. Christliche Feiertage, Gottesdienste und Kirchen stellen für solche Rückschauen ganz wunderbare Möglichkeiten bereit und bieten regelrecht Erinnerungsräume. Jeder, der als Erwachsener einmal an einer Christmesse an Heiligabend teilgenommen hat, wird dabei das »Sich-Erinnern« an Kindheitstage erlebt haben. Wer einfach zur Ruhe kommen will und in einer Kirchenbank Platz genommen hat (dafür muss man noch nicht einmal einen Bezug zur Kirche oder Religion haben), wird intensiv spüren, wie ihm allerlei Gedanken durch den Kopf gehen, bis nach und nach Ruhe einkehrt und das Denken im Kopf seine Anspannung verliert. Oft genug wandern die Gedanken zurück. Mitunter in eine Zeit, als Vater und Mutter noch lebten oder sonstige Verwandte und Bekannte, die schon lange nicht mehr da sind. Dieses »Kontaktaufnehmen« mit der Vergangenheit darf nicht unterschätzt werden. Der Mensch ist in der Lage, mit Verstorbenen in Gedanken zu sprechen, ja regelrecht zu kommunizieren, und wer das erlebt hat, wird bestätigen, dass diese Minuten eine Verbindung schaffen und guttun. Im Übrigen sei an dieser Stelle erwähnt: Der Begriff »Religion« steht in einem engen Verhältnis zu unserem Thema Achtsamkeit. Lat. *religio* bedeutet etwa »gewissenhafte Berücksichtigung« oder auch »Sorgfalt«. Lat. *relegere* lässt sich mit »achtgeben« oder »bedenken« übersetzen und war ursprünglich im Sinne einer gewissenhaften Sorgfalt in der Beachtung von Vorzeichen und Vorschriften zu verstehen. Kirchen und Religionen bieten mannigfache Ankerplätze, die eine Rückbesinnung möglich machen. Dadurch wird die Gegenwart unterbrochen, manchmal auch hinterfragt, und dann kann die Rückbesinnung sogar eine neue Blickrichtung in die Zukunft ermöglichen, eine Neuausrichtung. Das Erinnern kann unter derartigen Umständen bedeuten, in Bewegung zu kommen, also weit mehr als bloß in der Vergangenheit zu verharren. Ja, das Leben kann sich weiten. Ich erfahre mich gewissermaßen als Teil einer größeren Geschichte. Das gelingt an Gedenktagen und auf Friedhöfen besonders gut. Die kirchlichen Feiertage Allerheiligen und Totensonntag ermöglichen Rückschauen, die in Rituale eingebunden sind. Der Mensch hält in Gedanken an denjenigen fest, die einmal für ihn da waren. Erinnerungen an Freude, Leiden, Hoffnungen und Enttäuschungen schärfen nicht nur das Wissen um die Bedingungen menschlichen Lebens, sondern können einen gläubigen Menschen ungemein trösten. Ob Religion und Glaube nun eine Rolles spielen oder nicht, zumindest befördern Rituale wie der Besuch eines Friedhofs oder einer Kirche bzw. eines Gottesdienstes Erinnerungen, und somit sind diese ein wunderbares Mittel gegen das Vergessen. Erinnern bedeutet übrigens immer auch Vergegenwärtigung. So bleibt das, was einmal war, in der Gegenwart – wenn auch nur in einer gedanklichen Form – lebendig.

Wenden wir uns an dieser Stelle kurz weg von Religion und Glauben und werfen einen interessanten Blick auf die Naturwissenschaft und die Psychologie. So berichtet Max Lebsanft in der Wochenzeitung *Die Zeit* über Selbstheilungskräfte und erklärt unter Bezugnahme auf seriöse Studien zur Wirksamkeit von Medikamenten und den Placeboeffekt:

> *»Feste Rituale bei der Einnahme können also die Wirksamkeit von Medikamenten steigern. Andersherum dürfte es für den Placeboeffekt kontraproduktiv sein, Tabletten im Stehen, schnell und ohne Wasser herunterzuwürgen. Stattdessen sollte man sich bewusst machen,*

was man gerade für seine Gesundheit tut. Zum Beispiel indem man Medikamente immer zur gleichen Tageszeit schluckt, mit einer speziellen Musik oder einem besonderen ›Placebotrunk‹.«

[Aus Lebsanft, M. (2016): Placebo-Effekt – Ich heile mich selbst! In: *Die Zeit* Nr. 48 vom 17.11.2016, S. 42.][22]

Wenn die medizinische und psychologische Forschung den Wert von Ritualen nachweisen können, handelt es sich nicht mehr um eine Glaubenssache. Die Bedeutung von Ritualen für eine gute Lebensführung ist also nicht zu unterschätzen. Sie ermöglichen ein Innehalten, man tritt mit sich in Kontakt und kann bei diesem Kümmern um sich selbst Kraft schöpfen. Werden die Handlungen regelmäßig wiederholt, werden sie auch neuronal verankert, das heißt, es entstehen in unserem Gehirn neuronale Verknüpfungen, die – falls sie aktiviert werden – positive Gefühle auslösen können. Der Mensch kann mit individuellen, für ihn förderlichen Ritualen (die niemals verletzen oder herabwürdigen dürfen) mit etwas Glück kleine Sinnformate im Tagesablauf verwirklichen. Mit der damit einhergehenden Entschleunigung und Konzentration stellt sich Achtsamkeit auch im Sinne einer kleinen Auszeit im Alltag ein.

Aus der Vielzahl möglicher Rituale werden hier exemplarisch fünf Beispiele angeführt, die das bisher Ausgeführte konkretisieren:

---

22 Verfügbar unter: https://www.zeit.de/2016/48/placebo-placebo effekt-heilung-patienten-anleitung/komplettansicht (Zugriff: 27.08.2018).

Ein Manager muss Woche für Woche ungemein herausfordernde Aufgaben wahrnehmen. Er ist hoch qualifiziert und verfügt zudem über ein gutes Nervenkostüm, weiß aber auch um die Bedeutung der Selbstfürsorge. Jeden Montag geht er – im Unterschied zu den anderen Tagen – allein essen. Montagvormittage sind in aller Regel ganz besonders anstrengend, da kaum ein Wochenende vergeht, das nicht neue Probleme bringt. Der Manager nimmt sich dann nach etwa fünf anstrengenden Arbeitsstunden eine kleine Auszeit. Konsequent, jeden Montag. Er geht eine Kleinigkeit essen und kauft sich dann eine Rose oder eine Gerbera. Zurück in seinem Büro stellt er die Blume in eine sorgfältig ausgewählte Vase. Nicht achtlos und »einfach so«. Nein, er geht langsam vor, wünscht ausdrücklich in diesen fünf Minuten keinerlei Störung und genießt es, diese Blume anzuschauen, die nun während dieser Arbeitswoche seinem sonst sehr zweckmäßig eingerichteten Büro mehr als einen Farbtupfer verleiht.
Eine karrierebewusste Politikerin kämpft um Anerkennung und für ihren Aufstieg. Sie besitzt ein Antistressritual, das Aufbrühen von Tee. Ist ihr Arbeitstag wie so oft von Hektik und Anspannung gekennzeichnet, lässt sie es sich nicht nehmen, am frühen Nachmittag die Zubereitung des Getränks mit großer Aufmerksamkeit und Achtsamkeit vorzunehmen. Es ist das Gegenteil dessen, was die meisten von uns kennen: heißes Wasser in die Tasse, den Teebeutel dazugeben, drei oder vier Minuten abwarten und dann das Ganze mehr oder weniger rasch trinken. Nein, es geht zunächst um das sorgsame Herrichten eines Minikännchens und einer filigranen Porzellanschale. Ein Außenstehender könnte an eine Meditation erinnert werden, wenn er die ruhige Auswahl der Teeblätter und das aufmerksame Kontrollieren der Aufgusstemperatur verfolgt. Die Politikerin, sonst als nicht zurückhaltend und recht energisch bekannt, gönnt sich ruhige 20 Minuten, in denen sie das Teezubereiten und Teetrinken als beruhigendes, ja spirituelles Verweilen im Sinne einer guttuenden Auszeit vom Alltag zelebriert.
Vier Freundinnen, seit der Schulzeit befreundet und nach nunmehr über zwanzig Jahren immer noch in derselben Region wohnend, treffen sich an jedem letzten Freitagabend eines Monats am Spät-

nachmittag, um noch ein oder zwei Stunden durch die Geschäfte zu ziehen. Dann kehren Sie in ihr Stammlokal ein, wo bereits immer derselbe Tisch für sie reserviert ist. Sie essen zusammen zu Abend und trinken ein Gläschen Wein. Das Restaurant hat in den vielen Jahren zwar zweimal den Besitzer gewechselt, doch die Freundinnen halten sich die Treue, und alle freuen sich auf dieses Ereignis einmal im Monat. So normal es einem Beobachter erscheinen mag – für die Frauen ist es ein besonderes Ereignis, das soziales Miteinander und nicht selten gegenseitige Unterstützung ermöglicht, falls es einer der Freundinnen einmal schlecht geht. Wir haben es mit einem Ritual zu tun, dessen gesundheitsfördernde Wirkung offensichtlich ist.

Eine alleinerziehende, berufstätige Mutter hat, nachdem ihre beiden Kinder in der Zwischenzeit erwachsen geworden sind, trotz ihres nicht gerade üppigen Einkommens vor wenigen Jahren angefangen, viermal im Jahr einen Wochenendurlaub in einem Wellnesshotel zu verbringen. Vor Jahren hat sie ein Hotel im Oberbayerischen entdeckt und eines in der Nähe von Dresden. Beide besucht sie zweimal im Jahr. Sie muss dafür ein wenig sparen, doch will sie diese Tage keinesfalls mehr missen. Sie genießt bereits die Bahnfahrt, geht dann vor Ort »ihre« Wanderwege spazieren und freut sich Tag für Tag auf das nächste Frühstück und Abendessen in »ihren« Hotels. Manche meinen, das müsse mit der Zeit doch langweilig werden. Immer dasselbe: dieselben Zugfahrten, dieselben Hotels, dieselben Wanderwege, dieselben Essen. Das sollte doch irgendwann genügen. Aber nein, für die Frau ist das viermal im Jahr eine Auszeit, in der sie Luft holt und sich erholt, und das im Rahmen all dieser Regelmäßigkeiten, die sie gewohnt ist, aber eben auch sehr wertschätzt.

Die Kinder müssen manchmal darüber lächeln. Es ist allerdings ein liebevolles Lächeln. Was ihre Eltern seit Jahren Woche für Woche praktizieren, erscheint ihnen außergewöhnlich, und sie ahnen nur zu gut, dass es um die Pflege der Liebe geht. Die langjährig verheirateten Ehepartner, beide gehen auf die sechzig zu, sind berufstätig und schließen jede Arbeitswoche am Freitagabend mit einem Gläschen Wein nach dem Abendessen ab. Dann darf im wöchentlichen Wechsel einmal sie und einmal er ein Bild aus den zahlreichen Fotoalben, die die beiden seit Beginn der 1980er-Jahre liebevoll erstellt haben, auf den Tisch legen. Es ist jedes Mal für beide eine Freude, sich an all das zu erinnern, was mit dem Bild zusammenhängt. Manchmal wählt er ein Bild von einer lange zurückliegenden Familienfeier, sie hingegen greift auch gerne zu Bildern aus der Zeit, als sie noch nicht verheiratet waren und noch keine Kinder hatten. Beim nächsten Mal legt er dann vielleicht ein Bild auf den Tisch, das den ältesten Sohn bei dessen Einschulung zeigt. Seine Frau zeigt hingegen in der darauffolgenden Woche ein Bild vom smaragdgrünen Karersee in Südtirol, den sie vor mehr als 20 Jahren besucht hatten. Es ist ein Ritual, das nicht nur die Vergangenheit lebendig werden, sondern das all die Freude wieder aufleben lässt, die sie vor Jahren empfunden haben. Und im Hintergrund schwingt immer auch Dankbarkeit für das gemeinsame Leben mit, das Ihnen mitunter viel abverlangt und manch Ungutes gebracht hat, aber Jahr für Jahr doch ungemein reich an wunderbaren Erfahrungen gewesen ist. Dieses Sich-Erinnern an jedem Freitagabend – nur mithilfe einer Fotografie – unterstützt das Liebevolle ihrer Beziehung ungemein.

Die Beispiele (und es gibt so unendlich viel mehr) zeigen: Ein Ritual kann man für sich allein, aber auch zu zweit ausüben – oder sogar in einer Gemeinschaft. Welche Rituale in welcher Form auch immer gepflegt werden, sie sollen auf eine Unterbrechung des Alltags, und sei diese noch so kurz, zielen, die für ein gutes Gefühl sorgt und eine Distanzierung vom oft genug lärmenden oder hektischen Alltagsgeschehen ermöglicht. Selbst wenn es sich nur um wenige Minuten handeln sollte, dient diese Zeit der Pflege der Seele, sie unterstützt die Gefühle des Menschen, dem darüber die Chance eröffnet wird, zur Ruhe zu kommen und sich zu freuen. Rituale, mit Bedacht und achtsam durchgeführt, können kleine oder auch größere Höhepunkte im Lebensrhythmus eines Menschen sein.

8.7 Leider etwas aus der Mode gekommen: Gedichte als Lebenselixiere, mit einem Hinweis auf Literatur im Allgemeinen

Beginnen wir mit einem literarischen Genre, die im Literaturbetrieb insgesamt und auch wirtschaftlich eher im Hintergrund steht: Lyrik. Vermehrt und deutlicher ins Bewusstsein gerückt ist die Dichtkunst in der jüngeren Vergangenheit auch dank Jan Wagner (*1971), der im Jahr 2015 mit dem Preis der Leipziger Buchmesse als erster Lyriker überhaupt in der Kategorie Belletristik ausgezeichnet wurde und 2017 mit dem Georg-Büchner-Preis die wichtigste literarische Auszeichnung in Deutschland erhielt. Der in Hamburg geborene Poet wird für seine spielerische Sprachfreude und meisterhafte Formbeherrschung sowie für seine musikalische Sinnlichkeit und intellektuelle Prägnanz gerühmt. Das hört sich nicht nur großartig an, das ist es auch. Lyrik als literarische Gattung hat es schwer, Gedichte sind irgendwie aus der Mode gekommen. Viele mussten sich eventuell noch im Deutschunterricht mit Versen herumplagen (wenn Lehrer didaktisch und pädagogisch unprofessionell arbeiteten), mit dem Ende der Schulzeit war dieses Thema meist endgültig erledigt. Schade, kann man da nur sagen, weil Verfasser poetischer Texte Gedanken und Gefühle formulieren, die oft Beziehungen zwischen Menschen und der sie umgebenden Welt intensiv reflektieren, manchmal in abstrakter Weise und meist in einem rhythmisierenden Stil. Die äußere Form kann allerdings vielfältig sein. Die meisten von uns erinnern noch Vers, Versmaß und Strophenaufbau als Begriffe, aber schon zu Goethes Zeiten gab es Gedichte ohne Reim und mit freien Rhythmen. Konkretisieren wir Lyrik als mögliches Lebenselixier an einem Beispiel. Dabei wird zunächst bewusst kein Liebesgedicht zitiert, sondern Rainer Maria Rilkes Gedicht »Der Panther«. Es beschreibt ein an und für sich elegantes und geschmeidiges Tier, dessen Lebenskraft und Lebensfreude durch die Gefangenschaft im Käfig eines zooähnlichen Gartens in Paris unterdrückt wird.

Der Panther

Sein Blick ist vom Vorübergehn der Stäbe
So müd geworden, dass er nichts mehr hält.
Ihm ist, als ob es tausend Stäbe gäbe
Und hinter tausend Stäben keine Welt.

Der weiche Gang geschmeidig starker Schritte,
Der sich im allerkleinsten Kreise dreht,
Ist wie ein Tanz von Kraft um eine Mitte,
In der betäubt ein grosser Wille steht.

Nur manchmal schiebt der Vorhang der Pupille
Sich lautlos auf –. Dann geht ein Bild hinein,
Geht durch der Glieder angespannte Stille –
Und hört im Herzen auf zu sein.

[Aus Rainer Maria Rilke (2006):
Die schönsten Gedichte von Rainer Maria Rilke.
Zürich (Diogenes), S. 35)]

Ob jemand innerlich auf diese Zeilen reagiert oder sie nur kurz überliest und keinen weiteren Gedanken daran verschwendet, dürfte von Mensch zu Mensch ziemlich unterschiedlich sein. Blicken wir auf diejenigen, die dafür empfänglich sind und reagieren, zum Beispiel indem sie Mitleid mit der beschriebenen Kreatur empfinden. Die Sanftheit der Dichterworte besitzt für diese Menschen eine starke Wirkung. Vielleicht spüren sie die Resignation des stolzen und eleganten Tieres, dessen Wille förmlich betäubt wurde, obwohl es mit enormer Kraft ausgestattet ist. Seiner Natur beraubt, ist es müde geworden, sein leerer Blick durchdringt die Gitterstäbe. Das Gedicht »Der Panther« kann durchaus berühren, Mitgefühl und Mitleid erzeugen, Empfindungen, die aus der Spannung zwischen dem »geschmeidigen« und eigentlich »willensstarken« Tier und dessen extremer Einschränkung auf engstem Raum und der sich daraus ergebenden Resignation resultieren mögen. Eine Befreiung aus dieser Zwangslage erscheint unmöglich. Sensible Naturen ziehen möglicherweise eine Parallele zum menschlichen Dasein, das ebenfalls von äußeren und selbst auferlegten Zwängen bestimmt sein kann. Die alltäglichen Begrenzungen verhindern eine wünschenswerte oder erhoffte Entfaltung im Berufs- oder Privatleben, und so viele ausgeprägte Fähigkeiten, Begabungen und Willenskraft auch vorhanden sind, lassen sich persönliche Ziele einfach nicht erreichen und müssen Träume irgendwann begraben werden. Der auf Deutsch schreibende ungarische Schriftsteller Ödön von Horváth (1901–1938) formulierte einmal (Horváth 1978, S. 67): »Ich bin nämlich eigentlich ganz anders, nur komme ich so selten dazu.« Diese Aussage verweist auf eine Sehnsucht im Menschen, die wegen selbst auferlegter Zwänge oder unüberwindlicher gesellschaftlicher Begrenzungen unerfüllt bleibt. So bleibt das erhoffte oder erträumte Leben »ungelebt« – eine unerfüllte, nicht zu verwirklichende, sehr bedrückende Vorstellung.

Gedichte und andere große Literatur bieten Anknüpfungspunkte für das eigene menschliche Leben. Sie können mitunter eine verblüffende Identifikation hervorrufen oder zumindest zum Nachdenken über sich selbst und das eigene Leben anregen und mit etwas Glück sogar Trost spenden. Gedichte und Literatur sind in solchen Fällen Lebenshilfe, in existenziellen Situationen gar ein Strohhalm, dessen Ergreifen dann doch wieder eine (Mut machende) Perspektive eröffnet. Das sei am Beispiel des bekannten Gedichts »Stufen« des deutsch-schweizerischen Dichters, Schriftsteller und Malers Hermann Hesse (1877–1962) dargestellt. Dieses wird häufig in Ansprachen zitiert, bei denen es um Veränderungen geht (z. B. bei der Verabschiedung von Mitarbeitern in den Ruhestand oder bei einem Berufswechsel):

Stufen
Wie jede Blüte welkt und jede Jugend
Dem Alter weicht, blüht jede Lebensstufe,
Blüht jede Weisheit auch und jede Tugend
Zu ihrer Zeit und darf nicht ewig dauern.
Es muß das Herz bei jedem Lebensrufe
Bereit zum Abschied sein und Neubeginne,
Um sich in Tapferkeit und ohne Trauern
In andre, neue Bindungen zu geben.
Und jedem Anfang wohnt ein Zauber inne,
Der uns beschützt und der uns hilft, zu leben.
Wir sollen heiter Raum um Raum durchschreiten,
An keinem wie an einer Heimat hängen,
Der Weltgeist will nicht fesseln uns und engen,
Er will uns Stuf' um Stufe heben, weiten.
Kaum sind wir heimisch einem Lebenskreise
Und traulich eingewohnt, so droht Erschlaffen,
Nur wer bereit zu Aufbruch ist und Reise,
Mag lähmender Gewöhnung sich entraffen.
Es wird vielleicht auch noch die Todesstunde
Uns neuen Räumen jung entgegen senden,
Des Lebens Ruf an uns wird niemals enden …
Wohlan denn, Herz, nimm Abschied und gesunde!

[Aus: Hermann Hesse (2002): Sämtliche Werke in 20 Bänden, Band 10. Die Gedichte. © Suhrkamp Verlag Frankfurt am Main 2002.]

Dies ist zweifelsohne ein Mutmachergedicht. Veränderungen werden als Chance begriffen. Hesse ermuntert den Leser mit Nachdruck, das Neue und Unbekannte, das diesen erwartet, optimistisch und positiv zu sehen. Das Bisherige und Übliche erscheint sogar in kritischem Licht. Bevor Erschlaffen und lähmende Gewöhnung drohen, soll der Mensch besser Abschied nehmen und »heiter« weiterschreiten, was gar mit einem gesunden Herz verbunden zu sein scheint. Das Gedicht des Literatur-Nobelpreisträgers von 1946 beschreibt in einem unterstützenden Sinne menschliches Leben, das nicht stehen bleiben darf, sondern sich entwickeln sollte, und doch thematisiert das Gedicht den Tod. Vielleicht will Hesse dem Menschen damit sagen: Lebe jetzt, darauf kommt es an, und nimm die sich zwangsläufig einstellenden Veränderungen als Chance wahr. So sehr wir uns vor dem Tod ängstigen, so ist er doch bereits mit der Geburt in uns angelegt, und die Begrenztheit des Lebens ist anzuerkennen.

Jahrzehnte später hat der große US-amerikanische Psychoanalytiker Irvin D. Yalom (vgl. Kapitel 1.1) der Todesstunde etwas Bemerkenswertes zugeschrieben: Aufgrund seiner therapeutischen Arbeit mit einer an Krebs erkrankten Patientin, die zunächst niedergeschmettert und verzagt war, sich dann aber mehr und mehr beruhigte und geradezu großmütig gegenüber ihrer Krankheit wurde, weil sie für sich erkannt hatte, dass sie ihren nächsten Menschen als Wegbereiter für das Sterben dienen kann, arbeitete er die Aufgabe dieser auf ihrer letzten Wegstrecke äußerst mutigen Frau heraus, »… ein Vorbild zu sein – ein Vorbild dafür, wie man stirbt« (Yalom 2015, S. 185; © 2015 btb Verlag München). Bei aller Bitterkeit und Verzweiflung, bei allem Schmerz und Leiden kann immer noch ein Funken gegeben sein, der selbst in einem verlöschenden Leben für andere Menschen etwas Großes bedeuten kann. Vielleicht kann so auch der Schlussteil von Hesses Gedicht interpretiert werden: Er bietet eine Hoffnungsperspektive.

Und damit zur sogenannten großen Literatur. Lyrik ist darin selbstverständlich eingeschlossen. Nun soll auf Werke der Weltliteratur Bezug genommen werden, die selbst nach Jahrhunderten noch lesens- und beachtenswert ist. Nicht umsonst liest man zum Beispiel heute noch die dem griechischen Dichter Homer zugeschriebenen Werke »Ilias« und »Odyssee« oder William Shakespeares »Hamlet« (vgl. Kapitel 1.2) oder Fjodor M. Dostojewskis (1821–1881) »Schuld und Sühne« (neuere Übersetzung: »Verbrechen und Strafe«). Mal ganz abgesehen von Schriftstellern der Gegenwart, die Maßgebliches zu sagen haben und deren Werke weltweit nachgefragt werden. Damit kein Missverständnis entsteht: Es geht mir nicht um die zahlreichen Bücher der Unterhaltungsliteratur, die unbedingt ihr Gutes haben: ob die Harry-Potter-Fantasy-Romanreihe der Britin Joanne K. Rowling (*1965) oder der ebenfalls millionenfach nachgefragte Thriller »The Da Vinci Code« (dt. Übersetzung: »Sakrileg«) des US-amerikanischen Autors Dan Brown (*1964) sowie die vielen, vielen anderen Kriminal-, Liebes-, historischen und Gesellschaftsromane. Sie unterhalten und begeistern die Menschen, und allein das ist sehr wertvoll. Doch diese Art von Literatur ist an dieser Stelle nicht gemeint. Vielmehr kann man sich die Frage stellen, weshalb die Werke von Johann Wolfgang von Goethe und Friedrich Schiller (vgl. jeweils Kapitel 6.6) nach wie vor ihren Stellenwert haben oder weshalb der kolumbianische Schriftsteller Gabriel García Márquez (1927–2014) im Jahr 1982 zum Literatur-Nobelpreisträger avancierte oder Margaret Atwood (*1939) in Frankfurt im Oktober 2017 mit dem Friedenspreis des deutschen

Buchhandels ausgezeichnet wurde. Am Beispiel der zuletzt genannten kanadischen Literatin lässt sich gut darstellen, wozu Literatur taugt und wie sie das Leben der Menschen beeinflussen kann, jenseits von Spaß, Jux und simpler Unterhaltung. Margaret Atwood erklärte ihre Aufgabe als Schriftstellerin in schwierigen Zeiten in ihrer Dankesrede anlässlich der Verleihung des Friedenspreises: »Geschichten haben es in sich. Sie können das Denken und Fühlen der Menschen verändern – zum Besseren oder zum Schlechteren.« Atwood geht es – neben der Unterhaltung – darum, die Wahrheit darzustellen, anzuklagen, aber auch zu feiern, indem sie die Realität beschreibt. Sie möchte, dass die Menschen sich eine Frage stellen und darauf auch Antworten finden bzw. geben: »In was für einer Welt wollen Bürgerinnen und Bürger leben?« Derart bedeutende Schriftsteller haben in ihren Werken schon immer menschliche Grundkonflikte, verworrene und kritische Lebenslagen dargestellt und darüber eine Analyse eines guten oder schwierigen bis bösen Lebens geliefert. Das Instrumentarium der Literatur scheint dabei auf den ersten Blick der jeweiligen Fantasie des Verfassers zu entstammen. Die realen und konkreten Verknüpfungen mit dem Leben des Lesers sowie dessen eigene Lebensführung machen dann doch das aus, was diesen fesselt und ergreift und das Nachdenken über sich und die Welt provoziert. So kann die Nibelungensage, eine Geschichte mit den Ursprüngen in der Zeit der Völkerwanderung, heute noch gelesen werden als teuflische und »goldgierige« Handlung von Figuren, denen Verrat als Mittel zum Zweck dient, mit Episoden tapferen Sich-Entgegenstemmens und der Rache, die den Untergang aber nicht verhindern, sondern eher beschleunigen. Die das Leben (und das Unheil) bestimmenden menschlichen Motive sind in der Sage augenfällig. Diese

Motive sind noch immer nicht aus der Welt, das 21. Jahrhundert scheint mehr denn je von ihnen bestimmt zu werden. Und wer, um wieder modernere Literatur anzuführen, sich auf das Werk von Franz Kafka (1883–1924) einlässt, wird überdeutlich erkennen können, wie dieser in Prag geborene, deutschsprachige Schriftsteller das Elend des Menschen nahezu allgemeingültig beschreibt. Es geht Kafka um Ohnmacht, um Ausgeliefertsein, um sich verbergende, sich nicht zu erkennen gebende Mächte, die Gewalt ausüben und den Menschen vernichten, der nicht weiß, warum ihm etwas geschieht. Die Undurchschaubarkeit und die damit verbundenen Ängste, die Sinnlosigkeit, nicht zu verstehen, was einem widerfährt – das sind nicht nur Themen, die das Leben des einsamen und unverstandenen Einzelgängers Kafka kennzeichneten, sondern die für unsere Generation – rund 100 Jahre später – eine bemerkenswerte Aktualität besitzen. Verwirrung und Angst in einem Umfeld, das soziale Ungerechtigkeit und Naturzerstörung häufig genug schulterzuckend in Kauf nimmt, dominieren gegenwärtig die Stimmung manches Zeitgenossen. Dazu kann ein Buch politisch-kritisch Stellung beziehen, es kann den Leser berühren und aufrütteln, aber auch in die Gesellschaft hineinwirken und Frieden und Freiheit anmahnen. Literatur zeigt Alternativen auf, beschreibt Problemlagen sowie Auswege und bietet Hilfestellung, um althergebrachte, überkommene Denkweisen zu überwinden, neue Horizonte zu eröffnen und zu einem besseren Leben beizutragen. Und manche Sätze sind in einer derart schönen Sprache abgefasst, dass ihre Lektüre allein deswegen ein Genuss ist. Wer dafür empfänglich ist, erkennt, welches wunderbare Instrument die Sprache ist, mit dem Schriftsteller ihre Leser tief berühren können. Sie vermögen etwas Harmonisches zu schaffen, das nachklingt und das man noch einmal lesen will. Häufig geht die Schönheit der Beschreibung mit einem Reichtum an Bedeutung und Deutungen einher, mit Inhalten, die der Leser als hochrelevant für sein Leben erkennt oder wiedererkennt, da ihm selbst schon ganz ähnliche Situationen und Probleme begegnet sind, und für die er nun Fingerzeige erhält, wie er mit ihnen in Zukunft besser umgehen oder sie gar lösen könnte – Lösungen, die er selbst nie entdeckt hätte und die ihm verschlossen geblieben wären, hätte er das Buch nicht gelesen. Gedichte und andere Literatur kann man als Lebenshilfe ansehen. Sie eröffnen ungeahnte Perspektiven, verweisen auf alternatives Denken und Handeln und bieten Möglichkeiten zur Horizonterweiterung, die für den einzelnen Menschen, aber auch für ganze Gesellschaften neue und bessere Wege einer zukünftigen Lebensführung aufzeigen.

8.8 Auch die Bildende Kunst darf nicht vergessen werden: Malerei als Lebenselixier

Wenn manche Kunstausstellungen Besucherrekorde vermelden, dann hat das mit dem berühmten Namen des Künstlers zu tun, dessen Werke präsentiert werden. (Zum Beispiel verzeichnete die Kunstausstellungsreihe *documenta* in Kassel und Athen im Jahr 2017 mit mehr als einer Million Besuchern einen unerwarteten Rekord.) Man möchte die Ausstellungsstücke einmal im Original betrachten und nicht nur als Abbildung in einem Buch oder einer Zeitschrift. Ob Dürer, Rembrandt, van Gogh oder Kandinsky, Picasso oder Richter: Kunst gefällt oder auch nicht, dies ist eine Geschmacksfrage – und über Geschmack sollte man bekanntlich nicht streiten. Allerdings haben manche Künstler völlig neue Perspektiven aufgezeigt oder gar die Malerei ihrer Zeit revolutioniert. Solch provozierende Kunst wurde oft genug zunächst verdammt, bis ihre Bedeutung für eine erweiterte Gesellschafts- und Weltsicht anerkannt wurde. Wenn ich mich nun auf Malerei beschränke und andere Kunstformen vernachlässige, dann ist das einem exemplarischen Prinzip geschuldet. Selbstverständlich wären auch Beispiele aus Bildhauerei, Architektur, Druckgrafik oder auch ganze Inszenierungen, die die dramatischen Aspekte eines Kunstgegenstands anschaulich machen wollen, infrage gekommen. Die Spannbreite künstlerischer Möglichkeiten verweist auf schöpferische Akte von Menschen, die eine Idee oder das, was sie an Gegenständlichem vorfinden oder was ihnen die Natur oder Religion, Politik, Geschichte und Geschichten bieten, in einem Werk umsetzen, das bei (oft vielen) anderen auf nachhaltige Aufmerksamkeit stoßen kann. Wir beschränken uns auf die Malerei in dem Bewusstsein, dass die Bedeutung jedweder Kunst vor allem im Transportieren von Emotionen besteht. Dies soll der für unseren Zusammenhang maßgebliche Gesichtspunkt sein. Zwar will man wie erwähnt die Originalwerke sehen, weil sie von bedeutenden Künstlern stammen. Aber es gibt einen weiteren Grund, warum man sich manchmal geradezu zu deren Werken hingezogen fühlt. Oft genug kann man gar nicht für andere nachvollziehbar begründen, weshalb Claude Monets »Seerosen«-Gemälde derart ansprechend sind, dass man sie sich als schön gerahmten Kunstdruck ins Wohnzimmer hängt. Der Nachbar hingegen kann diesem Bild gar nichts abgewinnen und ist dafür umso begeisterter von Carl Spitzwegs Werk »Der Bücherwurm«. Ein Dritter kann mit beiden nichts anfangen und erkennt in Franz Marcs Gemälde »Blaues Pferd« beeindruckend Schönes. Wie dem auch immer sei: Welches Gemälde den Einzelnen auch anspricht, ein Phänomen ist damit auf jeden Fall verbunden, das man in jeder Kunstausstellung beobachten kann: Der Mensch bleibt stehen, er verweilt, betrachtet das ihn ansprechende Bild aus verschiedenen Perspektiven. Er nimmt sich Zeit, und sehr häufig kehrt er zu dem Bild zurück, nachdem er dann doch einmal weitergegangen ist. Das Bild berührt ihn, es spricht etwas in ihm an. Dabei kann eine Form des »Durchdenkens« vonstattengehen, muss aber nicht. Jemand mag intensiv über die Bildaufteilung (z.B. Größenverhältnisse, Massenverteilung, Goldener Schnitt), die Linienführung (z.B. waagrecht, diagonal, senkrecht, gerade oder geschwungen), die Formen (z.B. geometrisch, rund, eckig, organisch), die Gliederung, die Flächen und die Maltechnik bis hin zum Farbauftrag (z.B. durchscheinend, deckend, in mehreren Schichten), zu den Farbklängen (z.B. rein, gemischt, aufgehellt, getrübt) und Farbkontrasten nachdenken. Ein anderer Betrachter ist einfach gefesselt, er findet seinen Zugang ohne Analysieren, fühlt sich vielleicht »in das Bild hineingezogen« oder von ihm angesprochen, ohne dass diese Wirkung durch Überlegen ausgelöst worden wäre. Wahrscheinlich handelt es sich auch hier um ein Resonanzphänomen, das schwierig zu fassen und für Außenstehende kaum nachvollziehbar ist. Es kann das Farbenspiel sein, aber auch die dargestellte Szene oder beides zusammen. Vielleicht ist es das Staunen über die Idee, die ein Künstler mit seinem Bild umgesetzt hat, oder die beeindruckende Fähigkeit, etwas, das aus der Geschichte oder Mythologie bekannt ist, in Farbenpracht und im wahrsten Sinne des Wortes ausgefeilt zur Darstellung zu bringen. So drückt zum Beispiel ein Bildnis der neutestamentarischen Begegnung Jesus mit Maria Magdalena die Barmherzigkeit Gottes aus. Die dem

Laster jahrelang Verfallene trifft auf Gottes Sohn. Sie hört auf sein Wort und wird radikal bekehrt. Sie wird von Jesus nicht wegen ihres verwerflichen Lebenswandels verurteilt, sondern empfängt die Liebe Gottes. »Die Bekehrung der Maria Magdalena«, ein Gemälde des italienischen Renaissancemalers Paolo Veronese (1528–1588), geschaffen um 1547, illustriert dieses biblische Geschehen und spricht womöglich den religiös motivierten Menschen an, der darin ein Beispiel erkennt, Menschen nicht zu verurteilen, sondern ihnen aus vorbehaltsloser Liebe die Chance zur Bekehrung und Läuterung zu gewähren. Das Genie Franz Marc (1880–1916) hingegen, der sich bewusst vom Leben in der Stadt abwandte, auf dem Land die Reinheit suchte, in der Natur »das Zittern« in den Bäumen, den Tieren und der Luft suchte und in seinen Bildern zum Ausdruck bringen wollte, strebte ausdrücklich nach der Verkörperung eines »organischen Rhythmus«, den er zum Beispiel in seinen Bild »Weidende Pferde IV« aus dem Jahr 1911 darzustellen versuchte. Wohlgemerkt interessierte sich der Mitbegründer der als »Der Blaue Reiter« bekannten Künstlergemeinschaft nicht für einen äußerlich wahrzunehmenden bewegten Rhythmus, der für das Auge sichtbar wäre. Ihm ging es um etwas Unsichtbares, in der bisherigen Malerei nicht Darstellbares, um den inneren Pulsschlag des Lebendigen. Marc wollte sich in das Zittern und Rinnen des Blutes in der Natur einfühlen und diese bislang ignorierte Dimension der Kunst gerade in seinen Tierdarstellungen farbenstark und leuchtend zum Ausdruck bringen. Vielleicht gehören Marcs Bilder wegen dieser Idealvorstellung eines »organischen Rhythmus« in allen Dingen, die etliche seiner Arbeiten bestimmt, zu den am meisten reproduzierten Gemälden der klassischen Moderne. Für jene, die sich eines seiner Werke als Kunstdruck an die

Wand hängen, dürfte dieses mehr als ein dekoratives Anhängsel sein.

Gänzlich anders kommt eines der bekanntesten Gemälde des spanischen Künstlers Salvatore Dalí (1904–1989) daher: »Die zerrinnende Zeit« ist ein berühmtes Zeugnis des Surrealismus. Es war zu seiner Entstehungszeit 1931 sicherlich etwas Revolutionäres und Anarchistisches und verbindet bemerkenswerte Darstellungen fließender Uhren. Das nur 24 mal 33 Zentimeter messende Ölbild (im Original: »La persistencia de la memoria«, also »Die Beständigkeit der Erinnerung«, ebenfalls »Die weichen Uhren« genannt) zeigt zum Beispiel eine auf einer der Uhren sitzende Fliege als Sinnbild für das Verfliegen der Zeit. Eine andere Uhr wird von Ameisen zerfressen, womit wiederum Vergänglichkeit und Verfall symbolisiert werden. Menschen werden möglicherweise durch ein solches Bild an ihre eigene existenzielle Unsicherheit erinnert. Wer sich damit bewusst auseinandersetzt und es nicht nur bei einem kurzen Blick auf das Bild belässt, kann philosophisch angesprochen und zum Nachdenken über das eigene Leben und die eigene Lebensführung angeregt werden.

Ob nun die Darstellung eines Renaissancekünstlers, die modernen farbenfrohen Pferdebilder, die das Spiel mit Abstraktion und kräftigen Farben ausloten, oder das auf den ersten Blick irritierende Bild eines Surrealisten – welches Kunstwerk für den einzelnen Menschen eine tiefe Bedeutung erlangt, mag sehr unterschiedlich sein. Jedenfalls bereitet ein solches Gemälde mehr als nur ästhetischen Genuss. Das »Sich-Hineinversenken« in das Bild, seine Interpretation und die Möglichkeit, den Sinn des Gemäldes mit dem des eigenen Lebens abzugleichen, hat viel mit Aufmerksamkeit und Achtsamkeit zu tun. Manche Bilder eignen sich zum Meditieren, womit eine Dimension erreicht wird, die der Selbstfürsorge Vorschub leistet. Wie viele andere Meditationsmöglichkeiten ermöglicht eine Bildmeditation auch das Aussteigen aus der Hektik des Alltags und stellt einen Weg dar, die schwirrenden Gedanken zur Ruhe kommen zu lassen. Die günstigen Wirkungen des Meditierens sind unbestritten (Kapitel 9.3). Schon 10 bis 20 Minuten täglich bewirken in unserem Gehirn eine Veränderung. Deren Effekt lässt sich allgemein als ein Zugewinn von Gelassenheit, Ausgeglichenheit und Zufriedenheit beschreiben. Nicht jede Meditationsform passt zu jedem Menschen. Die Bildmeditation als eine Form muss wie alle anderen ausprobiert werden. In der Meditation lassen Bilder sich regelrecht erforschen. Am besten wählt jeder dafür Gemälde aus, die ihn von vornherein ansprechen, vielleicht sogar in den Bann ziehen und die etwas anstoßen oder berühren. Dann kann man sich der Versenkung hingeben. Gefühlslagen und Gedanken werden ausgelöst, mit denen man nicht selten weitere Details aus seinem Leben verknüpft. Mehr und mehr entfaltet das Bild seine Wirkung. Es kann beruhigen, eine liebevolle Stimmung auslösen, Erinnerungen wachrufen, die mit guten Gefühlen zusammenhängen. Mit etwas Glück erkennt man mit einem Mal im Kunstwerk weit mehr als das, was man zunächst wahrgenommen hat. Das Denken erweitert sich, die dabei gesetzten Impulse schaffen Raum für neue Perspektiven. Fantasien werden angeregt, wenn man sich tief auf ein Bild einlässt. Oft blitzen Assoziationen zu Vergangenem auf. Aber auch das gegenwärtige oder das zukünftige Leben können durch Bildmeditationen angesprochen werden. In manchen Fällen mag das zu existenziellen Fragen hinführen: Auf welches Lebensziel will mich das Gemälde aufmerksam machen? Warum berührt mich das, was ich sehe, derart nachdrücklich? Welche Gefühle sind dabei im Spiel, und was bedeutet das alles für meine Lebensführung?

Und noch ein weiterer Aspekt soll angesprochen sein, da es hier auch um Rhythmus und Resonanz gehen soll: die Bedeutung der Kunst als Mittel zur Provokation. Jedes Kunstwerk kann irritieren, Kopfschütteln, ja wütende Ablehnung auslösen. Künstler erschaffen in manchen Fällen Werke, um auf gesellschaftliche oder politische Missstände aufmerksam zu machen. Avantgardistische Kunst ist nicht jedermanns Sache. Sie ist für viele unverständlich, stößt auf Ablehnung und lässt manchen Betrachter eher wütend zurück. Kunst ist in diesem Zusammenhang wichtig für Weiterentwicklungen und die Eröffnung von Perspektiven, die sonst verschlossen blieben. Eine solche Kunst, die ausdrücklich als wertvoll anzuerkennen ist, ist hier aber nicht gemeint. Es geht vielmehr um Gemälde, die etwas Harmonisches, Friedliches und Versöhnliches ausstrahlen. Sie sollen den Betrachter in einem für Geist und Seele guten Sinne ansprechen sowie Zustimmung und Bereitschaft zum Sich-Einlassen auslösen. Emotional soll uns das Kunstwerk unbedingt ansprechen, bei der Bildmeditation sind aber nur solche Bilder hilfreich, die uns in eine beruhigende, fröhliche oder bestenfalls nachdenklich-konstruktive Stimmungslage versetzen. Dieses positiv Ansprechende ist das Resultat der Resonanz zwischen Gemälde und Betrachter. Die Resonanz wird eventuell von einem dem Bild innewohnenden Rhythmus ausgelöst. Beispielsweise hat der deutsche Maler und Grafiker Paul Klee (1879–1940), ein ausgesprochen schöpferischer Künstler der Moderne, im Titel einzelner Werke den Begriff »Rhythmus« verwendet, zum Beispiel bei »Rhythmen einer Pflanzung« von 1925 oder »Rhythmisches, strenger und freier« von 1930. Es soll an dieser Stelle nicht darum gehen, im

Einzelnen zu analysieren und zu rekonstruieren, was der Künstler mit diesen Bildern zum Ausdruck bringen wollte. Es genügt hier, auf den komplexen Rhythmusbegriff zu verweisen, mit dem sich in der damaligen Zeit zahlreiche wissenschaftliche Disziplinen auseinandergesetzt haben. Klee ging es bei seinen »Rhythmusbildern« neben anderem um eine Einfühlungsästhetik, darum, beim Betrachten ästhetischen Genuss zu ermöglichen, und darüber hinaus die Lebendigkeit deutlich zu machen, die ein Bild ausstrahlen kann. Rhythmus weist bei Klee zur Biologie hin, wenn man so will, zu Wachstumsprozessen in der Natur. Ein Kunstwerk ist zwar »tote Materie«, Klee lag jedoch als Künstler an einer Rhythmisierung seiner Muster, die Aspekte pulsierenden Lebens aufweisen sollten. (Nebenbei bemerkt: Paul Klee war zeitlebens der Musik eng verbunden. Sein Rhythmus- und Taktbegriff verzahnte Musik und Malerei in äußerst produktiver Weise.)

Nicht jeden spricht Kunst im Allgemeinen und Malerei im Besonderen an. In unserem Zusammenhang ist die Verbindung zu Achtsamkeit und (Lebens-)Rhythmus wichtig. Wer diese Verbindung erkennt und für sich nutzbar machen kann, findet in der Malerei ein Medium, das weit mehr bieten kann als eine kurzfristig wirkende Wahrnehmung. Für die Malerei empfängliche Menschen können auf ganz und gar immaterielle Weise beim Betrachten, Auf-sich-wirken-Lassen und Interpretieren eines Gemäldes nicht nur ihr ästhetisches Empfinden stärken, sondern darüber hinaus Impulse für ihre Lebensführung empfangen, die sie zufriedenstellen oder gar (zumindest vorübergehend) glücklich machen können. Wem bisher der Zugang zur Kunst verschlossen blieb, dem sei empfohlen, sich diese Welt in kleinen Schritten zu erschließen, etwa durch den Besuch einer Ausstellung oder eine kurze Recherche zu dem Künstler, dessen Bild im Büro oder im Wohnzimmer hängt. Vor allem wenn man das Leben eines Künstlers und die gesellschaftlichen und politischen Umstände seiner Zeit kennenlernt, so weckt dies leicht ein weitergehendes Interesse. So entdeckt man dann vielleicht doch noch Kunst als Lebenselixier.

8.9 Mit Augenmaß statt Fanatismus: Religion und Glaube als Lebenselixiere

Über Religion formulierte Karl Marx in seiner Einleitung »Zur Kritik der Hegelschen Rechtsphilosophie: »Sie ist das Opium des Volks.« – So bezog Karl Marx (vgl. Kapitel 1.2) unter anderem zu Religion und Glauben Position. Marx warnte die unterdrückte Bevölkerung. Er lastete der Religion und ihren Vertretern an, die von Unrecht, Armut und Elend gekennzeichnete politische Situation auszublenden und die Menschen nur auf das Jenseits zu vertrösten, auf die Erlösung und das Paradies. Von den Kirchenkanzeln wurde gepredigt: Auf Gottes Boden, das heißt zu Lebzeiten, gilt, was die Obrigkeit sagt, und der Mensch ist ihr treuer Untertan. Kirchenobere und Pfarrer standen gerne auf der Seite der Mächtigen. Bei diesem Befund kann man bis weit ins 20. Jahrhundert verweisen. Heute löst es hierzulande Entsetzen aus, wie Religion und Glaube in vielen Teilen der Erde immer noch pervertiert werden. In Gottes Namen werden Kriege geführt, Terrorakte legitimiert. Und es gibt kaum eine kriegerische Aktion, bei der die Täter nicht auf einen Gott verweisen, zu dessen Wohlgefallen sie begangen wird. Auf keinen Fall darf immer wieder an die Öffentlichkeit gelangendes erniedrigendes Verhalten von Mitgliedern diverser Sekten verharmlost werden. Selbst in

Deutschland werden Kinder und Jugendliche gequält, Menschen einer Gehirnwäsche unterzogen und wird abweichendes Verhalten bestraft. So hat die christlich-rigoristische Glaubensgemeinschaft »Die Zwölf Stämme« in den letzten Jahren jahrelang für negative Schlagzeilen gesorgt (z.B. Rath 2018, S.11). Aussteiger berichteten über Kindesmisshandlungen, Prügelstrafen für Kinder waren selbstverständlich. Die Justiz begann zu ermitteln. Es kam zu Anklagen, Gerichtsverfahren und Verurteilungen. Kinder von Mitgliedern wurden zu ihrem Schutz in Heimen und Pflegefamilien untergebracht. In einer aufgeklärten Gesellschaft können offenbar religiös motivierte Menschenfänger ihre fragwürdigen Ziele verwirklichen und Menschen gefügig machen oder ihnen Gedanken »eintrichtern«, die eher an das Mittelalter als an einen freiheitlich-demokratischen Staat erinnern. Auch Handlungen und Haltungen wie die des ehemaligen Bischofs von Limburg (2008–2014), Franz-Peter Tebartz-van Elst (*1959), lassen viele Gläubige an der Institution Kirche zweifeln. Der Skandal war perfekt, als der Heilige Stuhl ihn wegen Protzerei im Oktober 2013 von seinen Pflichten entband. Und über die Missbrauchsskandale, die die Katholische Kirche erschüttern, kann nur mit Entsetzen berichtet werden.

Alles in allem finden viele Menschen mehr oder weniger krasse Beispiele, die Anlass geben könnten, sich von seiner Kirche, Religion oder dem Glauben abzuwenden. Religiöser Fanatismus, rückständige Vorstellungen, Verschwendungssucht, Machtgier und Machtmissbrauch begründen vielfach ein negatives Bild der Kirche. Hinzu kommt, dass eine faktenorientierte, sich an naturwissenschaftlichen und technischen Erkenntnissen und Fortschritten orientierende Gesellschaft »nicht mehr glauben mag«: an eine Erlösung im Jenseits, an die unbefleckte Empfängnis, an

Engel, die behüten und beschützen, und schon gar nicht an ein ewiges Leben. Nein, man hat dieses eine Leben, dann ist Schluss und vorbei. Wozu sich an die Zehn Gebote erinnern? Wozu beten? Wozu Hoffnung schöpfen aus den Gleichnissen der Bibel? – Alles Lug und Trug. So dumm will man nicht mehr sein. Weg damit! Wir sind schließlich mit Verstand und Vernunft begabt und lassen uns nichts vormachen. In Deutschland sprechen die Kirchenaustritte eine klare Sprache. Wir leben in einer positivistischen und agnostischen Kultur, Gläubige werden eher belächelt.

Doch ganz so einfach scheint die Lage nicht zu sein. Denn als Papst Benedikt XVI. (* 1927) im September 2011 Deutschland einen Besuch abstattete, versammelten sich im Berliner Olympiastadion rund 61 000 Menschen, um mit ihm die heilige Messe zu feiern. Ein bloßes Show-Event, das man sich nicht entgehen lassen wollte? – Für manche vielleicht. Für die Mehrheit wohl eher ein spirituelles Ereignis, das sie sehr bewegte und tiefe Gefühle ansprach. Doch verändern wir die Perspektive, schließlich kommt ein Papst nur alle paar Jahrzehnte nach Deutschland. Alltäglichere Beispiele offenbaren nicht weniger deutlich, dass viele Menschen geistige oder geistliche Bedürfnisse haben, die gelebt und erfüllt werden wollen. Nicht durch ein zahlenmäßiges Großereignis mit zigtausend Menschen, aber durch Begegnungen im Kleinen, deren Wirkung kaum weniger tief gehen. Wenn zum Beispiel der Benediktinerpater Anselm Grün (vgl. Kapitel 6.7) auftritt, sind die Hallen gefüllt. Veröffentlicht er ein neues Buch, ist die Wahrscheinlichkeit hoch, dass es zum Verkaufsschlager wird. In einem der Seminare, zu denen er einlädt, verwandeln sich nicht wenige Teilnehmer innerlich. Das ist nicht einfach auszudrücken. Als wäre mancher geläutert oder weise geworden, verlassen Menschen die Vorträge und Seminare

Grüns geradezu beseelt. Es gibt weitere Beispiele wie der ehemalige Benediktiner und Prior des Klosters Andechs, Anselm Bilgri (*1953), der unter anderem mit den jahrtausendealten klugen Regeln des Heiligen Benedikt von Nursia (vgl. Kapitel 6.8) Führungskräfte und Mitarbeiter in Unternehmen anspricht, mit Weisheiten, die trotz ihres Alters modern wirken und etwas in den Menschen der Gegenwart bewirken (Bilgri & Stadler 2004). In den letzten Jahren erleben etliche Klöster geradezu einen Boom, weil sie Auszeiten anbieten, die Menschen aller Schichten wahrnehmen. Das moderne Leben, das viele zu einer Optimierung selbst der Freizeit verleitet, scheint auch Gegenreaktionen zu provozieren: Man möchte in der Ruhe des Klosters schweigen oder sich in einem geschützten Rahmen aussprechen bei jemandem, der wirklich zuhört. Man hat genug von Höchstleistungen. (Es gibt sogar spezielle und gerne nachgefragte Angebote für Manager, die Tag für Tag als starke »Alphatiere« auftreten und sich nun vorübergehend ins Kloster »flüchten«, um ihrer Seele etwas Ruhe zu gönnen.) Man ist auf der Suche nach Sinn, der im Alltag verloren gegangen zu sein scheint. So begibt man sich in eine Ordnung, deren Rhythmus sich positiv auf Psyche und Geist auswirkt. Mönche haben ihn schon jahrhundertelang vorgelebt: den bewährten Rhythmus von Beten, Arbeiten und Ruhe, dessen Nutzen nun allzu umtriebige Menschen für ein bewussteres und ausgeglicheneres Leben entdecken. Wer für eine Woche Gast in einem Kloster ist, erlebt einen festen Tagesrhythmus, der deutlich von der Welt außerhalb der Klostermauern abweicht. Zwischen einem (frühen) Morgengebet und einem Nachtgebet (Komplet, »Schlussandacht«) gibt es keine Hektik des üblichen Alltags. Stille, Gebet und, wenn man möchte, Arbeit wechseln sich regelmäßig ab. Dazwischen werden Mahlzeiten eingenommen, wobei mitunter ein Schweigegebot einzuhalten ist. Es gibt Meditationsangebote, und wer möchte, kann sich einem Pater oder einer Nonne anvertrauen, um das auszusprechen, was ihn möglicherweise schon lange belastet oder ihm nicht mehr tragbar erscheint. Das Klosterleben lädt zum Innehalten ein, gibt Kraft und eröffnet neue Blickweisen auf das eigene Leben. Die Ursache dafür dürfte im festen Ablauf des Klosteralltags liegen: Aufstehen, wenn es noch dunkel ist, Morgengebet, Frühstück, Lesen oder Meditieren im Kreuzgang, Arbeitszeit, Mittagessen, Gebet und Stille, Arbeitszeit, Abendessen und zum Abschluss des Tages das Nachtgebet. Natürlich wirkt auch die Umgebung. Das vielleicht jahrhundertealte Gemäuer, das Glockengeläut, das Chorgestühl, die Christus- und Marienfiguren, die Heiligenbilder, die eher spartanisch eingerichtete Mönchszelle und die Abwesenheit von Fernsehen und Mobiltelefon.

Die günstige Wirkung des deutlich anderen Lebensrhythmus eines Klosters auf den Menschen ist damit zumindest skizziert. Nun ist diese Teilhabe am Klosterleben für die allermeisten Gäste nur eine »Auszeit vom Alltag«. Man darf diese geistlich begründeten Rhythmen aber durchaus auch im Alltag suchen. Man wird sie finden. Wer zumindest ab und zu an einem Gottesdienst teilnimmt, kennt den dort praktizierten Rhythmus. Dieser mag langweilig erscheinen, und im Laufe der Predigt schaut mancher schon wieder auf die Uhr. Der Alltag draußen zerrt dann bereits wieder an den Nerven. Wer aber ein wenig Distanz zu bewahren vermag, kann zur Ruhe kommen, kann vorübergehend abschalten und »seine Batterien wieder aufladen«. Dazu muss man nicht gläubig sein. Mitten auf der Königstraße, dem wuseligen, oft genug lauten und überlaufenen Zentrum Stuttgarts, befindet sich die Domkirche St. Eberhard. Wer durch das schmiedeeiserne Tor tritt und wenige Meter später die Pforte der Kirche öffnet, befindet sich von einer Sekunde zur nächsten in einer anderen Welt: Ruhe, vorsichtiges Agieren der Kirchenbesucher, nichts Lautes, Menschen in den Kirchenbänken, zum Teil in sich versunken. Draußen gerade noch Lärm, Hast, Straßenmusik, ständiges Ausweichen, grelle Reklame, Kaufanreize zuhauf. Drinnen Stille, nur ganz schwach dringt das emsige Treiben der Straße in das Kirchenschiff. Der Mensch kann hier drei Minuten verweilen oder eine ganze Stunde. Es gibt keine Störung, dafür genug Platz und vieles, das zum Nachdenken anregt, seien es Bilder oder Heiligenfiguren, das große Kreuz oder die von brennenden Kerzen umgebenen kleinen Altäre. Noch einmal: Man benötigt weder einen Glauben noch eine Zugehörigkeit zu einer Religionsgemeinschaft, um sich dieses Verweilen und diesen gänzlich anderen Rhythmus zu gönnen. Man kann einfach dasitzen, vielleicht überkommt einen sogar die Müdigkeit. Es stört niemanden, wenn man die Augen schließt und der Körper bekommt, wonach er sich sehnt und was er braucht. Es geht aber nicht nur um körperliche Erholung. Auch wenn jetzt nicht alle Leser »mitgehen« können, soll doch der Glaube ins Spiel kommen. Das spirituelle Element, nach dem viele Menschen heutzutage suchen, kommt kaum besser zum Ausdruck als bei einem gläubigen Menschen, der einen Bezug zu Gott besitzt. Damit nicht manche Leser gleich innerlich auf Distanz gehen, sei an dieser Stelle nochmals hervorgehoben: Verfallen Religion und Glaube ins Extreme, kann Leben nur misslingen. Das empörende Maß an Intoleranz, Inhumanität und Anmaßung ist in diesem Kapitel bereits klar benannt worden. Statt einen Weg der Hoffnung und des Getragenseins schlagen radikalisierte Religionsfanatiker einen Weg der

Gewalt und der Verblendung ein. Das hat mit den christlichen Tugenden nichts mehr zu tun. Zu diesen zählt auch die Achtsamkeit. Wer Pflanzen, Tiere und Menschen als Geschöpfe Gottes erkennen kann, wird achtsamer mit der Schöpfung umgehen. Er wird das Schöne, das Gott geschaffen hat, mit Sorgfalt behandeln und behüten. Diesen Gedanken darf man auch auf sich selbst beziehen. Daher schauen wir uns unseren Kirchenbesucher noch einmal an: Vielleicht überkommt ihn die Müdigkeit, vielleicht sucht er Sinn in all dem, was er tut: Falls er achtsam mit sich umgeht, falls er für sich Sorge trägt, wird ihn der Aufenthalt in der Kirche beruhigen und ein wenig freier werden lassen von den Zwängen, die »da draußen« herrschen.

Menschen in schwierigen Situationen werden beherrscht von quälenden Fragen wie »Schaffe ich das?«, »Was passiert bloß, wenn etwas danebengeht?« oder »Wie kann ich meinem Kind oder meinem Partner nur helfen?«. In solchen Fällen werden wir von Ängsten geplagt. Nun kann man gerade mittels der Religion und im Glauben Hoffnung schöpfen. Das tragende Element einer Gottesbeziehung ist Hoffnung als unbestimmte Form der Hilfe, die dem gläubigen Menschen zuteilwird, auch wenn sie nicht greifbar oder sichtbar ist. Gläubige nehmen dann zum Beispiel das Gebetbuch oder die Bibel zur Hand. Der alttestamentarische Psalm 23 spendet ihnen Trost, denn dort heißt es: »Der Herr ist mein Hirte. Nichts wird mir mangeln.« Darüber mögen andere spötteln oder sich lustig machen. Für diejenigen, die dieses religiöse Fundament besitzen, ist es ein Lebenselixier. Etwas, das Kraft spendet, Mut macht und den Menschen nicht ins Leere abstürzen lässt. Der Dreiklang der christlichen Tugenden »Glaube, Liebe, Hoffnung« benennt Fundamente des Lebens, die Drückendes und Schweres leichter machen können. Darin ist die Liebe zu sich selbst enthalten, aber eben auch die Nächstenliebe, womit wir wieder die Themen Empathie, Mitgefühl und Achtsamkeit berühren (vgl. Kapitel 9). Die maßgeblichen christlichen Tugenden im Verbund mit Platons Kardinaltugenden (Kapitel 3.1) verweisen auf Sorgfalt und Achtsamkeit (die Tugend des rechten Maßes und der Gerechtigkeit), aber auch auf eine Lebensführung (und somit auf einen Lebensrhythmus), die nicht verschleudert und ausbeutet, sondern klug das rechte Maß im Blick behält und tapfer Versuchungen des Übertreibens und der Übersteigerung widersteht, um dem Leben als Ganzem gerecht zu werden. Es sind tatsächlich uralte Weisheiten der Religion (und der antiken Philosophie), die für uns heute Elixiere sein können, die ein gutes Leben unterstützen oder überhaupt erst möglich machen.

8.10 Und es gibt selbstverständlich viele weitere Lebenselixiere: Schlussbemerkungen

Die in diesem Kapitel bislang vorgestellten Lebenselixiere erschöpfen das Thema sicherlich nicht. Wahrscheinlich ist es eine sehr individuell zu beantwortende Frage, was ein Lebenselixier ausmacht. Manche restaurieren zum Beispiel gerne alte Kommoden oder Wohnzimmerschränke, andere lieben ihre Rosenzucht über alles, wieder andere gehen jedes Jahr auf eine Reise, um die Welt zu entdecken oder sind Fans einer Rockgruppe, sodass sie jedes irgendwie erreichbare Konzert besuchen. Es gibt die Sammler von Modelleisenbahnen oder Menschen, die Backrezepte aus dem 19. Jahrhundert sammeln und ein Buch daraus machen. Der Vielfalt sind keine Grenzen gesetzt. Das gilt für Menschen, die sich dem Tierschutz verschrieben haben, ebenso wie für jene, die sich in einem gemeinnützigen Verein engagieren. All das, was Energie spendet, was ein Gefühl der Zufriedenheit, ja des Glücks vermittelt, was durch das Leben trägt, kann Lebenselixier sein. Vorgestellt wurde somit eine Auswahl, die deutlich macht: Es gibt zahlreiche Beschäftigungen und Interessen, die uns gesund erhalten, Kraft und Energie geben und oft genug mit Ruhe und sozialen Anliegen verbunden sind, ohne Verbissenheit, Kämpfen, Konkurrenz und Hecheln nach Erfolg um jeden Preis. Es handelt sich allesamt um Seinskategorien, die das Leben eines Menschen vielfach ohne großen Aufwand bereichern.

9 Was für ein gutes Leben nicht vergessen werden darf: Achtsamkeit und Mitgefühl

9.1 »Mitgefühl und Liebe sind keine Luxusgüter«

Die gleichzeitige Erwähnung von Achtsamkeit und Mitgefühl – welche Assoziation könnte sich ergeben? Ist das vielleicht zu viel des Guten? Zwei Begriffe, die eher weich, für manche gar »läppisch« oder »schwach« daherkommen? Die etwas Sensibles ausdrücken oder die – miteinander kombiniert – dem entschieden gegenüberstehen, was sich alltäglich um uns herum abspielt: Konkurrenz, Wettbewerb, Siegen und Sieger bleiben, sich durchsetzen, bloß nicht nachgeben, Härte zeigen, ausbooten usw. Mancher wird sagen oder zumindest denken, Achtsamkeit und Mitgefühl sei etwas für Weichlinge – ein Missverständnis! Denn Achtsamkeit und Mitgefühl unterstützen ganz im Gegenteil unsere innere Stärke. Beide machen uns gesünder und stellen für unsere Lebensführung eine starke Formel dar. Diese Bezüge gilt es ebenso wie die Behauptung, dass Mitgefühl einen starken Bezug zur Liebe hat, zu begründen. Letzteres formuliert Seine Heiligkeit, der 14. Dalai Lama (* 1935), dem folgende Weisheit zugeschrieben wird: »Mitgefühl und Liebe sind keine bloßen Luxusgüter. Als die Quelle von innerem und äußerem Frieden sind sie grundlegend für das Überleben unserer Spezies.« Diese Begriffe implizieren mächtige humane Dimensionen: innerer und äußerer Friede (Halifax et al. 2015, S. 207 ff.). Wenn die Chancen erst einmal erkannt werden und eine Lebensführung gewagt und realisiert wird, die immer wieder Mitgefühl und Liebe einschließt, kann also weitaus mehr erreicht werden als eine Verbesserung der individuellen Lebensqualität. Der Dalai Lama stellt einen Bezug zur gesamten Menschheit her. Und er bietet all jenen ein neues Modell an, die in ihrem Hass, in ihrem Neid, in ihren politisch-ideologischen Verstrickungen nicht mehr fähig sind zu erkennen, dass Menschenwürde und Menschenrechte ausnahmslos allen Menschen zukommen. Es muss darum gehen, diesem Anspruch weltweit Geltung zu verschaffen; aber nicht mit Krieg, Besatzung und plumpem Überstülpen eines Wertekanons, den Menschen aufgrund ihrer bisherigen Lebensweisen nicht verstehen und folglich auch nicht akzeptieren können. Es bedarf sensiblerer Vorgehensweisen und einer Überwindung von Arroganz, Besserwisserei und Überlegenheitsgefühlen. Mitgefühl, Achtsamkeit und Liebe sind sinnvolle Kategorien für die ganze Menschheit, sie sind Voraussetzungen für ein Ende von Zerstörung und Gewalt, die Menschen anderen Menschen antun. Das ist die These. Der bedeutende afroamerikanische US-Schriftsteller James Baldwin (1924–1987), der sich zeitlebens literarisch in einem sehr persönlichen Stil mit Rassismus und Sexualität auseinandersetzte und den damit verbundenen sozialen und psychischen Druck thematisierte, wusste diesem Anspruch Ausdruck zu verschaffen (zit. nach einer Darstellung auf der Homepage der US-amerikanischen Psychotherapeutin und Autorin Linda Graham; Übers. d. Autors):[23] »In dem Moment, wo wir es unterlassen, uns gegenseitig zu halten, verschlingt uns das Meer und das Licht geht aus.« Manchem mag das Nach-

---

23 Verfügbar unter: www.lindagraham-mft.net (Zugriff: 23.09.2016).

folgende zu naiv erscheinen: Innerer und vor allem äußerer Frieden bedürfen anderer Sichtweisen und Perspektiven. Für diese muss man sich bewusst entscheiden, was schwierig genug ist. Mühe und Anstrengung sind dafür unabdingbar, das heißt, mit Schwäche hat ein solcher mentaler Veränderungsprozess nichts zu tun. Wie sonst soll die Menschheit überleben, wenn nicht die gängigen Muster endlich durchbrochen und an ihre Stelle Schritt für Schritt ein anderes Denken und, damit verbunden, ein anderes Handeln gesetzt werden? Gegen jene, die Macht ausüben und sich nicht scheuen, zum Erhalt und zum Ausbau ihrer wirtschaftlichen und politischen Macht unlautere Mittel bis hin zu Terror und Mord einzusetzen, muss sich angesichts einer immer desolateren, inhumaneren Lage in weiten Teilen unserer Erde eine Bewegung bilden und Alternativen aufzeigen. Dazu kann auf das Ethos des Dalai Lama verwiesen werden, und auch der Blick auf unsere eigene Kultur eröffnet Perspektiven, die so vieles zum Besseren wenden könnten: Barmherzigkeit und Nächstenliebe sind für das Christentum maßgebliche Kategorien, das Neue Testament bietet für ein gutes Zusammenleben eine Vielzahl von Beispielen. In einer zunehmend säkularisierten Gesellschaft sind christliche Werte mehr oder weniger bedeutungslos geworden: Man vergisst, welch überaus bedeutendes ethisches Fundament das Christentum bietet. Interessant ist, wie sehr die Worte des Dalai Lama heute dennoch geschätzt werden. Jede Religion, die alle Menschen gleichermaßen wertschätzt und Regeln zu einem guten Zusammenleben anbietet, erkennt die Verschiedenheit der Menschen an, predigt Toleranz, Nachsicht, Barmherzigkeit und Nächstenliebe – oder eben mit anderen Worten: Achtsamkeit und Mitgefühl. An dieser Stelle sei auf ein Phänomen verwiesen, das die Sehnsucht nach religiösem Zuspruch entgegen der zunehmenden Leere im Kirchenalltag sichtbar macht. Der Benediktinerpater Anselm Grün (vgl. Kapitel 6.7 und Kapitel 8.9), der mit seinen Vorträgen und Büchern Millionen Menschen fesselt – und zwar vom Hilfsarbeiter bis zum Topmanager, von der Hausfrau bis zur Ministerin – füllt geradezu mühelos Kirchen oder weltliche Veranstaltungsräume. Er stillt ganz offensichtlich ein spirituelles Bedürfnis der Menschen. Wer sonst nichts mehr mit Kirche und Religion am Hut hat, macht sich auf zu diesem Geistlichen und hört begeistert seine Worte. Wovon handeln seine Vorträge und Predigten? Grün ist ein überaus gebildeter Theologe, der seine Zuhörer mit Bibelzitaten und Geschichten aus den Evangelien erreicht. (Daneben hat er eine ausgeprägte Begabung, auf Ideen von Philosophen und Psychiatern zurückzugreifen, die seine Empfehlungen zu einer guten Lebensführung unterstreichen.) Grün bietet gar nicht so viel Neues, seine Erkenntnisse sind zum Teil im wahrsten Sinne des Wortes uralt. Was bewegt die Menschen also, scharenweise zu ihm zu gehen? Vermutlich spüren sie, dass sie das, was der Pater ihnen sagt, schon lange wussten. Und das ist in unserem Zusammenhang durchaus etwas Hoffnungsvolles. Auch wenn in den westlichen Gesellschaften Religionen auf dem Rückzug sind oder nicht mehr sonderlich geschätzt werden, scheinen die Menschen ein Gespür dafür zu haben, was gut und richtig ist. Sie wünschen sich Orientierung und Leitlinien, die von theologisch-religiösem Gedankengut geprägt sind. Sein Publikum verlässt Anselm Grüns Vorträge nach meinen Beobachtungen zumindest gestärkt, ja sogar optimistisch. Der Mann hat die Zuhörer mit seinen Worten berührt. Sie danken ihm dies mit lang anhaltendem Beifall. Er bringt in seinen Veranstaltungen all die Themen dieses Buches ins Spiel. Vielleicht spricht Grün nicht immer von Achtsamkeit, Mitgefühl und Lebensrhythmus, er verwendet aber verwandte Begriffe wie Barmherzigkeit, Nächstenliebe oder christliche Lebenskunst. Ob man nun auf einem theologisch-religiösem Fundament steht oder säkularer argumentiert: Das Bedürfnis vieler Menschen nach Orientierung scheint ausgeprägt zu sein, eine Orientierung, die Offenheit für andere Sichtweisen und Perspektiven voraussetzt. Gerade das ist das Hoffnungsvolle, auch wenn der eingeschlagene Weg noch lang und beschwerlich sein dürfte.

Mitgefühl darf nicht mit Mitleid verwechselt werden. Mitgefühl ist etwas Kraftvolles, weil es die Fürsorge in uns Menschen aktiviert. Wer fürsorglich denkt und handelt, tut sehr viel für seine Gesundheit: weniger Stress, weniger Angst, weniger Niedergeschlagenheit, dafür eine eher optimistische Grundhaltung und Anregung zu Kreativität sowie Dankbarkeit. Ein Zusammenhang mit einer resilienten Lebensführung ist unverkennbar. Der Unterschied zwischen Mitleid und Mitgefühl lässt sich am besten herausarbeiten, wenn wir uns eine Situation vorstellen, in der wir wegen irgendeines Leids Hilfe benötigen. In dieser Lage wünschen wir uns vermutlich irgendeine Form der Unterstützung, die unser Leiden lindert. Mitleid hilft uns dann nicht weiter. Zwar stellt Mitleid eine emotionale Verbindung zum leidenden Menschen her, doch wer »mit leidet« begibt sich eher in eine schwache, passive Position, in der er nicht kraftvoll handeln kann. Wer selbst in den Schmerz und das Leid »eintaucht«, kann kaum mehr Hilfe anbieten. Mitgefühl hingegen lässt uns ebenfalls mit empfinden, was der andere fühlt, wir verstehen seine Lage und nehmen Anteil, aber vor allem: Wir können überlegen, wie wir am sinnvollsten Hilfe anbieten. Wir sind in der Lage, aktiv zu werden, und können an der Verbesserung der Situation des

Leidenden mitwirken. Mitgefühl hat in Abgrenzung zum Mitleid eine stark handlungsleitende Komponente. Es führt zu einer liebevollen Hinwendung. Mitgefühl und Achtsamkeit gehen dabei Hand in Hand. Angesichts des Leids eines anderen wirft Achtsamkeit die Frage auf: Was ist in diesem Moment? Mitgefühl erweitert dann diese Fragestellung: Was ist in diesem Moment notwendig? Achtsamkeit ist im Sinne einer Bewusstmachung der Situation das Element, das Raum schafft für eine großzügige Haltung. Und Mitgefühl ist das Element, das diesen Raum erwärmt. Achtsamkeit in Verbindung mit Mitgefühl aktiviert die Fürsorge des Menschen und stellt Energie zum Handeln bereit. Dabei wird nicht nur eine andere Person unterstützt. Die Hilfe, die man zuteilwerden lassen kann, wirkt positiv auf den Helfenden zurück. Ich wage die These, dass Mitgefühl glücklich(er) machen kann. An dieser Stelle lohnt es sich, auf eine Alltagserfahrung zurückzugreifen: Wer verschenkt, kann sich daran mindestens ebenso freuen wie der Beschenkte! Es muss sich beim Schenken etwas im Gehirn abspielen, das dieses gute Gefühl auslöst. Auch die Sozialpsychologie bietet Erklärungen für sogenanntes prosoziales Verhalten (Aronson, Wilson & Akert 2004, S. 402). Wenn Menschen helfen, kann dies durchaus eigennützig motiviert sein. Wer Gutes tut, hofft vielleicht auf eine Gegenleistung. Oder er will anderen demonstrieren, wozu er in der Lage ist, und sich Respekt oder Hochachtung verschaffen. Es kann also durchaus eine Art Kosten-Nutzen-Abwägung zugrunde liegen. Es gibt jedoch auch eine Fülle von Beispielen gänzlich uneigennützigen Verhaltens. Anderen Gutes zu tun ist dann Erfüllung eines inneren Bedürfnisses und keiner rationalen Abwägung. Wenn man es ein wenig pathetisch ausdrücken möchte, helfen manche Menschen einfach aus der Güte ihres Herzens. Die Motive eines solchen Verhaltens sind rein altruistischer Art, das heißt, man hilft völlig unabhängig davon, ob man dabei etwas gewinnt oder gar Nachteile in Kauf nehmen muss. Ein extremes, überaus anschauliches Beispiel stellte der Absturz eines Flugzeuges im Januar 1982 in den eisigen Potomac River im Osten der USA dar. Viele Passagiere starben damals, einige jedoch überlebten den Absturz und kämpften in den eiskalten Fluten des Potomac verzweifelt um ihr Leben. Ein Passagier konnte die Rettungsleine ergreifen, die ein Helikopter herunterließ, um Überlebende aus den Fluten zu ziehen und in Sicherheit zu bringen. Doch dieser Mann reichte das Seil an einen anderen Passagier neben ihm weiter. Nicht nur einmal. Mehrmals, immer wenn der Helikopter wiederkam, packte er das Seil und gab es jemand anderem. Dieser selbstlose Mensch wurde selbst nicht gerettet. Er war nicht mehr aufzufinden und offenbar ertrunken, als der Hubschrauber ein letztes Mal zurückkehrte. Der US-amerikanische Sozialpsychologe C. Daniel Batson (*1943) behauptet, ein solcher reiner Altruismus komme vor allem dann zum Vorschein, wenn man Empathie für in Not Geratene empfindet. Empathie ist die Fähigkeit, sich in die Lage eines anderen Menschen zu versetzen und dessen Situation emotional so zu erleben, wie dieser andere sie erlebt. Diese empathische Reaktion scheint von überaus großer Bedeutung zu sein. Wird aber diese Empathie nicht empfunden, weil man zum Beispiel an der Not anderer nicht teilnehmen kann, was ist dann? In diesem Fall können immer noch andere Motive ein prosoziales Verhalten begründen, etwa Eigennutz nach der Abwägung von Vor- und Nachteilen. Überaus interessant ist die Frage, ob Empathie gezielt herbeigeführt und gefördert werden kann. Es dürfte sich sehr lohnen, dieser Frage nachzugehen.

9.2 Empathie und Selbstmitgefühl

Mit dem Thema »Empathie und soziales Miteinander« setzt sich die Psychologin und Neurowissenschaftlerin Tania Singer (* 1969), Direktorin des Max-Planck-Instituts für Kognitions- und Neurowissenschaften in Leipzig, intensiv auseinander. Ihr Credo angesichts einer von Egoismus und Machtspielen bestimmten Welt lautet: »Wir müssen mehr fühlen.« So lautet auch die Überschrift eines Interviews mit Tania Singer in *Die Zeit* (Heuser 2013). Singer ist der Überzeugung, dass das Gleichgewicht vom Egoismus weg und hin zu mehr Altruismus sehr wohl verschoben werden kann. Sie arbeitet an Forschungsprojekten, die sich mit dem Thema »Mitgefühl in der Wirtschaft« beschäftigen. Ihre Ansätze und Ergebnisse sind überraschend und bergen durchaus Zündstoff, werden doch herkömmliche Überzeugungen des »wissenschaftlichen Mainstreams« auf den Prüfstand und in Teilen infrage gestellt. Singer will zu einer Entwicklung hin zu einer solidarischeren und nachhaltigeren Gesellschaft beitragen. Dazu erforscht die Wissenschaftlerin Empathie und Mitgefühl und sucht Wege, die Menschen von einer Ich-Bezogenheit wegführen können hin zu einer Bezogenheit auf andere. Als Hirnforscherin kann sie nachweisen, dass Mitgefühl eine in unserem Fürsorgesystem angelegte Fähigkeit ist, die gelernt, trainiert und entwickelt werden kann (Singer 2015, S. 40 ff.). Ein grundlegender Ansatz dafür ist Meditation, mit der Dankbarkeit, Liebesfähigkeit und soziale Motivation geschult werden können. Aus Konkurrenz, der Angst zu verlieren oder dem Denken nur in den Kategorien Siegen und Verlieren kann durch Meditieren ein Miteinander werden. In den von Singer empfohlenen Meditationsübungen sieht sie wirkungsvolle Mittel zur Stärkung des Zusammengehörigkeitsgefühls der Menschen (Brandstädter & Pawlowski 2018, S. 46 ff.; Schönberger 2018, S. 22 f.).

Wir alle benötigen eine wohlwollende Behandlung unserer selbst. Die liebevolle Güte sich selbst gegenüber wird als Selbstmitgefühl bezeichnet. Selbstmitgefühl ist die Basis, um für andere sorgen zu können. Zu sich selbst freundlich sein und sich selbst akzeptieren, ohne an vermeintlichen Unzulänglichkeiten herumzumäkeln, sich annehmen, so wie man nun einmal ist, ohne irgendwelche »inneren Kritiker« in Stellung zu bringen – eine solche Selbstakzeptanz, die Selbstmitgefühl erst ermöglicht, ist keineswegs selbstverständlich. Es gibt »Gegenbewegungen«, die hinderlich wirken. Dafür sollen exemplarisch drei Beispiele angeführt werden:

- Eine Welt, in der eine ständige Optimierung verlangt wird, kann negatives Denken fördern, sodass man irgendwann denkt: »Ich bin nicht gut genug …«
- Sein Tunnelblick eröffnet dem Menschen keine Perspektiven mehr auf das, was links und rechts von der »Einbahnstraße« liegt, die er beschreitet. Und anstatt diese zu verlassen, ertönt eine innere Stimme, die als härtester Kritiker dieses Menschen jegliche Abweichung aus seinen gewohnten Denkbahnen und -mustern schon im Ansatz boykottiert und verhindert.
- Menschen mit eigenen hohen Leistungsmaßstäben, die ihren Ansprüchen nicht gerecht werden können und sich deswegen immer mehr anstrengen, bemerken dabei viel zu spät, wie sie »heiß laufen«.

Selbstmitgefühl eröffnet uns die Chance, solche Gedanken in die Schranken zu weisen. Es hilft uns, Tendenzen zur Selbstverurteilung gegenzusteuern. Dazu bedarf es zunächst des Gefühls der Sicherheit. Dieses ist Voraussetzung dafür, dass wir uns öffnen können, es unterstützt uns und macht uns hilfsbereiter. Das Fundament dafür ist die Selbstakzeptanz. Dieses »Sich-sicher-Fühlen« kann verhindert oder blockiert werden. Wut und Scham sind Gefühle, die uns blockieren können. Ebenso hemmt uns der Gedanke, nicht gut genug oder nicht wertvoll zu sein. Er steht einer positiven Entwicklung im Wege. Der US-amerikanische Psychologe und Psychotherapeut Carl Rogers (1902–1987) hat dazu etwas seiner Auffassung nach Seltsames und Paradoxes in Worte gefasst: Erst wenn ich mich selbst akzeptiere, so wie ich eben bin, dann erst kann ich mich verändern. Rogers hat erkannt, dass man sich erst dann verändern kann, wenn man sich so akzeptiert, wie man ist. Dies erst ermöglicht die innere Arbeit zur Veränderung eigener unerwünschter Haltungen und Verhaltensweisen. Wie will ich mich meines Lebens erfreuen, wenn ich ständig an mir herummäkele? Wie soll ohne Selbstakzeptanz Lebensfreude aufkommen? Selbsterkennung und -akzeptanz bewirkt selbst noch keine Veränderung oder Entwicklung, schafft aber eine Offenheit, die diese zulässt und zu möglichen neuen Lösungen führt. Die achtsame Zuwendung zu mir selbst, Freundlichkeit mir selbst gegenüber ermöglicht eine Selbstannahme, so wie ich nun eigentlich bin. Die angesprochene Offenheit bezieht sich auf ein »Sich-Öffnen« für neue Erfahrungen. Das bedeutet nichts anderes als eine Offenheit gegenüber Lernvorgängen: Die Nervenzellen in unserem Gehirn können untereinander neue Verknüpfungen herstellen und damit Veränderungen des Denkens und Handelns fördern, die unsere Lebensqualität verbessern. Insofern hängt Selbstmitgefühl mit Resilienz zusammen. Resilienz im Sinne, wie ich mit den Hochs und Tiefs des Lebens in einem für mich und meine (seelische) Gesundheit unterstützend günstig umgehe, ist im Gehirn angelegt (Berndt 2013, S. 124 ff.). Die gute Nachricht ist, dass resilientes Verhalten gelernt werden kann (Wellensiek 2012, S. 23; Masten 2016, S. 265 ff.). Ursächlich dafür ist die in Kapitel 4.4 bereits beschriebene Neuroplastizität. Wie kann man sich diese Zusammenhänge vorstellen?

Unser Gehirn kann zur Veränderung beitragen. Schauen wir die neurobiologischen Grundlagen von Stress, der Tendenz, das Negative deutlich stärker wahrzunehmen als das Positive, und der Tendenz nicht weniger Menschen, sich selbst zu reduzieren, einmal genauer an. Ursache dafür sind oft genug Glaubenssätze und Grundüberzeugungen, die irgendwann einmal durch Erziehung und Sozialisation eingeprägt wurden. Die durch (frühe) Prägung und Lernen entstandenen Verschaltungen der Nervenzellen im Gehirn bestimmen unser Denken und Verhalten. Ich bezeichne dieses Phänomen als »neuronalen Zement«, der uns unflexibel und rigide macht und einschränkt. Nun muss man wissen, dass es im Gehirn neuronale Korrelate für das Selbst gibt, maßgeblich der zum Großhirn gehörende sogenannte Frontallappen (Stirnhirn). Das Großhirn (Neokortex) ist bei unserer Geburt nicht ausgereift: Wir Menschen sind hinsichtlich der Unreife des Großhirns Frühgeburten. Das Gehirn ist schlichtweg noch nicht fertig ausgebildet. Ein Kleinkind begreift erst nach und nach, dass es eigene Person und von der Mutter getrennt und unabhängig ist. Auch durch die Reaktionen seiner Bezugspersonen erhält es Auskunft über sich. Im Laufe der Zeit entwickelt es dadurch ein »Selbstbild« und darüber hinaus ein Ichbewusstsein. Diese »Selbstbildung« gelingt unter günstigen Umständen, aber es gibt Bezugspersonen, die mit ihrem Verhalten für den Aufbau dieses Selbst nicht förderlich sind (zum Selbst bzw. Selbstwert: Aronson, Wilson & Akert 2004, S. 148 ff., 186 ff.; Frey 2016, S. 187 ff.). Die im Säuglings- und Kindesalter gebildeten neuronalen Verschaltungen können nicht einfach »gelöscht« werden. Selbst wenn man als Erwachsener erkennt, dass bestimmte eigene Denk- und Verhaltensweisen nicht unterstützend oder gar krankmachend sind, gelingt es dem Menschen oft nur mühsam, bessere Denk- und Verhaltensweisen zu verwenden. Was jedoch erreicht werden kann – und das ist sehr ermutigend – ist der Aufbau neuer neuronaler Netzwerke. Andere, neue neuronale Verknüpfungen können gebildet werden, die eventuell mit neuen Denkmustern und Verhaltensänderungen einhergehen. Um niemanden etwas vorzumachen: Diese Entwicklung geschieht nicht von selbst, sie erfordert zumeist Anstrengung, Übung und eine ordentliche Portion Selbstdisziplin sowie vor allem anderen: Motivation (Kapitel 7.3). Stellen Sie sich einmal einen Menschen vor, der seit Jahren keinen Sport betrieben hat, jedoch mit einem guten Appetit Essen und Trinken genießt und es sich abends auf der Couch vor dem Fernseher bequem macht. Angesichts der Körperfülle sowie diverser ungünstiger diagnostischer Werte und Untersuchungsergebnisse warnt ihn sein Arzt nachdrücklich und empfiehlt ihm eine Ernährungsumstellung und vor allem mehr Bewegung. Trotz der realen substanziellen Gesundheitsrisiken: Schafft es dieser Mensch, den Ratschlägen seines Arztes Folge zu leisten? – Das Problem: Sein Denken und Verhalten sind seit Jahr und Tag anders »gespurt«, und diese eingeschliffenen Gewohnheiten sind stark und hartnäckig. Es bedarf großer Motivation, Anstrengung und Disziplin, damit unser Mensch sein Verhalten tatsächlich ändern kann. Der neurobiologische Hintergrund: Er muss neue neuronale Netzwerke aufbauen und bahnen. Das kann vor allem gelingen, wenn man sich Anreize in Form einer Belohnung überlegt und sich diese immer wieder vor Augen führt. Sinnvolle Belohnungen sind in diesem Zusammenhang außerordentlich wirksam. Wieder kann die Funktionsweise unseres Gehirns Erklärungen liefern. In den tiefer gelegenen Hirnstrukturen des limbischen Systems lässt sich das sogenannte Belohnungszentrum lokalisieren (Kapitel 7.3). Sich mit kalorienreichem Essen und einer Flasche Wein vor dem Fernseher zu versorgen, ist eine kurzfristige, mächtige Belohnung. Das alles ist für viele sehr reizvoll und lässt sich vor allem rasch und mit sehr geringem Aufwand erreichen. Das Wissen darum, dass uns das mittel- und langfristig bei ständiger Wiederholung Schaden zufügt, interessiert uns zunächst gar nicht. Im Moment zählt nur die rasche Belohnung: es schmeckt, man wird satt, und alles ist so schön bequem. Langfristig wirksame Belohnungen werden durch den präfrontalen Kortex beeinflusst (Roth 2013, S. 149 ff.; Roth & Ryba 2016, S. 209 ff.). Das Problem: Der Mensch wägt zwischen kurz- und langfristiger Belohnung ab, und Sie können sich vorstellen, wie diese Abwägung in der Regel ausgeht. Deshalb ist es überaus wichtig, sich immer und immer wieder die langfristige Belohnung vor Augen zu führen: Man sieht so viel besser und fitter aus mit zehn Kilogramm weniger Gewicht! Welch gutes Gefühl ist es, rasch zu Fuß in den vierten Stock gelangen zu können, ohne dabei ins Schwitzen und Schnaufen zu geraten! Und was für schöne Komplimente werden meine Freunde und Kollegen mir machen?

Damit zurück zum Selbstmitgefühl, zur Selbstfreundlichkeit und Selbstakzeptanz. Im Prinzip kann das bisher Ausgeführte auf dieses Themenfeld übertragen werden. Der Mensch kann diese Fähigkeiten erlernen und erarbeiten: Tania Singer konnte gemeinsam mit dem US-amerikanischen Hirnforscher Richard Davidson (* 1964; Professor für Psychologie und Psychiatrie an der Universität von Wisconsin in Madison und Vorstandsmitglied des »Mind and Life Institute«), der wie sie die neuronalen Grundlagen des Mitgefühls erforscht, zum Beispiel zeigen, dass Meditation und Übungen zur Steigerung des Mitgefühls Netzwerke im Gehirn und Hormonsysteme aktivieren, die Mitgefühl und mitfühlendes Verhalten fördern (Davidson 2015, S. 59 ff.). Unsere Gehirnfeinstruktur ist also veränderbar und damit unser Erleben und Verhalten. Die Hirnforschung liefert Hinweise für die Wirksamkeit der Meditation im Hinblick auf eine Steigerung unseres Mitgefühls und Selbstmitgefühls (siehe weiter unten).

9.3 Meditation

Die Welt droht aus den Fugen zu geraten. In den letzten Jahren ist eine Zunahme der Respektlosigkeit bis hin zur Verrohung von Teilen der Gesellschaft deutlich erkennbar. Deshalb ist die Frage von zentraler Bedeutung, wie sich menschenfreundliche und humanitäre Einstellungen und Verhaltensweisen fördern und verstärken lassen. Ihre Beantwortung ist nach meinem Dafürhalten dringlich, die Gefährdung der Weltgemeinschaft ist auch in Europa jenseits unserer Grenzen erkennbar. Es ist unbestreitbar: Der Umgangston wird rauer, selbst Autoritätspersonen werden verbal und sogar physisch angegriffen. Manche besonders krassen Fälle verursachen zwar einen Aufschrei in der Gesellschaft, nach einiger Zeit sackt die Empörung aber wieder ab, und man geht zur Tagesordnung über. Denken Sie nur an Gewaltausbrüche in Berlin, als eine Frau grundlos die Stufen zur U-Bahn-Station hinuntergestoßen wurde oder sich junge Menschen eine Freude daraus machten, einen Obdachlosen anzuzünden. Es gibt zahllose weitere Beispiele, und man fragt sich, woher all dieser Hass kommt und was in den Köpfen von derart destruktiv handelnden Menschen vor sich geht. Tagtäglich kommt es zu Gewalt gegen Polizisten, Lehrer oder Rettungskräften. Pöbeleien gegenüber Zugbegleitern gehören ebenso in dieses besorgniserregende Spektrum wie das krankenhausreife Zusammenschlagen von Menschen an Bushaltestellen oder das Anzünden von Asylantenheimen. Respekt? Null. Von Höflichkeit und gutem Benehmen ganz abgesehen. Sprachliche Verrohung, Respekt- und Rücksichtslosigkeit bis hin zu Gewaltexzessen sind Ausdruck eines Verlusts an Empathie und Nächstenliebe. Der österreichische Neurologe und Begründer der Psychoanalyse Sigmund Freud (1856–1939) sah in beidem Eckpfeiler unserer Zivilisation. Diese Eckpfeiler erodieren längstens. Sollte diese Entwicklung nicht aufgehalten werden, können wir uns noch auf manches mehr gefasst machen. Mit dieser Entwicklung hängt auch unser wettbewerbsorientiertes Wirtschaftssystem zusammen, das zwar einen nie dagewesenen Wohlstand ermöglicht hat und sichert. Es stellt sich aber die Frage, wie sich dieses System mit humanitären Werten und prosozialem, helfendem Verhalten in Einklang bringen lässt. Oder ein wenig anders formuliert: Was kann unternommen werden, damit Menschen andere Menschen respektieren und zum Wohl dieser anderen beitragen wollen?

Eine Antwort zielt auf Empathie und Mitgefühl. Empathie als die Fähigkeit, sich in den anderen hineinzuversetzen, ist ein zwar wichtiger Schritt, führt aber allein nicht weiter. Sie kann, muss aber keineswegs zu Hilfsbereitschaft führen und soziales Verhalten fördern. Denn Empathiefähigkeit kann unter Umständen Ungeheures ermöglichen, wenn sie nicht mit Mitgefühl verbunden wird. Empathie und Mitgefühl sind keine Synonyme. Sozio- oder Psychopathen sind oft besonders empathisch – in einem durch und durch destruktiven Sinne: Indem sie sich besonders gut in andere hineinversetzen und »einfühlen«, erkennen sie die Möglichkeiten, wie sie andere Menschen gezielt zu ihren Gunsten manipulieren und schädigen können. (Solchen Psychopathen zu einem »Empathietraining« zu verpflichten, wäre gleichbedeutend damit, »Öl ins Feuer zu gießen«. Was sie vielmehr benötigen, ist ein »Mitgefühlstraining«.) Erst in Verbindung mit Mitgefühl führt Empathie zum Humanitären. Mitgefühl berührt emotional und motiviert zu prosozialem Handeln. Seit Kurzem wissen wir dank der Forschungen von Tania Singer und Richard Davidson, dass auch Mitgefühl erlernbar ist, etwa mittels Meditation. Wie die weltweit anerkannte Neurowissenschaftlerin Tania Singer ebenfalls nachgewiesen hat, lassen sich beim Empfinden von Empathie und Mitgefühl die Ausschüttung der mit diesen Emotionen assoziierten Hirnbotenstoffen (Neurotransmitter) in jeweils unterschiedlichen Hirnregionen der untersuchten Probanden lokalisieren (Brandstädter & Pawlowski 2018, S. 54 f.). Der Neuroplastizität (Kapitel 4.4) kommt dabei ausschlaggebende Bedeutung zu. Sie ist Ausdruck der Regulationsfähigkeit und Veränderbarkeit neuronaler Netzwerke. Bei Langzeitmeditierenden hat man festgestellt, dass Meditation Hirnareale beeinflusst, deren Aktivität mit der Empfindung von Mitgefühl und Güte korreliert. Meditation kann also die Gehirnfeinstruktur verändern. Tania Singer hält dazu die wunderbare Fähigkeit, den Geist zu steuern, fest (Singer 2015, S. 51). Sie und ihr Forscherteam gingen der Frage nach, ob Menschen, die bislang keine Erfahrung mit Meditation hatten, ihr Mitgefühl und Güte durch Meditationsübungen kultivieren konnten. Und siehe da: Bei untrainierten Versuchspersonen ließen sich bereits nach einwöchigem Training Veränderungen im Gehirn erkennen. Zwar sind die Ergebnisse dieses Meditations- und Mitgefühlstraining bei einzelnen Probanden sehr unterschiedlich. Singer ist aber optimistisch (ebd.) und spricht von einer guten Nachricht und dass es Grund zu Hoffnung gibt. Richard Davidson unterstreicht die Plastizität derjenigen neuronalen Netzwerke, die mit Mitgefühl assoziiert sind. Er ist überzeugt davon, dass sich bei einem Großteil der Bevölkerung durch ein richtiges Training, das früh im Leben beginnt, Mitgefühl fördern lässt. In Übereinstimmung mit Singers Ergebnissen hat er bereits bei Meditationsanfängern Veränderungen des Gehirns festgestellt, die mit einer Zunahme von altruistischem Verhalten einhergehen (ebd., S. 69).

Wenn nun die Neurobiologie Nachweise für die Wirksamkeit von Meditation liefert, sollte das aufmerken lassen. Vielleicht bietet Meditation eine Chance, die enorme Bedeutung materieller Werte zumindest durch eine neue Anerkennung und aktive Umsetzung menschlicher Grundwerte zu ergänzen. Materielle Werte und Technik bringen keinen inneren Frieden, es gibt sogar Hinweise, dass sich durch sie Bedürfnisse hochschaukeln, sodass Humanität und Menschenwürde bestenfalls an zweiter Stelle stehen. Mit Meditation lassen sich positive Emotionen unterstützen. Verantwortungsbewusstsein, Warmherzigkeit, Rücksichtnahme, die Wahrnehmung von Unterschieden als Bereicherung, Höflichkeit und Respekt können vor dem Hintergrund von Empathie und Mitgefühl gefördert werden. Dies eröffnet die Chance, die eigene Gesundheit sowie zwischenmenschliche Beziehungen zu unterstützen, die den Zusammenhalt einer Gesellschaft stärken und weltweit den Frieden fördern. Der US-amerikanische Manager und Bestsellerautor William »Bill« W. George (*1942), Professor für Management an der Harvard Business School und dort im Aufgabenfeld »Führungskompetenz und Ethik« forschend und lehrend tätig, erkennt für sich im Meditieren für die eigene Führungskompetenz den wichtigsten Faktor:

> *»Weil ich durch den Prozess des Meditierens, wie ich festgestellt habe, Klarheit über komplexe Sachverhalte erlangen kann. Meditation regt zum schöpferischen Denken an. Und sie hilft mir, Mitgefühl zu entwickeln – mit mir selbst und mit anderen. Wir alle führen ein stressiges Leben. Meditation hat bei mir für den Aufbau der Widerstandskraft, die man braucht, um mit all dem Stress im Leben zurechtzukommen, eine ganz entscheidende Rolle gespielt.«*
>
> [Aus William George (2015): Mitgefühl bei Führungskräften. In: Singer, T. und Ricard, M. (2015): Mitgefühl in der Wirtschaft. Ein bahnbrechender Forschungsbericht. München (Knaus), S. 203.]

An dieser Stelle soll der Buddhismus angesprochen werden. Für diejenigen Leser, die einen Zugang zu Religion und Spiritualität besitzen oder darin gar ein Fundament für die eigene Lebensführung erkennen, ist dieser Exkurs von großer Bedeutung. Andere, die religiösen und spirituellen Themen neutral oder skeptisch gegenüberstehen, erhalten möglicherweise durch die in der Folge beschriebene Allianz von Neurowissenschaftlern und Buddhisten Anregungen. Lange Zeit existierten vermeintlich keine Berührungspunkte zwischen Hirnforschung und Buddhismus. Im Jahr 2005 fand dann zwischen dem international bekannten deutschen Hirnforscher Wolf Singer (*1943; Vater von Tania Singer) und dem französischen Molekularbiologen und buddhistischen Mönch Matthieu Ricard (*1946) ein Dialog statt, der eine Brücke zwischen kontemplativen (östlichen) und wissenschaftlichen (westlichen) Erkenntnismethoden schlagen und Beweise für die Wirksamkeit von Meditation aufzeigen sollte. An diesen seither geführten Dialogen beteiligte sich auch der Dalai Lama (vgl. Kapitel 9.1), der längstens mit den Neurowissenschaftlern und Hirnforschung in Verbindung steht. Die zentrale Bedeutung der Meditation im Buddhismus, die die Motivation zu einem Handeln zum Wohle aller und selbstredend Achtsamkeit und Mitgefühl unterstützen soll, erhält durch »harte« naturwissenschaftliche Forschungsdaten ein festes Fundament. Tania Singer untersuchte in einem groß angelegten Forschungsprogramm, dem sogenannten ReSource-Projekt, mit weiteren Wissenschaftlern, wie verschiedene Formen mentalen Trainings soziale, emotionale und geistige Fähigkeiten verbessern können (Brandstädter & Pawlowski 2018, S. 46 ff.). In diesem Projekt, der weltweit größten Studie zu Effekten der Meditation, spielten westliche und fernöstliche Methoden der Geistesschulung eine Rolle. Im Mittelpunkt stand die Frage: Wie verändert Meditation mit mehreren mentalen Techniken Gehirn, Körper und Verhalten? Die Teilnehmer durchliefen drei Meditationsmodule, bei denen sie jeweils zwei Techniken lernten:

- Beim ersten Modul »Präsenz« ging es um die Schulung von Aufmerksamkeit, Achtsamkeit und Körpergewahrsam. Zum Einsatz kamen Atemmeditation und der sogenannte Bodyscan. Bei der Atemmeditation wurde die Aufmerksamkeit ganz und gar auf den Atem fokussiert. Sollten ablenkende Gedanken und Gefühle auftauchen, wurde die Konzentration auf sanftem Wege wieder auf den Atem zurückgelenkt. Beim »Bodyscan« wurde die Aufmerksamkeit auf das Durchwandern des Körpers ausgerichtet. Nach und nach wurde jeder Körperteil gedanklich erfasst. Dabei wurde registriert, welche Empfindung damit einhergeht. Es erfolgte aber keine Bewertung der Empfindung.

- Das zweite Modul »Perspektive« hob auf eine Schulung soziokognitiver Fähigkeiten ab. Mit Übungen wie einer Gedankenmeditation und einer sogenannten Perspektivdyade sollte das Hineinversetzen und Hineindenken in andere erreicht und verbessert werden. Zielsetzung der Gedankenmeditation war, das eigene Denken und Handeln zu beobachten und zu versuchen, die Perspektive anderer Menschen nachzuvollziehen. Bei der Dyade handelt es sich um eine Meditation zu zweit. Zunächst beschreibt ein Teilnehmer dem anderen ein Alltagserlebnis, der die Erzählperspektive unvoreingenommen nachvollziehen soll. Nach einigen Minuten tauschen die beiden. Eine solche Dyade bedarf des gegenseitigen Vertrauens. Man lernt, wie die jeweils eigene Wirklichkeit konstruiert ist, und beginnt die eigene Rolle besser zu verstehen. Dieses Modul sollte Antworten auf die Frage geben, ob bestimmte Meditationsübungen zu (mehr) Empathiefähigkeit beitragen können.
- Beim abschließenden dritten Modul »Affekt« ging es um die Schulung sozioemotionaler Kompetenzen. Mittels einer »Herzmeditation« und einer »Affektdyade« übten die Teilnehmer, sich selbst und anderen wohlwollend zu begegnen. Zudem sollten Mitgefühl, Dankbarkeit und Fürsorge gestärkt werden. Bei der Herzmeditation stellt man sich einen geliebten Menschen vor und dehnt dann dieses gute Gefühl der Zuneigung und des

Wohlwollens immer weiter aus, zunächst auf Freunde, dann aber auch auf »schwierige« Mitmenschen und schließlich auf Fremde. Die Affektdyade verlangt wiederum das Arbeiten zu zweit. Die eine Partnerin beschreibt ihrem Gegenüber ein negatives und ein positives persönliches Erlebnis und wie sie diese körperlich und emotional empfunden hat. Der Partner hört dabei empathisch zu. Nach fünf Minuten tauschen beide Teilnehmer die Rollen. Das Forscherteam um Tania Singer erhoffte sich von den Übungen dieses Moduls günstige Effekte auf das Mitgefühl und auf liebevolle Güte der Probanden.

Das Training von Empathie, Mitgefühl sowie mentaler Gesundheit und sozialen Kompetenzen erbrachte bemerkenswerte Ergebnisse (die Auswertung der Daten dauert noch an; Brandstädter & Pawlowski 2018, S. 56):

- Der soziale Stress verringerte sich bei den Teilnehmern signifikant. Offensichtlich gelang es ihnen mit speziellen Meditationsübungen, sich gegen diese Form von Stress zu immunisieren.
- Je genauer jemand seine inneren Persönlichkeitsanteile kennenlernte, desto besser konnte er sich in andere hineinversetzen.
- Eine Stärkung der »common humanity«, der geteilten Menschlichkeit, war feststellbar: Die Teilnehmer fühlten sich im Laufe der Zeit anderen Menschen generell stärker verbunden.

Tania Singer benennt die Wirkung der verschiedenen Übungen auf das Gehirn. Sie kann zeigen: Jedes Training verändert synaptische Verbindungen. Neuronale Netzwerke verarbeiten sozioemotionale Prozesse, Verhalten verändert sich dadurch. Wer ein mentales Training absolviert, beeinflusst darüber die »Hardware« des sozialen Gehirns (Possemeyer 2018, S. 60).

Eine der führenden Achtsamkeitstrainerinnen, die Psychologin und Neurowissenschaftlerin Dr. Britta Hölzel, ist von der Heilkraft der Meditation überzeugt und hat selbst die neurobiologischen Auswirkungen von Meditation auf Hirnstrukturen mithilfe der Magnetresonanztomografie dargestellt (Hölzel & Brähler 2015). Die Allianz zwischen Neurowissenschaftlern und Buddhisten hat zu fruchtbaren Ergebnissen geführt, die aufmerken lassen sollten. Offenbar können wir Menschen unser Bewusstsein trainieren. Hölzel nutzt das Meditieren, um eine innere Haltung zu entwickeln, die uns Erleben offen, neugierig, mitfühlend und nicht verurteilend macht. Gerade eine nicht wertende Haltung hilft dabei, Perspektiven zu erweitern und neue Handlungsmöglichkeiten zu eröffnen. Meditation ist für Hölzel weit mehr als nur eine Hilfestellung zum besseren Umgang mit Stress.

Insgesamt können derartige Forschungsarbeiten und -ergebnisse verhalten optimistisch stimmen. Wenn wir beobachten, was um uns herum in der Welt geschieht, müssen wir nach Lösungen suchen. Es gibt viele Beispiele für soziales und zutiefst humanitäres Wirken von Menschen und Institutionen. und wenn es tatsächlich gelingt, den Zugang zu Empathie und vor allem Mitgefühl zu finden und diese zu stärken, wäre das eine großer Gewinn. Wenn mit den in diesem Kapitel beschriebenen Mitteln auch nur kleine Fortschritte im Zusammenleben der Menschen gelingen, sollten die genannten Bemühungen mit großer Ernsthaftigkeit und Intensität weiterverfolgt werden.

10 Zum Schluss: Ermunterung, Ermutigung und – zwei Übungen sowie ein Gedicht

Erlauben Sie mir, liebe Leserin, lieber Leser, in diesem Schlusskapitel einen Verweis auf Kapitel 3, in dem es mir darum ging, »das Kind nicht mit dem Bade auszuschütten«. Vielleicht bemerkt man an einem Punkt seines Lebens, dass etwas an der eigenen Lebensführung nicht mehr stimmig ist. Ein »Gefühl«, als wenn etwas aus dem Gleichgewicht geraten ist, bestimmt häufiger die eigene Verfassung. Man spürt Unzufriedenheit (trotz materiellen Wohlstands), und Sätze wie »Ich stehe unter Stress« oder »Der Stress macht mich noch kaputt« kommen einem ständig über die Lippen. Vielleicht fühlt man sich sogar zunehmend ausgelaugt oder denkt fast jeden Tag bereits beim Aufstehen: »Ich schaffe das nicht mehr.« Die Alarmglocken sollten vor allem dann schrill läuten, wenn jemand sein Leben als sinnlos empfindet. »Das macht doch alles keinen Sinn«, mögen Betroffene entweder nur denken oder bekommt man sogar von ihnen zu hören. In eine solche hochgradig belastende Situation kann jeder geraten. Beim Schreiben dieser Zeilen fiel mir auf einer Bahnfahrt ein ausführlicher Bericht mit dem Titel »Zerreißprobe Stress« über »moderne Führungskräfte« in die Hände (Panster 2018, S. 42). Dessen Autorin, Claudia Panster, bezeichnet darin deren Verdrängung ihrer Stressprobleme als Haltung »von gestern«. Stattdessen heißt es im Untertitel der Überschrift (ebd., S. 43): »Moderne Führungskräfte sollten sich eingestehen, was sie stresst – und das Problem lösen, bevor es eskaliert.« Doch ganz egal, wen es trifft – ob Topmanager, Hausfrau, Grundschullehrer, Professorin, Entwicklungsingenieurin oder Taxifahrer, den Familienvater mit drei Kindern oder die Leiterin einer großen Bankfiliale – sobald die Lebensführung beeinträchtig ist oder gar krankmacht, sollte man den Mut zum Umdenken haben. Das heißt nicht, dass man von heute auf morgen alles radikal anders macht. Man sollte die Courage haben, neue Perspektiven einzunehmen und seine Lebensführung nüchtern und kritisch zu analysieren. Ist diese gepaart mit Achtsamkeit und Selbstfürsorge, wird sich die Tür zu einer anderen Betrachtungsweise öffnen. Ob man durch diese Tür dann tatsächlich hindurchgeht, ist eine zweite Frage, die sorgfältig geprüft werden muss. Schließlich kann man sein Leben nicht so leicht von heute auf morgen auf den Kopf stellen. Es wäre unverantwortlich, sich selbst die materielle Grundlage zu entziehen (was nicht heißt, dass ein bescheideneres Leben sinnvoll sein kann!). Ebenfalls unverantwortlich wäre es, seine Familie im Stich zu lassen, weil man mehr und mehr das Gefühl hat, überfordert zu sein. Auch als Unternehmer seine Firma einfach sitzen zu lassen, eventuell gar Arbeitsplätze seiner Mitarbeiter zu gefährden, weil man selbst einen Schlussstrich ziehen will, ist – gelinde ausgedrückt – nicht die feine Art. Genauso verkehrt ist es, wenn jemand, der unter großen Belastungen leidet, sich ein schöneres Leben nur ausmalt und sich zwar vorstellt, wie alles besser sein könnte, aber im Wunschdenken und in Träumereien stecken bleibt und keine konkrete Änderung seines Lebens initiiert und vollzieht. Jeder frage sich daher (vgl. Kapitel 7.3): »Wie steht es um meine Veränderungsmotivation?« Beklage ich mich, meckere ich, hadere ich mit all den unguten Umständen – und lasse alles beim Alten, bis mich irgendwann doch ein Nervenzusammenbruch, eine chronische Magenentzündung, Herzrhythmusstörungen oder eine Depression ereilt? Man sollte ehrlich mit sich sein und gleichzeitig sorgsam mit sich umgehen. Sorgsam mit sich umzugehen impliziert eben keine radikalen Schnitte, sondern in einem ersten Schritt das Identifizieren der Belastungen, in einem zweiten Schritt die Suche nach Veränderungsmöglichkeiten, auch im Sinne von Kompromissen, und in einem dritten Schritt den Mut, diese Veränderungen tatsächlich anzugehen und zu verwirklichen. Holen Sie sich dabei soziale Unterstützung innerhalb der Familie, vom Partner, im Freundeskreis oder im Gespräch mit einem Arzt oder Seelsorger. Es gibt etliche Menschen, die Ihnen mit ihrem unvoreingenommenen Blick von außen Hilfestellung anbieten können. Drehen Sie an der einen oder anderen Schraube, auch wenn die erzielte Veränderung noch so klein erscheinen mag. Denken Sie dabei an die Vielzahl der Lebensrhythmen, und machen Sie sich diese zunutze. Die sehr belastete Hausfrau und Mutter sollte sich mehr als einen freien Abend reservieren, an dem sie Verantwortung abgeben und sich um sich selbst kümmern kann. Der gestresste Realschullehrer kann anfangen, einmal in der Woche im Chor zu singen, weil das nicht nur mit guten sozialen Kontakten verbunden ist, sondern einen freudigen Ausgleich zum stressigen Unterrichtsalltag schaffen kann. Und die IT-Managerin kann zumindest ein- oder besser zweimal in der Woche rechtzeitig ins Sportstudio mit anschließendem Saunagang gehen und dabei ihr Smartphone ausgeschaltet lassen. Die genannten drei Beispiele für Veränderungsmöglichkeiten sind nicht extrem, erscheinen manchem dennoch nicht oder kaum umsetzbar. Dass in diesem Fall die Lebensführung aus dem Gleichgewicht geraten sein dürfte, ist für Außenstehende klar. Wer davon derart stark betroffen ist, benötigt häufig Anstöße von Außenstehenden. Ein entschiedenerer »Kurswechsel« könnte zum Beispiel so aussehen: eine Woche Urlaub, aber nicht im lärmenden Ferienresort mit Dauerunterhaltung, sondern im Kloster. Diese Möglichkeiten gibt es (Kapitel 8.9). Wenn eine Woche zu viel ist, wie wäre es mit einem Wochenende? Dort, in dieser ganz anderen Welt, findet man eine für die meisten erst einmal ungewohnte Ruhe und einen klar strukturierten Tagesablauf, der den Menschen wieder zu sich selbst finden lässt. Man tritt ein in eine Welt, in der gebildete Menschen mit Herzensgüte Gespräche über die kleinen und großen Lebensthemen anbieten. Ob Nonne oder Mönch, wer immer ihr Gesprächspartner ist, dem Sie vielleicht ihr Herz öffnen können, wird es gut mit Ihnen meinen. Es gibt viele weitere Möglichkeiten, auf eine Lebensführung zu achten, die auf die Gesunderhaltung des Menschen abzielt. Vielleicht muss man dabei lernen zu verzichten: etwa auf die vielen Süßigkeiten und das gute Essen, die zwar lecker schmecken, im Übermaß aber krankmachen; auf das bisherige Monatseinkommen, das um ein Viertel sinkt, wenn man »es beruflich etwas langsamer angehen« lässt; auf das Gefühl, immer im Mittelpunkt zu stehen, weil man an Wochenenden keine Party und keine Einladung auslassen möchte; auf das Gefühl, nicht mehr zu den »very important persons« zu gehören, weil man auf das übernommene politische Mandat verzichtet; auf einen weiteren Karriereschub, den man nun anderen überlasst, weil man sich den lang gehegten Wunsch erfüllt, an drei Abenden in der Woche in einer Band mitzuspielen oder ein Musikinstrument zu erlernen usw.

Jeder Verzicht dürfte zugleich einen Ausgleich und Vorteil bieten. Das Aufgeben oder Loslassen hat zwar einen Preis. Man muss aber immer auch sehen, was man dabei gewinnt. Mitunter stellt sich dieser Gewinn nicht sofort ein – noch so eine Erschwernis, wenn man seine Lebensweise und damit seine Verhaltensweisen ändern möchte.

Der Mensch sehnt sich schließlich nach einer raschen Belohnung (Kapitel 7.3). Lange abzuwarten ist nicht unbedingt seine Sache. Es ist daher von großer Bedeutung, sich die Belohnung intensiv vorzustellen. Damit kann man seinem Gehirn, das eher auf schnelle Belohnungen reagiert, ein Schnippchen schlagen (Kapitel 9.2). Denken Sie zum Beispiel daran: Wie wäre es, wenn Sie locker und ohne zu schnaufen wieder die Treppe ins fünfte Stockwerk hochgehen können? Und wie, wenn Sie Ihre nächste Hose oder Ihr nächstes Kleid wieder zwei Nummern kleiner kaufen können als bisher? Wie würden sich die sozialen Kontakte »anfühlen«, wenn man wieder gemeinsam Sport treibt und im Anschluss noch gemütlich zusammensitzt und Spaß miteinander hat? Und wie erfüllend wird der eine Termin in der Woche sein, den man mit sich selbst vereinbart, um für zwei Stunden zur Ruhe zu kommen? Wie wird es das Familienleben und die Liebesbeziehung verbessern und bereichern, wenn man während der Woche wieder Abende zu Hause mit den Liebsten verbringt? Soll die Liebe lebendig bleiben, muss sie gut gepflegt werden, denn für sie gelten andere Bedingungen als für die moderne Arbeits- und Berufswelt: Liebe benötigt Zeit, Geduld, Aufrichtigkeit und Vertrauen. Mit einem Tempo wie in der Arbeitswelt können Sie Ihre Liebe nur verlieren. Multitasking, effizientes Zeitmanagement, Selbstmanagement und Liebe? Vergessen Sie es! In dem eingangs dieses Kapitels erwähnten *Handelsblatt*-Artikel rät ein Businesscoach doch tatsächlich dringend dazu, beim Sex nicht zu telefonieren (Panster 2018, S. 47). Der Coach hat nach eigenen Angaben schon Manager erlebt, die es nicht verstehen können, dass es ihre Partnerin stört, wenn sie beim Sex ans Telefon gehen. Da kann man nur noch mit Erstaunen »Viel Spaß!« wünschen! Doch zurück zu den nicht intimen sozialen Beziehungen der Menschen. Lebensrhythmus und Achtsamkeit haben mit diesen viel zu tun. »Mit sich und anderen gut umgehen« könnte ein passendes Motto sein. Natürlich weiß ich, dass Konflikte zum Leben dazugehören. Aufgrund meiner Lebenserfahrung habe ich jedoch zwei »Gesetzmäßigkeiten« erkannt, die es im sozialen Kontext zu bedenken gilt:

- Mangel erzeugt zumeist Mangel.
- Fülle erzeugt zumeist Fülle.

Mangel bedeutet in diesem Zusammenhang: Ich agiere zum Nachteil anderer, bin aggressiv oder verletzend, suche meinen Vorteil auf Kosten anderer usw. Die Konsequenzen dieses Verhaltens: Vermutlich bringt es einen (kurzfristigen) Vorteil, weil ich mich als Sieger fühle und meine Interessen durchgesetzt habe. Ob das aber trägt? Es dürfte sich immer wieder rächen. Die anderen werden auf ihre Chance warten, um es mir heimzuzahlen. Ob ich dann in schwierigen Situationen noch Unterstützung erwarten kann? Wahrscheinlicher ist stattdessen Schadenfreude. Oder: Ich isoliere mich zunehmend, und man ist nicht sonderlich an meiner Gegenwart interessiert. Falls ich jedoch im Sinne und zum Nutzen anderer Menschen handele, bezeichne ich das als Fülle. Wer Fülle lebt, erhält diese sehr häufig zurück. Andere wissen solch einen Menschen zu schätzen, sie vertrauen ihm, und wenn sich eine Gelegenheit bietet, werden sie ihm ebenfalls Gutes tun.

Die große Chance für jeden von uns: Wir entscheiden durch unser Handeln. Achten wir auf andere, um gegebenenfalls zu unterstützen und zu helfen, werden wir zumeist davon profitieren. Nicht nur mit sich selbst, sondern auch mit anderen gut und achtsam umzugehen kann unser Leben ungemein bereichern. Der Mensch als soziales Wesen ist auf andere Menschen angewiesen. Ein gutes Leben setzt für viele vorrangig gute soziale Beziehungen voraus. Die gute Nachricht: Daran können wir arbeiten, und es ist weder eine kostspielige noch schwierige Arbeit. Und denken Sie dabei an die »Schwingungen«, die gute Beziehungen mit sich bringen. Beziehungsarbeit lohnt sich also ganz besonders. Man muss sein Leben nicht vollständig umkrempeln, schon gar nicht Millionär sein – der Weg zu einer gesunden Lebenspraxis ist weitaus einfacher und steht jedem offen. Ob man ihn einschlägt, muss jeder für sich selbst entscheiden und bereit sein, für seine Weiterentwicklung und Veränderungen einen Preis zu bezahlen. Es geht letztlich um weitaus mehr als um meine Person und diejenigen, die mir nahestehen – es geht um die Menschheit und den Planeten Erde mit seiner Vielfalt an Pflanzen und Tieren! Lebensrhythmus und Achtsamkeit müssen daher in eine globale Perspektive integriert werden. Stellen Sie sich daher die Frage: Was ist für mich ein gutes Leben? Ist ein gesundes und ausgeglichenes Leben es nicht wert, dafür einen Preis zu bezahlen? Aber beziehen Sie bei der Beantwortung dieser Fragen immer andere und das große Ganze mit ein! Mit einer derart geweiteten, umfassenden Sichtweise möglichst vieler seiner menschlichen Bewohner könnte die Welt ein besserer Ort werden.

Bevor ich dieses Buch mit der Wiedergabe eines etwa 90 Jahre alten Gedichts beschließe, lade ich Sie zu zwei Achtsamkeitsübungen ein. Diese können jeweils als Meditation begriffen werden, welche Gedanken und Körper verbindet, die Selbstakzeptanz erhöhen kann und das Gefühl der Verbundenheit mit anderen verstärken soll. Es geht bei den Übungen um liebende Güte, die man sich selbst, anderen Menschen und zum Beispiel Tieren und Pflanzen schenken möchte. Die zweite Übung ist noch umfassender und tiefgreifender als die erste. In ihr stellen Sie sich vor, sie gelangten in eine fiktive Situation, die Sie mittelschwer belastet und herausfordert. Der damit verbundene Schmerz oder das Leidvolle soll in dieser Achtsamkeitsübung anerkannt und zugelassen werden. Wenn Sie zu den Übungen einen Zugang finden (dieser kann nicht erzwungen werden, man muss sich auf die Übungen einlassen und nachspüren, ob und wie sie wirken), werden Sie vielleicht über die ausgelösten Wirkungen überrascht sein. Ziel ist Beruhigung, ein sinnlicher Bezug zum eigenen Körper und damit ein »In-Berührung-Kommen« mit sich selbst. Dabei wird zugleich eine mentale Verbindung zu anderen hergestellt, die geschätzt werden. Auf diese Weise erkennt man, dass es anderen Menschen ähnlich gehen kann wie mir selbst und dass man nicht allein ist. Falls Gefühle von Leid auftauchen, kann man sich diesen freundlich zuwenden. Das Leidvolle wird benannt und anerkannt. Gleichzeitig bemerkt man, dass man dem Leid nicht ausgeliefert ist, dass eine aktive Komponente beteiligt ist, die den Schmerz lindert. Die wohlwollende und wertschätzende Zuwendung zu sich selbst kann nicht nur die Angst reduzieren und die Lebenszufriedenheit erhöhen, sie erzeugt auch günstige Impulse für den Selbstwert. Diese Stärkung des Selbstwerts ist ein wichtiger Resilienzfaktor. Bitte erwarten Sie beim ersten Üben nicht zu viel. Das Geigenspiel lernt man auch nicht in der ersten Übungsstunde. Üben und Geduld sind bei so vielem in unserem Leben maßgeblich. Versuchen Sie es einfach einmal, und denken Sie nicht gleich an konkrete Ziele wie möglichst rasche und zeitnahe Veränderungen oder Verbesserungen, die sich durch die Übungen einstellen sollen. Erzwingen und erwarten Sie nichts. Lassen Sie sich einfach darauf ein. Nun zur ersten Übung:

Setzen Sie sich entweder bequem hin oder führen Sie, wenn möglich, die Übung im Liegen durch. Versuchen Sie sich so gut wie möglich zu entspannen. Achten Sie darauf, dass nichts drückt oder gar wehtut. Atmen Sie ruhig ein und aus, und schließen Sie die Augen. Wählen Sie in Gedanken einen Menschen aus, dem Sie sich verbunden fühlen, den Sie mögen, vielleicht sogar lieben. Führen Sie sich das Bild dieses Menschen deutlich vor Augen. Und nun sagen Sie ihm ruhig und gelassen in Gedanken folgende Sätze (die Sie aber auch hörbar aussprechen können):
»Mögest du sicher sein.«
»Mögest du in Frieden sein.«
»Mögest du gesund sein.«
»Mögest du mit Leichtigkeit leben.«
Atmen Sie dabei ruhig weiter. Beobachten Sie Ihren Atem und den damit verbundenen lebenswichtigen Rhythmus. Nach einiger Zeit gesellen Sie sich gedanklich zu diesem wichtigen und wertgeschätzten Menschen, so als würden Sie sich neben ihn setzen oder Seite an Seite mit ihm spazieren gehen. Sie sehen sich jetzt gemeinsam mit der geliebten Person und sagen nun sanft und ruhig:
»Mögen wir sicher sein.«
»Mögen wir in Frieden sein.«
»Mögen wir gesund sein.«
»Mögen wir mit Leichtigkeit leben.«
Lassen Sie dieses Beisammensein noch ein wenig nachklingen. Dann verabschieden Sie sich von der vorgestellten geschätzten Person. Sie können sich in ihrer Vorstellung auch bei ihr bedanken und sie zum Abschied umarmen. Danach legen Sie Ihre Hand aufs Herz und spüren Ihren Herzschlag und die Wärme Ihres Körpers. Verweilen Sie so ein wenig. Wahrscheinlich nehmen Sie schon seit geraumer Zeit Gefühle wahr, die Sie berühren. Lassen Sie diese zu, selbst wenn diese Emotionen Sie stark berühren sollten. Sie gehören zu Ihnen, zu Ihrem ganzen Menschsein, und bedürfen der liebevollen Zuwendung. Der Ausdruck dieser liebenden Güte für sich selbst bildet nun den Abschluss der Übung. Schauen Sie in Ihrer Vorstellung auf sich selbst, und sprechen Sie langsam und ruhig folgende Sätze:
»Möge ich sicher sein.«
»Möge ich in Frieden sein.«
»Möge ich gesund sein.«
»Möge ich mit Leichtigkeit leben.«

Verbleiben Sie noch eine Weile in der ruhigen Haltung. Atmen Sie in einem wohltuenden Rhythmus ein und aus. Dann nehmen Sie sich in Gedanken einmal selbst in den Arm, streicheln sich selbst über den Kopf und Gesicht. Danach finden Sie wieder zurück. Öffnen Sie die Augen. Recken und strecken Sie sich, bringen Sie sich ein wenig in Bewegung. Vielleicht finden Sie sogar zu einem Lächeln. Freuen Sie sich an sich selbst, weil Sie wichtig sind, ein wichtiger Mensch sind und letztlich jeder die Liebe im Leben eines anderen ist, auch wenn sich diese Liebe in diesem Moment vielleicht nicht zeigt oder gerade nicht vorhanden sein sollte.

Wenden wir uns nun der zweiten Übung zu. Bitte probieren Sie diese nicht gleich im Anschluss an die erste Übung. Sollte Ihnen die erste Übung gutgetan haben, wiederholen Sie diese lieber am nächsten und übernächsten Tag mit der Vorfreude auf wunderbare Minuten, die Sie sich selbst schenken. Dann ist immer noch Zeit, um sich auf die nun folgende zweite Übung *»Entspannen – Umsorgen – Zulassen«* einzulassen:

(*Wichtige Vorbemerkung:* Wenn Sie unter gravierenden psychischen Problemen leiden, sollten Sie diese Übung nicht für sich allein ausführen, sondern nur in Gegenwart eines Experten. Dieser vermag aufgrund seines professionellen Hintergrunds einzuschätzen und zu entscheiden, ob die Übung für Sie gerade geeignet ist.)

Schließen Sie die Augen, falls sich das gut für Sie anfühlt. Atmen Sie dreimal ruhig und tief ein und aus. Denken Sie daran: Dieses Atmen ist ein sehr bedeutender Lebensrhythmus. Dabei »verleibt« man sich etwas ein, von dem man sich aber sogleich wieder trennen muss. In diesem Wechsel von Ein- und Ausatmen zeigt sich ein Rhythmus, der etwas Fließendes, etwas Strömendes hat. Dieses Fließen und Strömen scheint seit Urzeiten in seiner Bedeutung für ein gutes Leben erkannt worden zu sein. Erinnern Sie sich an die »alten Griechen«, die dafür bereits den Begriff *»rhein«*

genutzt hatten (Kapitel 6.6)? Jetzt atmen Sie ruhig und normal weiter, so wie es für Sie gut ist, ohne nachzudenken. Legen Sie nach einer Weile Ihre Hand oder Ihre Hände auf Ihr Herz, und machen Sie sich bewusst, dass Sie sich nun selbst Aufmerksamkeit schenken wollen. Diese Anfangsphase dauert etwa drei bis vier Minuten.
Nun stellen Sie sich eine fiktive Situation vor, die Sie beschäftigt und herausfordert oder gar mittelschwer belastet. Bitte nehmen Sie keine zu schwierige Situationen in den Blick (z. B. nicht heilbare Krebserkrankung, Tod eines nahestehenden Menschen), jedoch auch keine zu geringe Schwierigkeit wählen. Diese Vorstellung dürfte schon Stress auslösen, das heißt, Ihre Gedanken ziehen körperliche Reaktionen nach sich. Vielleicht fühlen Sie sich sogar allein durch diese Gedanken unbehaglich. Lassen Sie sich davon nicht irritieren, Ihre Reaktion ist ganz normal. Betrachten Sie im Folgenden die Situation sehr bewusst und genau, ohne irgendetwas verdrängen zu wollen. Welche Gefühle melden sich dadurch? Prüfen Sie: Ist da Wut? Oder eher Traurigkeit? Steigt Ekel hoch? Oder bestimmt Ohnmacht Ihre Gefühlslage? Womöglich drängt auch Sehnsucht in den Vordergrund oder vielleicht ein ganz anderes Gefühl.
Wenden Sie sich diesem Gefühl zu. Sprechen Sie (in Gedanken) freundlich zu ihm. Bitte keine Attacke oder kein Beschimpfen. Sprechen Sie wie mit einem guten Freund, sagen Sie zum Beispiel »Ah, ich sehe, da bist du, Wut …« oder »Meine Angst bist also du. Lass dich einmal anschauen …« Sie schenken mithin diesem Gefühl oder diesen Gefühlen nachdrücklich Aufmerksamkeit. Diese Aufmerksamkeit richten Sie sodann auf Ihren gesamten Körper. Durchwandern Sie ihn im Geiste, und versuchen Sie zu spüren, wo sich Stellen oder Organe befinden, die angespannt sind oder einen Schmerz anzeigen. Es kann gut sein, dass diese Körperstelle unmittelbar mit Ihrem Gefühl verbunden ist. Sollte es mehrere Stellen geben, entscheiden Sie sich bitte für jene, die mit dem Gefühl am engsten verbunden ist. Dieser Stelle wenden Sie sich nun ganz zu. Ohne Zwang und ohne zu drängen: Versuchen Sie, diese Stelle in Gedanken zu lockern. Sie soll sich entspannen, zum Beispiel indem Sie an sie den Satz richten: »Sei ganz weich, sei beruhigt, sei ohne Sorge.« Und dann noch einige Male: »Sei weich, weich, weich.« Es geht dabei nicht darum, das Unangenehme loszuwerden, das schmerzhafte Empfinden wird voraussichtlich nicht einfach verschwinden, womöglich lässt der Schmerz

aber ein wenig nach. Entscheidend ist, dass Sie sich dieser Stelle liebevoll zuwenden. Verbleiben Sie zwei oder drei Minuten bei ihr. Legen Sie nun Ihre Hand aufs Herz. Lassen Sie sich sehr freundliche Worte einfallen, zum Beispiel »Ich weiß, es tut weh. Es ist schwer für mich, und es tut mir leid, dass es so gekommen ist. Aber ich sorge für dich, ich umsorge dich.« Bringen Sie eine liebevolle Güte zum Ausdruck. Wiederholen Sie die guten Worte, als würden Sie zum Beispiel zu einem Kind sprechen, um es zu beruhigen. Bitte bekämpfen Sie den Schmerz oder das Unwohlsein nicht. Versuchen Sie die Gefühle anzunehmen. Es ist, wie es ist. Also zulassen, zulassen, zulassen. Nehmen Sie sich dafür ausreichend Zeit. Es ist nicht einfach, zugegebenermaßen. Aber wählen Sie noch einige Male Worte wie »zulassen, zulassen, zulassen«.
Mit etwas Glück taucht nun womöglich ein anderes Gefühl auf. Das kann unterstützend wirken. Wenn es etwas Positives ist wie Trost und Hoffnung, lassen Sie sich davon tragen. Manchmal wird man allerdings auch von anderen Gefühlen überwältigt, sogar Tränen können ins Spiel kommen. Sollte das der Fall sein, konzentrieren Sie sich auf Ihre Atmung. Wieder geht es um das Erspüren und Erfahren dieses so bedeutenden Lebensrhythmus'. Ärgern Sie sich vor allem nicht, hadern Sie nicht wegen solcher Reaktionen mit sich. Freuen Sie sich lieber daran, dass Sie als ganzer Mensch Gefühle haben können und dürfen. Ihr Atem ist für Sie wie ein Anker, der Sie wieder stabilisiert.
Atmen Sie ruhig ein und aus. Wenden Sie sich noch einmal Ihren Empfindungen und Gefühlen zu. Sagen Sie ihnen, dass Sie sich nun verabschieden. Lösen Sie sich von diesen Bildern, und kehren Sie langsam und sacht zurück ins Hier und Jetzt. Öffnen Sie nun Ihre Augen. Bewegen Sie sich, wenden Sie den Kopf ein wenig hin und her und strecken Arme und Beine. Versuchen Sie zu lächeln. Ein Lächeln, das nur Ihnen gehört. Weil Sie sich mögen und lieben. Bevor Sie wieder aufstehen, schenken Sie sich bitte zum Abschluss der Übung eine Liebeserklärung – eine Liebeserklärung an sich selbst.

Genießen Sie nun zum Ende der Lektüre noch den im Jahr 1927 von Max Ehrmann (1872–1945), einem deutschstämmigen US-Rechtsanwalt, verfassten berühmten Text »Desiderata«. Diese von ihm in so schöne Worte gekleideten »gewünschten Dinge« werden auch als »Lebensregel von Baltimore« bezeichnet und geben Antwort auf die Frage: »Wie führe ich ein glückliches Leben?«

Desiderata

»Gehe ruhig und gelassen durch Lärm und Hast und sei des Friedens eingedenk, den die Stille bergen kann. Stehe – soweit ohne Selbstaufgabe möglich – in freundlicher Beziehung zu allen Menschen. Äußere deine Wahrheit ruhig und klar und höre anderen zu, auch den Geistlosen und Unwissenden, auch sie haben ihre Geschichte. Meide laute und aggressive Menschen, sie sind eine Qual für den Geist.

Wenn du dich mit anderen vergleichst, könntest du bitter werden und dir nichtig vorkommen, denn immer wieder wird es jemanden geben, größer oder geringer als du. Freue dich deiner eigenen Leistungen wie auch deiner Pläne. Bleibe weiter an deiner eigenen Laufbahn interessiert, wie bescheiden auch immer. Sie ist ein echter Besitz im wechselnden Glück der Zeiten.

In deinen geschäftlichen Angelegenheiten lass Vorsicht walten, denn die Welt ist voller Betrug. Aber dies soll dich nicht blind machen gegen gleichermaßen vorhandene Rechtschaffenheit. Viele Menschen ringen um hohe Ideale, und überall ist das Leben voller Heldentum. Sei du selbst, vor allen Dingen heuchle keine Zuneigung. Noch sei zynisch, was die Liebe betrifft, denn auch im Angesicht aller Dürre und Enttäuschung ist sie doch immerwährend wie Gras.

Ertrage freundlich und gelassen den Ratschluss der Jahre und gib die Dinge der Jugend in Grazie auf.

Stärke die Kraft des Geistes, damit sie dich in plötzlich hereinbrechendem Unglück schütze. Aber beunruhige dich nicht mit Einbildungen. Viele Befürchtungen sind Folge von Erschöpfung und Einsamkeit. Bei einem heilsamen Maß an Selbstdisziplin sei gut zu dir selbst.
Du bist ein Kind des Universums, nicht weniger als die Bäume und die Sterne und du hast ein Recht hier zu sein. Und ob es dir nun bewusst ist oder nicht: Zweifellos entfaltet sich das Universum wie vorgesehen. Darum lebe in Frieden mit Gott, was für eine Vorstellung du auch von ihm hast und was immer dein Mühen und Sehnen ist. In der lärmenden Wirrnis des Lebens erhalte dir den Frieden mit deiner Seele. Trotz all ihrem Schein, der Plackerei und den zerbrochenen Träumen ist diese Welt doch wunderschön. Sei vorsichtig. Strebe danach glücklich zu sein.«

Am Ende dieses Buches wünsche ich Ihnen von Herzen alles Gute für Ihren weiteren Lebensweg!

Literatur

Adorno, T. (1969): Kritik des Musikanten. In: ders.: Dissonanzen. Musik in der verwalteten Welt. 4. Aufl. Göttingen (Vandenhoeck & Ruprecht), S. 62–101.
Anderssen-Reuster, U. (Hrsg.) (2011): Achtsamkeit in Psychotherapie und Psychosomatik. Haltung und Methode. 2. Aufl. Stuttgart (Schattauer bei Klett-Cotta).
Aronson, E., Wilson T. und Akert, R. (2004): Sozialpsychologie. 4. Aufl. München (Pearson).
Artus, H.-G. (2001): Bewegungslernen und Rhythmus. In: Schürmann, V. (Hrsg.): Menschliche Körper in Bewegung. Philosophische Modelle und Konzepte der Sportwissenschaft. Frankfurt am Main (Campus), S. 135–153.
Aurel, M. (2008): Selbstbetrachtungen. 13. Aufl. Stuttgart (Kröner).
Bauer, J. (2007): Prinzip Menschlichkeit: Warum wir von Natur aus kooperieren. 4. Aufl. Hamburg (Hoffmann & Campe).
Berndt, C. (2013): Resilienz. Das Geheimnis der psychischen Widerstandskraft. München (dtv).
Bilgri, A. und Stadler, K. (2004): Finde das rechte Maß. Regeln aus dem Kloster Andechs für Arbeit und Leben. 2. Aufl. München – Zürich (Piper).
Bossinger, W. und Eckle, R. (2010): Schwingung und Gesundheit. Neue Impulse für eine Heilungskultur aus Wissenschaft, Musik und Kunst. 2. Aufl. Battweiler (Traumzeit).
Brandstädter, P. und Pawlowski, R. (2018): Die Kraft der Meditation. In: *GEO* Februar, S. 44–60.
Brunnhuber, S. (2016): Die Kunst der Transformation. Wie wir lernen, die Welt zu verändern. Freiburg (Herder).
Bundesministerium für Umwelt, Naturschutz, Bau und Reaktorsicherheit (2016): Naturbewusstsein 2015. Bevölkerungsumfrage zu Natur und biologischer Vielfalt. Berlin (Silber Druck).
Busch, W. (1877): Julchen. Heidelberg (Friedrich Bassermann).
Capelle, W. (2008): Die Vorsokratiker. Die Fragmente und Quellenberichte. 9. Aufl. Stuttgart (Kröner).
Cszikszentmyhályi, M. (2018): Flow und Kreativität. Wie Sie Ihre Grenzen überwinden und das Unmögliche schaffen. Stuttgart (Klett-Cotta).
Davidson, R. (2015): Die neuronalen Grundlagen des Mitgefühls. In: Singer, T. und Ricard, M. (Hrsg.): Mitgefühl in der Wirt-

schaft. Ein bahnbrechender Forschungsbericht. München (Knaus), S. 59–69.
Eberle, U. (2011): Die unsichtbaren Zeitmesser der Natur. In: *GEO kompakt* 27, S. 52–62.
Ehrenberg, A. (2015): Das erschöpfte Selbst. Depression und Gesellschaft in der Gegenwart. 2. Aufl. Frankfurt am Main (Campus).
Epiktet (2008): Handbüchlein der Moral. Ditzingen (Reclam).
Forkel, J. N. (1802): Über Johann Sebastian Bachs Leben, Kunst und Kunstwerke. Leipzig (Hoffmeister & Kühnel).
Frey, D. (2016): Psychologie der Werte. Von Achtsamkeit bis Zivilcourage – Basiswissen aus Psychologie und Philosophie. Berlin – Heidelberg (Springer).
George, W. (2015): Mitgefühl bei Führungskräften. In: Singer, T. und Ricard, M. (Hrsg.): Mitgefühl in der Wirtschaft. Ein bahnbrechender Forschungsbericht. München (Knaus), S. 196–206.
Goleman, D. (1996): Emotionale Intelligenz. München (Hanser).
Halifax, J. u. a. (2015): Mitgefühl ist kein Luxus. In: Singer, T. und Ricard, M. (Hrsg.): Mitgefühl in der Wirtschaft. Ein bahnbrechender Forschungsbericht. München (Knaus), S. 207–232.
Hesse, H. (2002): Sämtliche Werke in 20 Bänden. Hrsg. von Volker Michels. Band 10. Die Gedichte. Frankfurt am Main (Suhrkamp).
Heuser, U. J. (2013): Wir müssen mehr fühlen. Interview mit der Hirnforscherin Tania Singer. In: *Die Zeit* Nr. 23 vom 12.06.2013. Online verfügbar unter: https://www.zeit.de/2013/23/neurowissenschaftlerin-tania-singer (Zugriff: 29.08.2018).
Hölzel, B. und Brähler, C. (2015): Achtsamkeit mitten im Leben. Anwendungsgebiete und wissenschaftliche Perspektiven. München (O. W. Barth).
Horváth, Ö. von (1978): Gesammelte Werke. Bd. 3. Hrsg. von T. Krischke. 2. Aufl. Frankfurt am Main (Suhrkamp).
Illouz, E. (2016): Warum Liebe weh tut. Eine soziologische Erklärung. Berlin (Suhrkamp).
Kleist, H. von (1993): Sämtliche Werke und Briefe. Zweiter Band. 9. Aufl. München (Hanser).
König, K. (1992): Kleine psychoanalytische Charakterkunde. Göttingen (Vandenhoeck & Ruprecht).
Kuhl, J. (2010): Lehrbuch der Persönlichkeitspsychologie. Motivation, Emotion und Selbststeuerung. Göttingen (Hogrefe).

Lebsanft, M. (2016): Placebo-Effekt – Ich heile mich selbst! In: *Die Zeit*, Nr. 48 vom 17. 11. 2017, S. 42.
Lehmann, C. (2012): Der genetische Notenschlüssel. Warum Musik zum Menschen gehört. 2. Aufl. München (Herbig).
Lunde, M. (2017): Die Geschichte der Bienen. München (btb).
Masten, A. S. (2016): Resilienz: Modell, Fakten & Neurobiologie. Das ganz normale Wunder entschlüsselt. Paderborn (Junfermann).
Musil, R. (1978): Der Mann ohne Eigenschaften. Hrsg. von A. Frisé. Bd. 1. Reinbek bei Hamburg (Rowohlt).
Nida-Rümelin, J. (2011): Die Optimierungsfalle: Philosophie einer humanen Ökonomie. München (Irisiana).
Novalis (1846): Schriften. Dritter Theil. Hrsg. von L. Tieck und E. von Bülow. Berlin (G. Reimer).
Novalis (2001): Werke. Hrsg. und komm. von G. Schulz. 4. Aufl. München (C. H. Beck).
Panster, C. (2018): Die neue Ehrlichkeit. Eine Anleitung zum Umdenken. In: *Handelsblatt* Nr. 67, 06.–08. 04. 2018, S. 42–47.
Peters, M. (2013): Gesundmacher Herz. Wie es uns steuert, verbindet und heilt. Kirchzarten (VAK).
Pinel, J. und Pauli, P. (2009): Biopsychologie. 6. Aufl. München (Pearson).
Possemeyer, I. (2018): Fitness fürs Gehirn. Wie verändert Meditation unser Denken und Fühlen. Was hilft gegen Stress? (Interview mit Tania Singer). In: *GEO* Februar, S. 58–60.
Rath, C. (2018): Du sollst nicht prügeln. In: *Stuttgarter Zeitung* Nr. 69 vom 23. 03. 2018.
Reuter, T. (2010): Der Rhythmus in Sport und Musik. Theoretische Grundlagen und didaktisch-methodische Konturen eines verbindenden Ansatzes zur Rhythmusvermittlung. Baltmannsweiler (Schneider Verlag Hohengehren).
Riemann, F. (2013): Grundformen der Angst. 41. Aufl. München – Basel (Ernst Reinhardt).
Rilke, R. M. (2006): Die schönsten Gedichte von Rainer Maria Rilke. Ausgew. von F. Sutter. Zürich (Diogenes).
Rilke, R. M. (2015): Glück. Ausgewählt und mit einem Nachwort von A. Grafe. Berlin (Insel).
Rockstroh, S. (2011): Biologische Psychologie. München (Ernst Reinhardt).
Roenneberg, T. (2012): Wie wir ticken. Die Bedeutung der Chronobiologie für unser Leben. Köln (DuMont).

Rohr, W. von und Weltzien, D. von (2005): Das große Buch der Mystiker. 2. Aufl München (Goldmann Arkana).
Roth, G. (2013): Persönlichkeit, Entscheidung, Verhalten. Warum es so schwierig ist, sich und andere zu ändern. 8. Aufl. Stuttgart (Klett-Cotta).
Roth, G. und Ryba, A. (2016): Coaching, Beratung und Gehirn. Neurobiologische Grundlagen wirksamer Veränderungskonzepte. Stuttgart (Klett-Cotta).
Rosa, H. (2014): Beschleunigung. Die Veränderung der Zeitstrukturen in der Moderne. 10. Aufl. Frankfurt am Main (Suhrkamp).
Rosa, H. (2016): Resonanz. Eine Soziologie der Weltbeziehung. Berlin (Suhrkamp).
Rosa, H. und Endres, W. (2016): Resonanzpädagogik. Wenn es im Klassenzimmer knistert. Weinheim – Basel (Beltz).
Saint-Exupéry, A. de (1998): Der kleine Prinz. 53. Aufl. Düsseldorf (Karl Rauch).
Salgaro, M. und Vangi, M. (2016): Der Mythos Rhythmus. Wissenschaft, Kunst und Literatur um 1900. Stuttgart (Franz Steiner).
Sand, G. (1855): Geschichte meines Lebens. 24. Bd., Erster Theil. Leipzig (Otto Wigand).
Schirach, A. von (2016): Du sollst nicht funktionieren. Für eine neue Lebenskunst. Stuttgart (Tropen).
Schönberger, B. (2018): Die heilende Kraft der Meditation. In: *Psychologie heute* März, S. 18–23.
Schubert, C. (2011): Psychoneuroimmunologie und Psychotherapie. Stuttgart (Schattauer bei Klett-Cotta).
Seethaler, R. (2014): Der Trafikant. 7. Aufl. Zürich – Berlin (Kein & Aber).
Seneca (1984): Vom glückseligen Leben und andere Schriften. Hrsg. von Peter Jaerisch. Ditzingen (Reclam).
Sennett, R. (1998): Der flexible Mensch. Die Kultur des neuen Kapitalismus. Berlin (Berlin-Verlag).
Simmel, G. (1995): Die Großstädte und das Geistesleben. In: Kramme, R.; Rammstedt, O. (Hrsg.): Gesamtausgabe, Bd. 7: Aufsätze und Abhandlungen 1901–1908, Band I. Frankfurt am Main (Suhrkamp), S. 116–131.
Singer, T. (2015): Empathie und Mitgefühl aus der Perspektive der Sozialen Neurowissenschaften. In: Singer, T. und Ricard, M. (Hrsg.): Mitgefühl in der Wirtschaft. Ein bahnbrechender Forschungsbericht. München (Knaus), S. 40–58.

Singer, T. und Ricard, M. (2015): Mitgefühl in der Wirtschaft. Ein bahnbrechender Forschungsbericht. © 2015 Albrecht Knaus Verlag, München, in der Verlagsgruppe Random House GmbH, Übersetzung: Michael Wallossek.
Smith, A. (1974): Der Wohlstand der Nationen. Eine Untersuchung seiner Natur und seiner Ursachen. München (C.H. Beck).
Spitzer, M. (2014): Musik im Kopf. 2.Aufl. Stuttgart (Schattauer bei Klett-Cotta).
Thomä, D. (2016): Soziologie mit der Stimmgabel. In: *Die Zeit,* Nr.26 vom 16.06.2016, S.41.
Thoreau, H.D. (2007): Walden oder Leben in den Wäldern. 22.Aufl. Zürich (Diogenes).
Walch, J.G. (1726): Philosophisches Lexicon. Leipzig (in digitalisierter Form: Niedersächsische Staats- und Universitätsbibliothek Göttingen).
Watzlawick, P. (1988): Anleitung zum Unglücklichsein. München (Piper).
Wellensiek, S.K. (2012): Resilienz-Training für Führende. So stärken Sie Ihre Widerstandskraft und die Ihrer Mitarbeiter. Weinheim – Basel (Beltz).
Wellensiek, S.K. (2016): Fels in der Brandung statt Hamster im Rad. Zehn praktische Schritte zu persönlicher Resilienz. 2.Aufl. Weinheim – Basel (Beltz).
Wohlleben, P. (2016): Das geheime Leben der Bäume. Was sie fühlen, wie sie kommunizieren. 2.Aufl. München (Ludwig).
Yalom, I.D. (2016): Denn alles ist vergänglich. Geschichten aus der Psychotherapie. München (btb, in der Verlagsgruppe Random House GmbH, Übersetzung: Liselotte Pflüger).
Zweig, S. (1955): Begegnungen mit Menschen Büchern Städten. Berlin (S.Fischer).

Sachverzeichnis

M

N

S

T